मिट्टी की ओर

मिट्टी की ओर

[वर्तमान हिन्दी-कविता के सम्बन्ध में आलोचनात्मक निबन्ध]

रामधारी सिंह 'दिनकर'

लोकभारती प्रकाशन

लोकभारती प्रकाशन
पहली मंजिल, दरबारी बिल्डिंग, महात्मा गांधी मार्ग
प्रयागराज-211 001

वेबसाइट : www.lokbhartiprakashan.com
ईमेल : info@lokbhartiprakashan.com

शाखाएँ : 1-बी, नेताजी सुभाष मार्ग, दरियागंज
नई दिल्ली-110 002
अशोक राजपथ, साइंस कॉलेज के सामने
पटना-800 006
1, अनमोल सोराबजी संतुक लेन, धोबी तलाव,
मरीन लाइंस, मुम्बई-400 002

पहला संस्करण : 1946
पुनर्नवा संस्करण : 2022
तीसरा संस्करण : 2024

बी.के. ऑफसेट
नवीन शाहदरा, दिल्ली-110 032
द्वारा मुद्रित

MITTI KI OR
Essays by Ramdhari Singh 'Dinkar'

ISBN : 978-81-8031-415-5

मूल्य: ₹ 595

निवेदन

इस पुस्तक का नाम 'हमारे सामने की हिन्दी-कविता' रखने का विचार था, लेकिन अतिव्याप्ति के दोष से बचने के लिए इस नाम का मोह छोड़ देना पड़ा; क्योंकि इस छोटी-सी पुस्तक में हमारे सामने की सम्पूर्ण हिन्दी-कविता का सांगोपांग विवेचन नहीं किया गया है। इसमें तो केवल उन्हीं निबन्धों का संग्रह है जो छायावाद की कुहेलिका से निकलकर प्रसन्न आलोक के देश की ओर बढ़नेवाली हिन्दी कविता को लक्ष्य करके लिखे गए हैं। मेरे जानते वर्तमान कविता की यही धारा प्रमुख है और इसी का आश्रय लेकर हिन्दी-कविता अपना विकास कर रही है। मगर, इसके सिवा भी, इसके आस-पास ही खड़े या बहते हुए छोटे-बड़े अनेक प्रवाह हैं जो साहित्य में अपना महत्त्व रखते हैं। अगर उन सभी धाराओं की चर्चा यहाँ की गई होती तो यह नाम इस पुस्तक के लिए, सचमुच ही सार्थक हुआ होता, किन्तु बहुत सोच-विचार और सलाह-मशविरे के बाद यही उचित जान पड़ा कि पुस्तकगत द्रव्यों के सीमित विस्तार के अनुरूप ही इसका नाम 'मिट्टी की ओर' रखा जाए।

तब भी इस इलजाम के लिए गुंजाइश रह जाती है कि मिट्टी की ओर आनेवाली कविता की चर्चा कुछ और की गई होती तो अच्छा होता। सो, इस इलजाम से 'हरि अनन्त हरि-कथा अनन्ता' कहकर छुट्टी ले लेने के साथ ही, मैं यह भी निवेदन कर देना चाहता हूँ कि वर्तमान कविता की क्रमबद्ध आलोचना लिखना मेरा उद्‌देश्य नहीं था। इस पुस्तक के कुछ निबन्ध तो मैंने भाषणादि की विवशता के कारण लिखे और कुछ इसलिए कि कविता के जिस रूप पर मैं आसक्त रहा हूँ, उसके सम्बन्ध की निजी धारणाओं को मैं सुस्पष्टता

के साथ जान सकूँ। हिन्दी कविता की कमजोरियों और सामर्थ्यों के कारणों की खोज करता हुआ, अपने ही लाभार्थ, मैं उन प्रवृत्तियों से परिचित होना चाहता था जो हमारे समस्त काव्य-साहित्य को प्रभावित कर रही हैं।

पुस्तक की एक और त्रुटि मेरे सामने है। इसमें पन्त, प्रसाद, निराला और महादेवी की कविताओं पर अलग-अलग स्वतन्त्र निबन्ध दिए जा सकते तो, कदाचित्, इसका रूप कुछ अधिक पूर्ण हो जाता, किन्तु पहले तथा दो-एक अन्य निबन्धों में भी इनकी कविताओं के सम्बन्ध में काफी संकेत आ गए हैं। फिर भी अगर पाठकों को यह त्रुटि, सचमुच ही, त्रुटि जान पड़ी तो अगले संस्करण में इसका परिष्कार कर दिया जाएगा।

पहले निबन्ध को छोड़कर इस पुस्तक के सभी निबन्ध या तो पत्र-पत्रिकाओं में प्रकाशित हैं अथवा सभा-सम्मेलनों में पढ़े जा चुके हैं। पहला निबन्ध पुस्तक-प्रणयन के समय अन्य सभी निबन्धों की भूमिका के रूप में लिखा गया था, अतएव वह अन्य सभी निबन्धों की कुंजी के समान है। यह मैं इसलिए लिख रहा हूँ कि इस संग्रह के कोई-कोई निबन्ध दस-बारह वर्ष पुराने हैं और स्वभावतः ही, उनमें कहीं-कहीं विचारों का वैषम्य मिल सकता है। आशा है, पहले निबन्ध से मिलाकर पढ़ने पर इस वैषम्य का सहज ही, परिहार हो जाएगा।

इतना कुछ कह लेने के बाद भी मैं कुछ डरा-डरा-सा हूँ, क्योंकि इस बात की पूरी आशंका है कि यह पुस्तक आलोचना की कोटि में गिन ली जाएगी और आलोचक बनकर प्रकट होने की न तो मुझे योग्यता है और न हिम्मत। इसमें जो कुछ लिखी गई है और जो कुछ लिखी जाने से रह गई हैं, दोनों ही प्रकार की बातों को लेकर, सम्भव है, कोई-कोई लोग अप्रसन्न हो जाएँ। उनसे मेरा विनम्र निवेदन है कि अपने जानते मैंने कहीं भी संकीर्णता से काम नहीं लिया है। समकालीन कवियों के बीच में छोटे-बड़े का भेद नहीं मानता। तुलसी का पता, कौन छोटा और कौन बड़ा? मेरे लिए तो सभी वन्दनीय और नमस्य हैं। इति।

—दिनकर

पटना

अनन्तचतुर्दशी, 1946

अनुक्रम

मिट्टी की ओर

इतिहास के दृष्टिकोण से

कोलाहल

जब मैंने साहित्य की दुनिया में आँख खोलीं, तब तक हिन्दी की नई कविता लता परवान चढ़ चुकी थी। निरालाजी के शब्दों में "वह कलियाँ लेने लग गई" थी; और दो-चार "सुमन पंखड़ियाँ भी खोलने लगे" थे। 'पल्लव', 'एकतारा' और 'निर्माल्य' तथा 'परिमल' की कितनी ही कविताएँ प्रकाशित हो चुकी थीं। श्री लक्ष्मीनारायण मिश्र का 'अन्तर्जगत', श्री रामनाथ 'सुमन' की 'विपंची' और पंडित जनार्दन प्रसाद झा 'द्विज' की, बाद को 'अनुभूति' में संगृहीत होनेवाली कितनी ही कविताएँ प्रमुखता प्राप्त कर चुकी थीं। 'भारतीय आत्मा' की पुष्ट वाणी रहस्य के लोक में पहुँचकर धुँधली होती जा रही थी तथा 'भारत-भारती' और 'जयद्रथवध' के रचयिता 'झंकार' के रहस्यमय गीतों की रचना कर रहे थे। भगवती बाबू की वे कविताएँ प्रसिद्ध हो रही थीं जो बाद को 'मधुकण' में निकलीं और श्रीमती महादेवी जी वर्मा अध्यात्म के अनन्त आकाश में उड़ जाने को अपना पंख तोल रही थीं। नई धारा के कवियों में से प्रसादजी एक आदरणीय विद्वान् कलाकार के रूप में स्वीकृत हो चुके थे तथा सुभद्राकुमारी चौहान एवं पं. बालकृष्ण शर्मा 'नवीन' नवयुवकों में बहुत ही लोकप्रियता प्राप्त कर रहे थे। इनके अतिरिक्त, नई धारा के होनहार कवियों में पं. गुलाबरत्नजी वाजपेयी 'गुलाब', पं. मुकुटधर पांडेय, श्री वंशीधर

विद्यालंकार, श्री मंगलप्रसाद विश्वकर्मा, श्री आनन्दिप्रसाद श्रीवास्तव, श्री जगमोहन 'विकसित' और श्री गिरिजादत्त शुक्ल 'गिरीश' प्रमुख माने जाते थे। श्री सियारामशरणजी गुप्त 'मौर्य-विजय' की दुनिया को पीछे छोड़कर प्राचीनता और नवीनता के बीचोबीच, मध्य मार्ग पर, आ गए थे। यह नामावली उन कवियों की है जो शैली और भाव, दोनों ही दृष्टियों से नई कविता को भूमि में आ चुके थे अथवा प्राचीनता से निकलकर उसकी ओर निश्चित रूप से अग्रसर हो रहे थे। जो लोग पिछड़कर या जानबूझकर इस युग से पीछे रह गए थे, खड़ी बोली के उन समर्थ कवियों में पं. नाथूराम शर्मा 'शंकर', श्री हरिऔधजी, पं. रामनरेश त्रिपाठी, पं. माधव शुक्ल, पं. रामचरित उपाध्याय, श्री अनूप शर्मा 'अनूप', श्री गयाप्रसादजी शुक्ल 'सनेही', पं. जगदम्बा प्रसाद मिश्र 'हितैषी' और ठाकुर गोपालशरण सिंहजी प्रधान थे। इस धारा के कुछ अन्य प्रमुख कवियों में सैयद अमीर अली 'मीर', कर्णसिंह 'कर्ण', रसिकेन्द्र, गुरुभक्त सिंह 'भक्त' और कौशलजी के नाम स्मरणीय हैं। पंडित मातादीन शुक्लजी 'विदग्ध' की रचनाएँ प्राचीनता के अधिक समीप पड़ती थीं, किन्तु, विश्वास से वह कविता के नए आन्दोलन के साथ थे। बलिया के श्री रामसिंहासन सहायजी मुख्तार 'मधुर' भारतीय आत्मा की राह पर चलकर अद्‌भुत चमत्कार दिखला रहे थे; किन्तु, उनकी रचनाओं की सख्या बहुत अधिक नहीं थी।

उस समय, आलोचकों में शीर्षस्थान पंडित पद्मसिंहजी शर्मा को प्राप्त था। किन्तु, वे और पंडित कृष्णविहारी मिश्रजी अपना अधिक समय देव तथा बिहारी के लिए व्यय करते थे। नई कविता की खबर लेनेवाले कठिन आलोचक, पं. रामचन्द्रजी शुक्ल थे (जो पीछे चलकर पन्तजी और प्रसादजी के प्रशंसक हो गए) जिन्होंने पाषंड-परिच्छेद नामक कविता में छायावादकालीन रहस्यवादी कवियों की खिल्ली उड़ाई थी और उन्हें ढोर मानकर पाठकों को संकेत दिया था कि इन्हें "हाँक दो, न घूम-घूम खेती काव्य को चरें।" इस प्रहार का बहुत ही गम्भीर एवं समीचीन उत्तर पं. मातादीन शुक्ल ने अपनी ओजस्विनी कविता 'पाषंड-प्रतिषेध' में दिया था जिसमें उन्होंने विद्वद्वर शुक्लजी तथा उनके अनुयायियों को रूप से अरूप की ओर जाने की सलाह दी थी।

छायावादी कवियों की ओर से पक्ष-सिद्धि का बीड़ा श्री रामनाथलाल 'सुमन', श्री कृष्णदेवप्रसादजी गौड़, पंडित शुकदेवविहारी मिश्र और स्वर्गीय पं. अवध उपाध्याय ने उठाया था। पं. शान्तिप्रिय जी द्विवेदी और पं. नन्ददुलारेजी

वाजपेयी कुछ बाद को आये, किन्तु, नई कविता की पक्ष-सिद्धि के सम्बन्ध में वाजपेयीजी ने भी बहुत ही महत्त्वपूर्ण कार्य किया।

सुकवि-किंकर नाम से आचार्य द्विवेदीजी ने छायावाद पर जो आक्रमण किया था उससे नई धारा के कवि और उनके प्रशंसक बहुत ही क्षुब्ध हो उठे थे तथा कई वर्षों तक वे इसका बदला पुराने कवियों की अनुचित निन्दा और छायावाद की अतिरंजित प्रशंसा करके लेते रहे। संघर्ष का जहर इस प्रकार फैला कि छायावाद-आन्दोलन के अग्रणी तथा शील और सौकुमार्य्य की मूर्ति, पं. सुमित्रनन्दनजी पन्त की भी धीरता छूट गई तथा उन्होंने अपनी पुस्तक 'वीणा' की भूमिका (जो पीछे निकाल दी गई) में आक्रमण का उत्तर काफी कटुता और अहंकार से दिया। अष्टादश हिन्दी-साहित्य सम्मेलन के अवसर पर जब साहित्य-विषयक मंगलाप्रसाद-पुरस्कार 'पल्लव' पर नहीं दिया जाकर श्री वियोगोहरि जी की 'वीर-सतसई' पर दिया गया, तब जो युवकों की धीरता ही जाती रही और उन्होंने अशिष्टतापूर्वक वयोवृद्ध विद्वानों को साहित्य का ठूँठ कहना आरम्भ कर दिया। उस साल के निर्णायकों में से एक, पं. शुकदेवविहारी मिश्र ही ऐसे थे जिन्होंने 'पल्लव' के पक्ष में अपना मत दिया था तथा उदारतापूर्वक पन्तजी के सम्बन्ध में यह लिखा था कि "मैं हिन्दी में केवल नवरत्नों को ही महाकवि मानता आया हूँ, किन्तु 'पल्लव' को पढ़कर मुझे ऐसा ज्ञात होता है कि यह बालक भी महा कवि है।

जहाँ तक मुझे याद है, प्रामाणिक विद्वानों में से केवल मिश्रजी ने ही 'पल्लव' की मुक्त-कंठ से, प्रशंसा की थी और उसके बाल कवि को हिन्दी के सर्वश्रेष्ठ दस कवियों की पंक्ति में बैठने योग्य बताकर नए आन्दोलन को बहुत बड़ा नैतिक उत्थान दिया था। बाकी, प्राय: सब-के-सब, नई कविता और विशेषत: 'पल्लव' की भूमिका से चिढ़े हुए थे तथा नए कवियों के अविनीत स्वभाव एवं अहंकारी व्यक्तित्व से घबड़ाते थे। कारण कुछ अंशों में मनोवैज्ञानिक भी था। छायावाद के आन्दोलन ने एक नए प्रकार की कविता को ही जन्म नहीं दिया था, प्रत्युत्, उसने कवि भी नए व्यक्तित्ववाले ही पैदा किए थे। छायावाद से पहलेवाली कविता जिस प्रकार समूह के सामने बोध-गम्य और आदर में झुकी हुई थी, उसी प्रकार, उसके कवि भी विनीत और सुशील थे। किन्तु, अब जो विद्रोह आरम्भ हुआ था उसकी उद्दंडता कविता तक ही सीमित नहीं थी, अपितु, उसका आभास कवियों के व्यक्तित्व में भी मिलता था।

छायावादी कवि भाषा, भाव, शैली और रहन-सहन की परम्परा, सब कुछ के खिलाफ बगावत करते हुए आए थे और यह स्वाभाविक ही था कि उनकी बातचीत भाषण और काव्य-चर्चा, पुस्तक की भूमिका, यहाँ तक कि मित्रों के साथ पत्र-व्यवहार में भी वैयक्तिक अहंकार की दुर्विनीत चिनगारियाँ अनायास ही चमक उठें। कुछ मूर्धन्य कवियों को छोड़कर, उनमें प्राय: सबके सब अत्यन्त भावुक, कोमलताप्रिय, समादरेच्छुक और सबसे पहले अपने आपको प्यार करनेवाले जीव थे। उनके आगमन के साथ हिन्दी में, शायद, पहले-पहल, कवियों की एक अलग जाति बनने लगी और लक्षण ये प्रकट होने लगे कि हिन्दी के कवि कदाचित् दूर से ही पहचाने जाने के योग्य हो जाएँगे। लम्बे केश, निर्लोम आकृति, औसत से अधिक लम्बे कपड़े, स्त्रैण प्रसाधनों की ओर आसक्ति, कृत्रिम मुखमुद्रा, बातचीत में बनावट, साधारण बातों में भी साहित्यिक भाषा का प्रयोग, जनसाधारण की औसत रुचि एवं विश्वासों की उपेक्षा, दूसरों की मान्यताओं का अनावश्यक विरोध, आदि कितने ही अनुभावों में उनकी वैयक्तिकता प्रत्यक्ष होने लगी और समाज में एक धारणा होने लगी कि औसत लोगों के झुंड में ये कवि नहीं खप सकते। बात भी कुछ ऐसी ही थी, क्योंकि, इनमें से अधिकांश कवि अपने प्रशंसकों के ही बीच रहना पसन्द करते थे, तटस्थ तथा अधिक प्रशंसा नहीं करनेवाले लोगों की संगति इन्हें अप्रिय और असह्य थी।

आज छायावाद-युग की कविता अपने कवियों के व्यक्तित्व से भिन्न हो गई है। अब उसके कवि भी वयशाली और विनीत हो गए हैं। इसके सिवा, उनकी विद्या-बुद्धि एवं अध्यवसाय की भी काफी जाँच हो चुकी है और समाज उनका आदर करने लगा है। किन्तु, उस समय अविनीत वैयक्तिकता से पूर्ण उनके व्यक्तित्व और तदनुरूप उनके काव्य को देखकर जनता बहुत ही रुष्ट हो गई थी तथा अपने कवियों के अहंकार का जवाब उन्हें अनेक प्रकार से चिढ़ाकर देने लगी थी। पंडित महावीर प्रसाद द्विवेदी ने नए कवियों की भाषा-सम्बन्धी हास्यास्पद भूलों का जिक्र बड़ी ही कठोरता से किया था और यह उपदेश दिया था कि कविगण कविता आरम्भ करने के पूर्व, कम-से-कम, सिद्धान्त-कौमुदी को तो भली-भाँति पढ़ लिया करें।

कुछ प्रौढ़ साहित्यिकों एवं जनता के विशाल समुदाय ने छायावादी कवियों का प्रतीकात्मक नाम 'अनन्त की ओरजी', 'लम्बे बालजी' तथा 'छायावादीजी'

रख दिया था। नए साहित्यिकों का क्रोध जनता की ओर कम मुड़ता था। इसके मूल में यह भाव था कि जनता तो, अन्ततः, साहित्य के नेताओं का ही अनुसरण करती है। हमारी उपेक्षा और अनादर के प्रधान कारण ये सिंहासनस्थ वृद्ध साहित्यिक ही हैं। अतएव, अपने निबन्धों में वे हृदय का सारा विष इन वयवान् साहित्यकारों पर ही उँड़ेलते थे। कलकत्ते के 'नारायण' में श्री गुलाबरत्नजी वाजपेयी 'गुलाब' ने लिखा था—

सो जाओ हे वृद्ध विकल!
इस प्रचंड अन्धड़ के सम्मुख
ग्रीष्मकाल की वायु विफल।

बूढ़े भी चुप नहीं थे। उनके सबसे मुखर प्रतिनिधि काशी के लाला भगवानदीनजी तथा मुँगेर के पंडित जगन्नाथ प्रसादजी चतुर्वेदी थे। चतुर्वेदीजी तो, स्वभावतः ही, हास्यप्रिय जीव थे, छायावाद ने उन्हें हास्य-सृष्टि के कितने ही नवीन विषय बता दिए थे। वे सभा-सम्मेलनों में निरालाजी के छन्दों की पैरोडी बनाकर लोगों को हँसाया करते थे और बात-बात में छायावाद पर कोई-न-कोई ताना कसते ही रहते थे।

छायावाद पर दो व्यंग्य 'सुधा' में भी छपे थे। एक का आरम्भ था—

किसने छायावाद चलाया, किसकी है यह माया?
हिन्दी-भाषा में यह न्यारा शब्द कहाँ से आया?

दूसरे में ये पंक्तियाँ थीं—

मत पीछे पड़ो बंगाली कवियों के तुम,
कवि-सम्राट हों या बाप हों सम्राटों के।

बूढ़ों को कुछ अधिक लिखना नहीं पड़ा। एक तो इस मजाक में वे कलम लेकर उतरने में शरमाते थे; दूसरे, सारा श्रोता-समुदाय ही उनके साथ था। जो काम लेखक को लिखकर नहीं कर सकते थे, वही काम, बड़ी ही सुगमता के साथ, जनता कवियों को चिढ़ाकर कर रही थी। समाज में अव्यावहारिक एवं कृत्रिम बातें बोलनेवाले मनुष्य का नाम ही 'छायावादी' पड़ गया था और काफी गम्भीर लोग भी कभी-कभी ऐसा मजाक कर बैठते थे। कितने ही छायावादी कवियों के सम्बन्ध में तरह-तरह की गप्पे उड़ाई जाती थीं और लोग उनके सम्बन्ध में मनगढ़न्त कथाएँ कहने में रस पाते थे।

एक बार 'सुधा' में ही पाँच प्रकार के कवियों के कार्टून छपे थे जिनमें से क्षीण-काय, दीर्घकेश, पल्लवधारी एक उद्ग्रीव 'अनन्त की ओरजी' की भी तस्वीर थी। एक-दूसरे कार्टून में 'भग्नतरी' पर चढ़े हुए एक बोतलधारी कविजी थे जो 'उस पार' पहुँचने के लिए 'शून्य' से कुछ निवेदन करने की मुद्रा में विराजमान थे।

अज्ञात-कुल-शीलता का भ्रम

द्विवेदी-युग से आती हुई विनयशील इतिवृत्तात्मकता के मुकाबिले में अपने अहंकारी व्यक्तित्व एवं धुँधली वाणी के साथ अचानक उठ खड़ा होनेवाला छायावाद हिन्दी-भाषी जनता को अजनबी-सी लगा। चारों ओर से आवाज आई, 'अज्ञात-कुल-शीलस्थ वासो देयो न कस्यचित्।" किसी ने कहा, यह रवीन्द्रनाथ का अनुकरण है; किसी ने कहा, यह अंग्रेजी के रोमांटिक कवियों का प्रभाव है; किसी-किसी के कहने का यह भी अभिप्राय था कि साहित्य रहस्यवादी साधु बनकर जनता को ठगना चाहता है।

जब से हिन्दी में प्रगतिवाद के नाम पर एक नए आन्दोलन का आविर्भाव हुआ है, तब से कुछ लोग यह भी कहने लगे हैं कि छायावाद जीवन से पलायनवाद का रूपक था; आकाश को क्रान्ति के बादलों से आच्छन्न देखकर छायावादी कवि डरकर जीवन से कल्पना के देश में भाग गए थे। छायावाद की स्थापना के समय, उसके समर्थन में जो दलीलें दी जाती थीं उनमें भी कभी-कभी राजनीतिक दुरवस्थाओं की चर्चा रहती थी; आलोचक, प्रायः ही, कहा करते थे कि वर्तमान जीवन दुख और निराशा से परिव्याप्त है; यह उसी का प्रतिबिम्ब कविता में निराशा, असन्तोष और दुःखानुभूति बनकर बोल रहा है।

इसके सिवा कुछ ऐसी बातें भी कही जाती थीं जिनसे छायावाद और भी दुर्बोध हो जाता था। उदाहरणार्थ, कुछ लोग कहते थे कि "यह 'सान्त' का 'अनन्त' से मिलने का प्रयास है; कवि प्रकृति के कण-कण में एक अज्ञात सत्ता का बिम्ब देख रहा है; विन्दु सिन्धु से मिलने को व्यग्र है; यह दुःखानुभूति आध्यात्मिक विरह की है और व्यष्टि समष्टि में समा जाने को बेचैन हो रही है।" स्पष्ट ही, ये लक्षण रहस्यवादी कवि के होने चाहिए थे; और छायावाद के रहस्यवादी दृष्टिकोण को कुछ लोगों ने प्रमुखता दी भी। किन्तु, प्रत्येक

आलोचक कलम उठाकर गम्भीर होते ही कह देता था कि रहस्यवाद इस कविता की कोई बड़ी विशेषता नहीं है। छायावाद के रहस्यवाद सम्बन्धी अंश की सिद्धि में पन्तजी की 'मौन निमन्त्रण' कविता, द्विजजी की 'अयि अमर शान्ति की जननि जलन', सुमनजी की एकाध कविता और लक्ष्मीनारायण मिश्र के 'अन्तर्जगत' के कुछ पद्य उद्धृत किए जाते थे। आलोचकों को इनसे आगे रहस्यवाद का कोई समीचीन उदाहरण उसमें नहीं मिलता था।

और तो भी, यह सच है कि छायावाद के सम्बन्ध में भिन्न-भिन्न सम्मतियाँ देनेवालों में से कोई भी विद्वान् आलोचक झूठ नहीं बोल रहा था। साथ ही, यह भी सच है कि अत्यन्त समीपता के कारण उसके समग्र रूप का ज्ञान उस समय किसी के भी निबन्ध में प्रति-फलित नहीं हो पाता था। छायावाद के भीतर रवीन्द्र का भी अनुकरण था और अंग्रेजी के रोमांटिक कवियों का प्रभाव भी; वह जीवन की सबसे बड़ी क्रान्ति का भी प्रतीक था और उसकी स्थूलता से दूर भागने का प्रयासी भी; आकाश में आच्छन्न होनेवाले बादल जिस क्रान्ति से उमड़े थे, छायावाद भी ठीक उसी क्रान्ति का पुत्र था; जिस क्रान्तिकारी भावना के कारण बाह्य जीवन में राजनीतिक दुरवस्थाओं की अनुभूतियाँ तीव्र होती जा रही थीं, वही भावना साहित्य में छायावाद का रूप धारण कर खड़ी हुई थी और मनुष्य की मनोदशा, विचार एवं सोचने की प्रणाली में विप्लव की सृष्टि कर रही थी। वह जीवन को निराशा का भी प्रतीक था और उससे मानसिक मुक्ति पाने का साधन भी। वह 'सान्त' का 'अनन्त' से मिलने का प्रयास भी था और 'सिन्धु' में मिल जाने के लिए 'विन्दु' की बेचैनी भी। उसमें धर्म, राजनीति, समाज और संस्कृति, सभी के नव जागरण का एक मिश्रित आलोक था जो साहित्यिक अनुभूति के भीतर से प्रकट होने के कारण सभी से भिन्न और सभी के समान मालूम होता था। दुख है कि इस विशाल सांस्कृतिक जागरण को उचित समय पर उचित आलोचक नहीं मिल सका, जिसके कारण उसकी वह प्रतिष्ठा नहीं हो सकी जिसका वह अधिकारी था। यह मनुष्य के उस मानस-जगत् में जनमी हुई क्रान्ति थी जिस जगत के इंगित पर बाह्य-विश्व अपना रूप बदलता है तथा जिस जगत् में पहुँचकर बाह्य-जगत् की क्रान्तियाँ मनुष्य के स्वभाव एवं संस्कार का अंग बन जाती हैं। आज जब छायावाद इतिहास का एक पृष्ठ बन चुका है, हम उसके तात्त्विक रूप को अधिक सुगमता से परख सकते हैं, किन्तु जब वह हमारे बहुत समीप था, तब लोगों ने

उसे तात्कालिक जीवन की पृष्ठ-भूमि पर पहचानने की कोशिश की और इस प्रक्रिया में, यद्यपि, उन्होंने उसके आंशिक रूप को पहचानने में कुछ सफलता जरूर पाई, पर उसका असली, पूर्ण रूप बराबर व्याख्या के बन्धन से परे ही रह गया। उदाहरणार्थ, जिन्होंने उसे रहस्यवाद कहा वे पाठकों की इस जिज्ञासा का समाधान नहीं कर सके कि तब इसके कर्त्ता कवि धार्मिक क्यों नहीं हैं; जिन्होंने उसे राजनीतिक दुरावस्थाओं की प्रतिक्रिया कहा वे जनता के इस प्रश्न का उत्तर नहीं दे सके कि राजनीतिक दुरवस्थाओं को स्वस्थ प्रतिक्रिया विद्रोह को प्रेरित करना है, न कि उनसे भागकर काल्पनिक आनन्द के लोक में छिप जाना। इसके विपरीत, जो लोग उसे रवीन्द्रनाथ तथा अंग्रेजी के रोमांटिक कवियों का अनुकरण कह रहे थे, जनमत उनके भी खिलाफ था; क्योंकि मन ही मन वह सोचता था कि शुद्ध अनुकरण में सजीवता नहीं हो सकती है; इतना ही नहीं, प्रत्युत, जो लोग उसे पलायनवाद बता रहे थे, जनता की शंकाएँ उनके भी खिलाफ थीं, क्योंकि छायावादी आन्दोलन निर्भीक, तेजस्वी और रूढ़ियों का भयानक शत्रु था।

वैयक्तिकता का उत्थान

छायावाद हिन्दी में उद्दाम वैयक्तिकता का पहला विस्फोट था। यह केवल साहित्यिक शैलियों के ही नहीं, अपितु, समग्र जीवन की परम्पराओं, रूढ़ियों, शास्त्र-निर्धारित मर्यादाओं एवं मनुष्य की चिन्ता को सीमित करनेवाली तमाम परिपाटियों के विरुद्ध जनमे हुए एक व्यापक विद्रोह का परिणाम तथा मनुष्य की दबी हुई स्वतन्त्रता की भावना को प्रत्येक दिशा में उभारनेवाला था। छायावाद का इतिहास उस युग का इतिहास है जब हिन्दी के मनीषियों ने पहले-पहल अपने आपको पहचाना और रूढ़ियों के संकेत पर चलने से इनकार कर दिया; तथा जब वे परम्परा से निर्धारित सीमा का अतिक्रमण करके अपनी आत्मा को अज्ञात दिशाओं की ओर दूर-दूर तक भेजने लगे। इसके उत्थान में न केवल अंग्रेजी के रोमांटिक कवियों का हाथ था जो वैयक्तिक स्वाधीनता के घोर प्रेमी थे और न इसमें सिर्फ रवीन्द्रनाथ की ज्वलन्त वैयक्तिकता का ही योग था जो स्वयं ही अंग्रेजी के इन कवियों से प्रभाव ग्रहण कर चुके थे; अपितु, इसके जन्म और विकास के मूल में दर्शन, समाज और राजनीति की अभिनव व्याख्या

करनेवाली उन तमाम विद्याओं का भी प्रभाव था जो अज्ञात रूप से मनुष्य के स्वभाव को स्वाधीनता की ओर प्रेरित कर रही थीं और पूर्ववर्ती मनुष्य जहाँ तक सोच चुका था, नए मनुष्य को उससे आगे बढ़कर अथवा उससे भिन्न दिशा में सोचने के लिए उत्तेजना दे रही थीं। उसके जन्म और विकास के मूल कारणों में उन वैज्ञानिक अनुसंधानों का भी हाथ था जिनके परिणामस्वरूप मनुष्य के संस्कार परिवर्तित हो गए थे तथा उसकी प्राचीन चेतना के दाने बिखरे जा रहे थे। उसकी पृष्ठभूमि में जीव तत्त्व (Biology) और मानव-जीव-शास्त्र (Biology) के भी सिद्धान्त थे जो मनुष्य की अतृप्तियों एवं उसकी कामनाओं की नई-नई व्याख्याएँ कर रहे थे; जो धर्म, श्रद्धा और नैतिकता के विधान को मनुष्य की आदतों में शुमार करते थे तथा पाप और परिताप के दोषों से मुक्ति पाने के लिए प्रार्थना की अपेक्षा पश्चात्ताप को कहीं अधिक अचूक बता रहे थे।

पश्चिम में जन्म लेनेवाले विज्ञान ने बहुत-सी ऐसी बातों का रहस्य खोल दिया था जो हमारे देश में अद्भुत और अज्ञेय मानी जाती थीं। ज्यों-ज्यों विज्ञान का आलोक फैलता गया, विस्मय और कुतुहल के कितने ही भंडार छूँछे हो गए, कितने ही ऐसे विश्वास गलत दीखने लगे जो पहले अटल सत्य के रूप में पूजे जाते थे। पाप और पुण्य के पुराने बन्धन ढीले हो गए; स्वर्ग और नरक की कल्पना निस्सार मालूम होने लगी; मनुष्य के सामने कर्म की महत्ता फिर से जग पड़ी जैसे वह बुद्धदेव के समय में जगी थी; उसे फिर से भासित होने लगा कि अच्छे कर्मों का फल इसी जन्म में आत्मसन्तोष के रूप में मिलता है और बुरे कर्मों का दंड प्रकृति यहीं देती है। मनुष्य के भावलोक में इन परिवर्तनों के कारण आस्तिकता का तेज कम हो गया था तथा धर्म का स्वरूप दार्शनिक भावों एवं आवेगों की अनुभूति तक ही सीमित होता जा रहा था। इन सारे प्रभावों से प्रेरित होकर मनुष्य की उद्दाम वैयक्तिकता प्राचीन संस्कार के बन्धनों को झाड़कर उठ खड़ी हुई तथा प्रत्येक रहस्य को चीरकर उसके भीतर देखने लगी। अब उसमें न तो पूर्वनिर्मित मर्यादा के लिए आदर था और न पूर्ववर्ती पुरुषों की भाव भूमि तक ही विचरण करके रह जाने की धीरता। वैयक्तिक स्वाधीनता को आदर्श मानकर चलनेवाला मनुष्य बाह्य और आन्तरिक, दोनों ही, लोकों में ऐसे-ऐसे दृश्य देखने लगा जिन्हें देखने की आज्ञा पहले का समाज, पहले का शास्त्र और पहले की सभ्यता नहीं देती थी। कवियों की समाधि में सभी वस्तुएँ एक भिन्न रूप से प्रकट होने लगीं और जाग्रत पुरुष को यह विश्वास होने लगा

कि जिन प्रच्छन्न रहस्यों के देश में स्वतन्त्र होकर विचरण करने की अब तक मनाही रही है, उसमें घूमने से नए-नए फल प्राप्त होते हैं।

छायावाद के उदय के साथ हिन्दी के मनीषियों में जिस वैयक्तिक स्वाधीनता का उत्थान हुआ वह किसी प्रकार भी भारतीय चिन्ताधारा के लिए अज्ञात-कुल-शील नहीं थी। अपने उग्र रूप में वह समय-समय पर संस्कृत एवं हिन्दी के समर्थ कवियों के मुख से गर्वोक्ति बनकर फूटती तथा प्रेमी एवं रहस्यवादी कवियों की वैयक्तिक अनुभूतियों में दबे-दबे जीती आ रही थी। गर्वोक्तियाँ कवि की स्वप्रतिभागत शक्ति के प्रति अदम्य विश्वास को व्यंजित करती हैं तथा वे कवि के आत्मज्ञान की सूचक होती हैं। सफल गर्वोक्ति कवि तब लिख पाता है जब वह अपने आपसे अत्यधिक प्रसन्न होता है, जब उसे यह भासित होने लगता है कि उसकी प्रतिभा के सामने संसार की कोई भी वस्तु अजेय नहीं है। किन्तु, संस्कृत एवं हिन्दी साहित्य में गर्वोक्ति के रूप में वैयक्तिकता के विस्फोट इतने कम हुए हैं कि उन्हें प्रायः, आकस्मिक ही कहना चाहिए। कम-से-कम, वे इन कवियों के साहित्य के कोई प्रमुख अंग नहीं हैं। प्रेमी और रहस्यवादी कवियों की अनुभूतियाँ, अक्सर वैयक्तिक तो होती थीं, किन्तु, उनमें भी स्वाधीन चिन्ता का तेज अपनी पूरी प्रखरता के साथ प्रकट नहीं हो पाता था। वैयक्तिकता का उग्रतम उदाहरण ऋग्वेद की निम्नलिखित ऋचा में मिलता है जिसे तिलक जी ने मनुष्य जाति की सबसे बड़ी स्वाधीन चिन्ता कहा है—

इयं विसृष्टिर्यत आवभूव यदि वा दधे यदि वा न,
यो अस्याध्यक्षः परमे व्यमन्त्सो अग वेद यदि वा न वेद।

(अनु. 11 । सू. 129)

"ये नाना सृष्टियाँ कहाँ से हुईं? किसने सृष्टियाँ कीं और किसने नहीं कीं?—यह सब वे ही जानें जो इनके स्वामी परमधाम में रहते हैं। हो सकता है कि वे भी यह सब नहीं जानते हों।"

ब्रह्म के सम्बन्ध में यह कहना कि हो सकता है कि सृष्टि की उत्पत्ति के साक्षी वे भी नहीं हों, एक आस्तिक मनुष्य की स्वाधीन चिन्ता इससे आगे नहीं जा सकती। यह सृष्टि के मूल रहस्यों की खोज करनेवाले उस स्वाधीन चेता ऋषि की वाणी है जिसके सामने रूढ़ियों का जाल नहीं था, जो

किसी भी वचन को प्रमाण नहीं मानकर वहाँ तक सोचने का साहस रखता था, जहाँ तक कल्पना गमन कर सकती है। वैयक्तिकता के इस प्रखर रूप का जोड़ा संसार के किसी भी आस्तिक-साहित्य में मिलना दुर्लभ है। किन्तु ज्यों-ज्यों आध्यात्मिक अनुसंधान के कार्य समाप्ति पर आते गए, दर्शन और चिन्तन के क्षेत्र में एक प्रकार की सीमा बँधती गई; और जब जन्मान्तरवाद एवं कर्मफलवाद के सिद्धान्त स्वीकार कर लिए गए, तब तो चिन्तकों की वैयक्तिकता की एक प्रकार से मृत्यु ही हो गई और भारतीय साहित्य में उसका खुलकर उभार फिर कभी सम्भव नहीं हुआ। कभी-कभी एकाध चार्वाक ने इस बन्धन को छिन्न-भिन्न करके मुक्त चिन्ता के पथ पर चलने की कोशिश की भी तो जनमत ने उसे कुचलकर साहित्य से बाहर फेंक दिया।

यही कारण है कि अपने साहित्य के प्रत्येक कवि में हम वैयक्तिकता के विरुद्ध एक प्रकार की सतर्कता का भाव पाते हैं। वह वहीं तक जाता है, जहाँ तक शास्त्रों का हुक्म चलता है; उसकी आनन्द खोजने की वृत्ति को दर्शननिर्मित सीमा से बाहर जाने का अधिकार नहीं है। रहस्य-लोक में प्रवेश करने के पूर्व, वह अपनी शंकाओं, हिलती हुई आस्थाओं एवं अस्थिर जिज्ञासा के भावों को या तो पीछे छोड़ देता है या उन्हें दर्शन की भीति दिखलाकर चुप कर देता है। मन के भीतर और बाहर, दोनों ही दुनियाओं में वह सिर्फ उसी आनन्द का उपभोग करता है जिसमें शंकाएँ नहीं हैं और जो श्रद्धा के स्पर्श से तृप्ति-रसपूर्ण हो चुका है। यह आनन्द परमात्मा की सुशृंखलित सृष्टि की उस प्रजा का आनन्द है जिसे संसार में कहीं भी दुख, त्रस, आशंका और भय का अस्तित्व सच्चा नहीं प्रतीत होता। पंडित हजारी प्रसाद द्विवेदी के अनुसार "पिछले दो हजार वर्षों का भारतीय साहित्य कवि के व्यक्तित्व को खोता आया है। कवि जनसाधारण के दुखों से हटकर अपने ही द्वारा निर्मित बन्धनों में बँधता आया है। वैयक्तिकता की स्वाधीनता को छोड़कर वह 'टाइप' रचना की पराधीनता को स्वीकार करता आया है।"

"ईसवी सन् के आरम्भ में कर्मवाद का विचार भारतीय समाज में निश्चित रूप से स्वीकार कर लिया गया था। जो कुछ इस जगत् में हो रहा है, उसका एक अदृष्ट कारण है, यह बात निस्सन्दिग्ध मान ली गई थी। जन्मान्तर-'व्यवस्था और कर्मफलवाद के सिद्धान्त ने ऐसी जबर्दस्त जड़ जमा ली थी कि परवर्ती युग के कवियों और मनीषियों के चित्त में इस जागतिक व्यवस्था के

प्रति भूल से भी असन्तोष का आभास नहीं मिलता। जन्मान्तरवाद के निश्चित रूप से स्वीकृत हो जाने के कारण प्रचलित रूढ़ियों के विरुद्ध तीव्र सन्देह एकदम असम्भव था। कवि कठिन-से-कठिन दुखों का वर्णन पूरी तटस्थता के साथ करते थे और ऐसा शायद ही कभी होता था जब कोई कवि विद्रोह के साथ कह उठे कि यह अन्याय है, हम इसका विरोध करते हैं।"

मनुष्य की कल्पना की उन्मुक्त उड़ान को रोकनेवाले इन रूढ़ संस्कारों के प्राचीर को छिन्न-भिन्न करने का पुण्य उस विज्ञान को मिलनेवाला था जो यूरोप में जन्म लेकर समस्त संसार के प्राचीन विश्वासों की नींव हिलाने आया था। ज्यों-ज्यों मानवविज्ञान, जीवविज्ञान और पुरातत्त्व के अनुसंधानों से देश और कालगत अनन्तताएँ प्रत्यक्ष होती गईं; त्यों-त्यों भारतवर्ष में भी जन्मान्तरवाद की तगड़ी चेतना महत्त्व में छोटी पड़ती गई। यह ठीक है, कि जन्मान्तरवाद आत्मा की आयु की विशालता का द्योतक था और जब जीव-विज्ञान एवं पुरातत्त्व की खोजों से मनुष्य को यह पता लगा कि सृष्टि और समय दोनों ही के गह्वरों में, इससे कहीं बड़ी विशालताओं का वास है तब जन्मान्तरवाद की अनन्तता के साथ ही मनुष्य को अपनी जाति ;चमबपमेद्ध को अन्य जीवों से भिन्न एवं अद्‌भुत समझने की वृत्ति भी छोटी हो गई। किन्तु, वैज्ञानिक अनुसन्धानों का इससे कहीं अधिक महत्त्वपूर्ण प्रभाव यह था जो जन्मान्तरवाद के गर्व विनाश के रूप में प्रकट हुआ था, जिससे इस चेतना की उत्पत्ति हुई थी कि मनुष्य विधि-विधान की कठपुतली नहीं है तथा उसके जागतिक सुख और दुखों के रूप पहले से ही निर्धारित नहीं हैं। उसे शारीरिक और मानसिक सभी तापों से त्रण पाने के निमित्त उन्मुक्त होकर सोचने एवं निर्बन्ध होकर काम करने का पूरा अधिकार है तथा इस सोचने की क्रिया में शास्त्र-सम्मत अथवा परम्परागत कोई भी विश्वास, कोई भी निर्णय एवं कोई भी विचार उसके बाधक नहीं हो सकते। उसकी मनःस्थिति में विज्ञान और नई विद्याओं ने जो परिवर्तन उपस्थित कर दिए थे, उनका बहुत ही स्वाभाविक परिणाम वैयक्तिक स्वाधीनता का उदय था। कोई आश्चर्य नहीं कि नया आदमी अपने पूर्वजों की राह को छोड़कर एक भिन्न पथ पर चलने लगा, एक भिन्न दिशा की ओर देखने लगा तथा जीवन की प्रायः तमाम बातों पर एक भिन्न दृष्टिकोण से सोचने को तैयार हुआ।

इस प्रकार, हम देखते हैं कि छायावाद की वैयक्तिकता भारतवर्ष के लिए सर्वांशतः नवीन नहीं थी। रूढ़ियों के निर्माण से पूर्व, स्वाधीन चिन्तन के काल

में यह वैयक्तिकता वेदों में भी प्रकट हुई थी और यद्यपि जन्मान्तरवाद एवं कर्मफलवाद के सिद्धान्तों ने पीछे चलकर इसे बुरी तरह से आक्रान्त कर रखा था, फिर भी यह उन सभी लोगों में विद्यमान मिलती है जो चिन्ता की परम्परागत धारा से कुछ हटकर सोचने की चेष्टा करते थे।

साहित्य में 'टाइप' की अधीनता को अस्वीकृत करके अपने लिए नवीन राह बनाने की चेष्टा वैयक्तिक स्वाधीनता की भावना का परिणाम है। भारतीय वाङ्मय के कर्त्ता, कवि और गद्यकार, कुछ इस सिद्धान्त के अपवाद नहीं थे। कर्मवाद और जन्मान्तर-व्यवस्था ने सिद्धान्त कवि को वैयक्तिकता को सिर्फ इतना ही दबाए हुए थे कि वह उग्रता के साथ नहीं उभरती थी; किन्तु, जहाँ तक कला में वैयक्तिक अनुभूतियों को संयमपूर्ण उद्‌भावना का प्रश्न है, वह सदैव कवियों के साथ थी। भारतीय साहित्य को जब हम 'टाइप' की अधीनता के नीचे बनी हुई चीज कहते हैं तब हमारा अभिप्राय इतना ही होता है कि शैली और भावदशा की दृष्टि से हम अपने अनेक युगों के साहित्यकारों में एक विचित्र प्रकार की एकता पाते हैं जो दूसरे देशों के साहित्य में नहीं मिलती। सम्भव है, यह इस बात का प्रमाण हो कि जन्मान्तरवाद के मनुष्य की बुद्धि के आगे जो एक श्रृंखला डाल दी थी, उसके विरोध को हिम्मत किसी भी साहित्यकार में नहीं थी। किन्तु, श्रृंखला की इस सामूहिक स्वीकृति के दायरे में रहकर भी भारतीय कवि की वैयक्तिकता एकदम समाप्त नहीं हो गई थी। जिस दिन वैयक्तिकता समाप्त हो जाएगी उस दिन साहित्य से नवीनता का लोप हो जाएगा। साहित्य के मूल भावों में आदि काल से लेकर अब तक भी बहुत अधिक परिवर्तन नहीं हुए हैं। मूलभावों की विविधता को तालिका में महत्त्व के नए योग शतियों के बाद लिखे जाते हैं। किन्तु, साहित्य तब भी नित्य उज्ज्वल और नवीन रहता है; क्योंकि विचारों की नवीनता नहीं आने पर भी उसमें अनुभूतियों की नवीनताएँ आती ही रहती हैं। अनुभूति को ये नवीनताएँ ही कवि की वैयक्तिक सम्पत्ति तथा साहित्य के लिए उसकी वैयक्ति भावनाओं का नवीन अवदान होती हैं। भारत का कवि संयम के बीच भी इस वैयक्तिक उन्माद को जिलाए हुए था; क्योंकि किसी हद तक वैयक्तिकता सभी सच्चे कवियों एवं चिन्तकों का नित्य गुण है। यह वैयक्तिकता ही है जो कवियों को मलिन लोगों के सामने झुकने से बचाती है, अपमान के साथ समझौता करने से रोकती है तथा अन्य कवियों के द्वारा निर्धारित पन्थ का तिरस्कार करके अपने

लिए नवीन मार्ग का निर्माण करने की प्रेरणा देती है। "लीक-लीक गाड़ी चलै" वाली कहावत में कवि को इसी नैर्सिगक वैयक्तिकता को और संकेत है तथा "निरंकुशाः कव्यः" में भी कवि की इसी वैयक्तिक स्वातन्त्र्य की व्यंजना है।

विद्रोह की असंगतियाँ और अशक्तताएँ

छायावाद की उत्पत्ति के कारणों की सैद्धान्तिक विवेचना जितनी सुन्दर और महान् है, हिन्दी में प्रकट हुए उसके असली रूप का विश्लेषण उतना ही असंगतिपूर्ण और निराशाजनक। यह भी ध्यान देने की बात है कि छायावाद के समर्थन में आरम्भ से लेकर आज तक जितने भी निबन्ध लिखे गए, उन सबमें हम इसकी दुर्बलताओं को बड़े-बड़े सिद्धान्तों के घटाटोप से ढँक देने का एक सचेष्ट प्रयास पाते हैं। 'सान्त को अनन्त से मिलने की आकुलता', 'प्रकृति के कण-कण में एक अज्ञात सत्ता का प्रतिबिम्ब', 'मनुष्य की वैयक्तिक अनुभूतियों की श्रेष्ठता' और, 'सौन्दर्य तथा रहस्य की सूक्ष्मतम अनुभूतियों की अभिव्यक्ति', ये ही कुछ सत्य तथा कल्पित सिद्धान्त थे जिनके बल पर आलोचक छायावाद को जनता के द्वारा ग्राह्य सिद्ध करना चाहता था। जिन लोगों से यह आशा की जाती थी कि वे बुद्धि के औसत धरातल पर आकर जनता के साथ इसका सम्यक् परिचय करा सकेंगे, उन्होंने भी जब लेखनी उठाई तब सिद्धान्तों की ही विवेचना करने लगे या उससे आगे बढ़े तो प्राचीन इतिहास से मिलती-जुलती रचनाओं के उदाहरण लेकर जनता से कहने लगे कि यह धारा बिलकुल नई नहीं है; हमारे साहित्य के इतिहास में ऐसा पहले भी हुआ था। श्रीमती महादेवी वर्मा और स्वर्गीय प्रसादजी के छायावाद और रहस्यवाद-सम्बन्धी लेख इसी उद्देश्य से लिखे गए मिलते हैं। उनके लेखों में हम ऐसी सतर्कता पाते हैं जो अपने पक्ष की दुर्बलताओं को जानते रहने के कारण, स्पष्टता के छिपाने के प्रयास से जन्म लेती है। इन सभी लोगों में एक पन्तजी ही ऐसे थे जिन्होंने अपने पक्ष में प्रबलता को भली-भाँति जाननेवाले कर्मठ पुरुष की स्पष्टता के साथ आरम्भ में ही 'पल्लव' की भूमिका में उन सभी उद्देश्यों की घोषणा कर दी थी, जिनकी स्थापना के लिए वे साहित्य में आए थे। 'पल्लव' की भूमिका छायावाद का मेनिफेस्टो थी और नए आन्दोलन का रुख उस लेख में जितनी स्पष्टता के साथ प्रकट हुआ उतना साफ और किसी निबन्ध में नहीं। यह भी ध्यान देने की बात है कि नए कवियों में जनता

ने पन्तजी को ही अपना सर्वाधिक प्रेम अर्पित किया और आज वे ही छायावाद का सुधार भी कर रहे हैं।

सबसे बड़ी गलती छायावाद को रहस्यवाद सिद्ध करने में हुई। रहस्यवाद, साहित्य से बाहर, धर्म का गुण है और साहित्य में आकर भी भक्त कवि की अधूरी ईश्वरानुभूति का ही धुँधला उद्गार हुआ करता है। वह धर्म का आनन्द-पथ और काम का धार्मिक स्वरूप है। सौन्दर्य और आनन्द के उन्मद भावों की साधना जब धर्म के माध्यम से होने लगती है तब साहित्य में एक प्रकार की वाणी प्रकट होती है जिसमें अध्यात्म की माधुरी के साथ काव्य का चमत्कार सन्निहित रहता है। इस मिश्रण में अध्यात्म का मूलाधार ज्ञान और आनन्द का उद्गमस्थल भक्ति होती है। साहित्य में एक परम्परा है जो शुद्ध भक्ति के उद्गारों को प्रार्थना कहती है; इस परम्परा के अनुसार रहस्यवाद की रचनाएँ वे ही होती हैं जो ज्ञान और भक्ति के समन्वय से जन्म लेती है और जिनमें अध्यात्मक की ओर बढ़ते हुए भावुक सन्त का धुँधला उन्माद होता है। किन्तु, यह परम्परा ही है। सत्य यह है कि ऐसी कोई स्पष्ट रेखा अभी तक खींची नहीं गई जो रहस्यवाद की रचनाओं को ईश्वरानुभूति-विषयक अन्य रचनाओं से विभाजित कर दे। प्रार्थना और प्रेमानुभूति की बहुत-सी ऐसी कविताएँ हैं जो रहस्य-लोक की कृति कही जा सकती हैं तथा रहस्यवाद की बहुत-सी कविताएँ हैं जो केवल प्रार्थना और प्रेमानुभूति के उद्गार हैं। किन्तु, रूढ़ियों ने रहस्यवाद के जो लक्षण मान लिए हैं उन्हीं के बल पर, अक्सर, काव्य-विशेष को रहस्यवाद का उदाहरण मानने की प्रथा चली आ रही है।

वेदों को देखने से कहीं-कहीं ऐसा मालूम होता है कि आरम्भ में ब्रह्म को बुद्धि से प्राप्त करने का प्रयास किया गया था; किन्तु, उपनिषदों के काल में आते-आते यह भासित होने लगा कि केवल ज्ञान इसके लिए बहुत ही अपर्याप्त है। मुंडकोपनिषद में कहा है—"नायमात्मा प्रवचनेन लभ्यो, न मेधया, न बहुना श्रुतेन।" तैत्तिरीय ने आनन्द कहकर आत्मा को ही पुकार दिया (आनन्द आत्मा त्वैत्ति. 2—5,)। आनन्दस्वरूप ब्रह्म को उपलब्धि के विषय में घोषणा करते हुए कठोपनिषद ने कहा—"नैषा तर्केण मतिरापनेया।" और वेदों की ऋचाओं में जो हम काव्य का चमत्कार देखते हैं वह भी आनन्द के मार्ग से आत्मा को ही ग्रहण करने का प्रयास है। इस आनन्द का जन्म नीरस दार्शनिक विचारों से नहीं, प्रत्युत, ज्ञान की विह्वलता से होता है।

रहस्यवाद अपने मूल रूप में किसी कवि या कलाकार का नित्य-गुण नहीं, प्रत्युत, ज्ञानाकुल भक्त का गुण होता है। मैथिलीशरण जी को भक्त मानकर अभी हाल ही में एक आलोचक ने लिखा था कि उनका रहस्यवाद कमजोर है; क्योंकि, वह ज्ञानी नहीं भक्त हैं। मानो रहस्यवाद ज्ञान की कसरत का नाम हो; मानो रहस्यवाद मीमांसा तर्क और न्याय से जन्म लेता हो; मानो भक्ति के बिना ज्ञान ईश्वरानुभूति का आनन्द उठाने में अकेला ही समर्थ हो। केवल ज्ञान के आधार पर आध्यात्मिक रहस्यों के विश्लेषण से वेदान्त के सूत्रों का जन्म होता है; वह मस्तिष्क का एक रूखा खेल है। माधुरी तो उसमें हृदय के योग से पैदा होती है। और हृदय का योग ज्ञानी नहीं, भक्त दे सकता है।

छायावाद को रहस्यवाद से सम्बद्ध सिद्ध करने से जनता की जिज्ञासा की शान्ति नहीं हो सकती थी। उसे भारत की प्राचीन सम्पत्ति बताने से भी छायावाद के प्रति जनता का आदर नहीं बढ़ सकता था। जनता का विरोध साहित्य के धार्मिक भावों से नहीं था। वह सिर्फ यह जानना चाहती थी कि छायावाद में सच्ची धार्मिकता है या नहीं। एक अधार्मिक युग में, धर्म के उदय का संवाद सुनकर लोगों में संशय का उत्पन्न होना बहुत ही स्वाभाविक था। इस संशय की वृद्धि इस बात से भी होती थी कि कालिज और स्कूल से निकलनेवाला प्रत्येक नवयुवक अचानक अध्यात्म की उच्च भूमि में पहुँच जाता था तथा नई धारा के अग्रणी कवियों में से किसी को भी अपने व्यक्तिगत जीवन में धार्मिक होने को प्रसिद्धि प्राप्त नहीं थी। फिर इन कविताओं में कहीं भी प्राचीन सन्त कवियों की प्रार्थना की शीतलता, आध्यात्मिक विरह को बेचैनी तथा आनन्द के लोक में आत्मा के महाजागरण का उल्लास नहीं मिलता था। जो कुछ मिलती थी, वह थी गहरी अस्पष्टता, गहरा धुँधलापन और प्रत्येक वस्तु को एक नई दृष्टि से देखने का गहरा मोह।

अगर दृष्टिकोण की नवीनता पर जोर दिया जाता तो, सम्भव है कि जनता उतना नहीं चिढ़ती; यह भी सम्भव है कि दृष्टिकोण की नवीनता पर जोर देने का प्रभाव उन नए कवियों पर कुछ दूसरे रूप में पड़ता जो नई कविता के क्षेत्र में अपनी किस्मत आजमाने के लिए झुंड बाँधकर आ रहे थे। किन्तु, उन्होंने बाहर रहते हुए जो कुछ सुना था उसमें प्रमुख संवाद यह नहीं था कि हिन्दी-कविता में एक प्रचंड क्रान्ति हुई है तथा उसकी शैली और भाव दोनों ही बड़ी तेजी से बदल रहे हैं, प्रत्युत्त, यह कि हिन्दी में कविता करना सहल हो गया है तथा

उसमें प्रेम और वेदना के गीत बड़ी ही आसानी से गाये जा सकते हैं। और सत्य ही, काव्य-क्षेत्र में ऐसी कुहेलिका छाई हुई थी कि उसके भीतर छिपकर कुछ भी कहा जा सकता था और पीछे उसकी कुछ भी टीका की जा सकती थी। उसमें शारीरिक आसक्ति के गीतों की व्याख्या प्रभु को प्रीति में हो रही थी और वासना का नाम आध्यात्मिक प्रेम दिया जा रहा था। रोजो के अभाव, रुपयों की कमी और बेकारी से जन्मी हुई निराशा, संसार से विराग का रूप ले रही थी और दैनिक जीवन की कठिनाइयों से घबड़ाया हुआ कवि 'उस पार' चल देने के लिए और नहीं तो एक 'भग्न तरी' ही खोज रहा था। निराशा, वेदना और अस्वस्थ वैराग्य के प्रति ऐसी आसक्ति बढ़ी कि जिन्हें आर्थिक साधन सुलभ थे वे भी इसकी ओर झुके और अपनी दैनिक प्रेम-लीलाओं की क्षणिक निराशा और वियोग में परमात्मा से आत्मा के अनन्त विरह का रूपक देखने लगे। यह सच है कि निराशा की इन लहरों में बहनेवाले अधिकांश कवि वे ही थे जो अब क्षेत्र में नहीं हैं, किन्तु इस शमितवेगा नदी के दोनों किनारों पर अब भी ऐसी कृतियाँ खड़ी हैं जो जीवित और चैतन्य हैं तथा जो इतिहास में अपने लिए स्थान सुरक्षित करती जा रही हैं। इस नदी के उस पार प्रसादजी का 'आँसू', महादेवी का 'नीहार' और 'रश्मि' तथा द्विजजी की 'अनुभूति' है एवं उसके इस पार श्रीयुत हरिवंशराय जी 'बच्चन' हैं जो निराशा और वेदना को अधिक बोधगम्य एवं कहीं अधिक सुन्दर बनाते जा रहे हैं।

कोई बहुत आगे का साहित्यकार जब छायावादी युग के पन्ने उलटने लगेगा तब, सम्भव है कि वह इस युग को कविता का वैराग्ययुग कह डाले; क्योंकि, कुछ समर्थ कवियों को छोड़कर, बाकी जितने लोग उस समय मैदान में थे, वे सबके सब जीवन से विरक्त, अपने आस-पास के लोगों से नाराज और इस दुनिया को छोड़कर कहीं अन्यत्र चल देने को तैयार बैठे थे। निराशा के अति संस्कार के कारण कवि उस मनोदशा को प्राप्त हो रहे थे जिसमें दूसरों के सहानुभूतिपूर्ण शब्द भी अच्छे नहीं लगते हैं। तत्कालीन हिन्दी-कवियों में से अनेक ऐसे थे जिनकी मन:स्थिति ठीक उसी प्रकार की हो गई थी जैसी गालिब की निम्नलिखित पंक्तियों में से ध्वनित होती है—

रहिए अब ऐसी जगह चलकर जहाँ कोई न हो,
हमसखुन कोई न हो और हमजबाँ कोई न हो।

पड़िए गर बीमार तो कोई न हो तीमारदार,
और अगर मर जाइए तो नौहख्वाँ कोई न हो।

'हमसखुन' और 'हमजबाँ' भाइयों के बीच से ये कवि भागकर बाहर तो नहीं जा सके, हाँ, उन्हीं के बीच रहते हुए स्वयं ऐसा सखुन और ऐसी जबाँ बोलने लगे जिन्हें उनके आस-पास के लोग समझने में असमर्थ थे। अतएव, समझना चाहिए कि गालिब ने जो स्वप्न देखा था, छायावाद-काल के कितने ही हिन्दी-कवियों ने उसे चरितार्थ कर दिया—लोगों के बीच से भागकर नहीं, बल्कि अपने मन में एक नया संसार बसाकर तथा अपने लिए एक नई भाषा की ईजाद करके। इसी प्रकार आदरणीया महादेवीजी का भी वह 'अनोखा संसार' अच्छी तरह बस गया जिसे उनका 'पागल प्यार' आरम्भ से ही चाह रहा था तथा हमें विश्वास है कि जीवन का 'मत्त समीर' अब उनकी आज्ञा मानता है और उनकी शान्ति को भंग करने के लिए उस तरफ नहीं जाता जिधर उनका 'एकान्त' सो रहा है।

विद्रोह की भावना पर जन्म लेनेवाला साहित्य निराशा और वेदना के कुहासे में उलझकर रह जाए, यह एक ऐसी असंगति है, जिसकी सम्यक् व्याख्या सभी विचारों के परे हो जाती है। इसे आजकल लोग पलायनवाद कहकर समझाते हैं जो बहुत अंशों में सही भी मालूम होता है; क्योंकि, छायावाद के आते-न-आते भारतवर्ष में स्वतन्त्रता का संग्राम छिड़ गया था और आशा की जाती थी कि साहित्य इसमें पूरे बल से योग देगा। किन्तु, इसके विपरीत वह धरती से ऊपर उठकर स्वप्न में मँडराने लगा। इधर, हाल से, यह कोशिश भी शुरू हुई है कि छायावाद-कालीन हिन्दी-कवियों की मनोदशा को प्रथम विश्व-युद्ध के उपरान्त यूरोप में जन्म लेनेवाली उस मनःस्थिति से मिलाकर देखना चाहिए, जिसके कारण, इंग्लैंड में ईलियट जैसे गम्भीर नैराश्य की व्यंजना करनेवाले कवियों का जन्म सम्भव हुआ था। परन्तु, यहाँ यह विचारणीय है कि प्रथम विश्व-युद्ध में लड़नेवाला भारत यह नहीं जानता था कि वह क्यों लड़ रहा है—इतना भी नहीं कि वह इसलिए लड़ रहा है चूँकि वह इंग्लैंड का गुलाम है। ऐसी स्थिति में उस युद्ध को इतनी प्रमुखता देना एक कृत्रिम प्रयास होगा। प्रथम विश्व-युद्ध से उत्पन्न होनेवाली निराशा का प्रवेश हमारे साहित्य में भी हुआ, किन्तु बहुत बाद को, तथा सीधे नहीं, प्रत्युत, ईलियट और उनके अनुयायियों की कृतियों के माध्यम से ही।

परिणाम में छायावाद चाहे पलायनवाद का ही रूपक रहा हो, किन्तु, उसके जन्म और विकास की प्रक्रिया बड़ी ही क्रान्तिपूर्ण थी। वैयक्तिकता के उदय से यह प्रवृत्ति चल पड़ी कि मनुष्य निश्चित रूप से समाज और सभ्यता के सामने जिम्मेदार नहीं है। उसे अपनी बातों को अपने ढंग पर सोचने का नैसर्गिक अधिकार है और समाज के प्रति दायित्व के भाव उसके बन्धन नहीं बन सकते। मनुष्य के लिए समाज ही सब कुछ नहीं है; पृथ्वी, पहाड़, फूल, पत्ते और अपने मन की दुनिया भी उसके लिए सच है और जहाँ समाज के कुत्सित रूप से मनुष्य को विरक्ति हो जाती है, वहाँ उसके लिए ये पिछली वस्तुएँ ही अधिक सत्य हो जाती हैं। इसके फलस्वरूप प्रकृति के प्रति एक नए दृष्टिकोण का आरम्भ हुआ तथा उसकी सुन्दरताओं में एक नए ढंग की दिलचस्पी ली जाने लगी। केवल प्रकृति ही नहीं, वरन् जीवन के विभिन्न अंगों का व्याख्या में यह नया दृष्टिकोण प्रमुख होने लगा और इसके स्वाभाविक फलस्वरूप साहित्यिक कृतियों में कल्पना की अतिवृद्धि होने लगी। मनुष्य क्या करता है, क्या सोचता है और क्या कहता है, साहित्य से इसका वर्णन उठने लगा और कविगण यह बताने में अधिक आनन्द लेने लगे कि कुछ सोचते, कहते अथवा करते समय मनुष्य में क्या-क्या भाव उठा करते हैं। इसी प्रकार साहित्य से प्रकृति के तद्गत रूप का वर्णन भी विदा होने लगा और उसकी जगह पर यह व्यंजना उपस्थित होने लगी कि कवि के हृदय में आकर प्रकृति कैसी हो जाती है। फूल स्वयं कैसा है, इसके स्थान पर यह लिखा जाने लगा कि फूल कवि को कैसा लगता है। यहाँ यह बात विचारणीय है कि कवि भी आखिर मनुष्य ही है और साधारणत: उसका अच्छा या बुरा लगना बहुत कुछ अन्य लोगों के अच्छा या बुरा लगने के ही समान होना चाहिए। और इसमें सन्देह नहीं कि जिस कवि की चेतना भटककर सर्वसाधारण की चेतना से बहुत दूर नहीं चली गई थी उसकी वैयक्तिक अनुभूति यथेष्ट रूप से बोधगम्य और सुन्दर रही। किन्तु, छायावाद के आरम्भ-काल में अधिक कवि ऐसे ही थे जिन्होंने वैयक्तिकता को, शायद, विचित्रता समझ लिया था तथा जिनकी दृष्टि में जनसाधारण की चेतना से बहुत दूर जाकर कष्ट-कल्पना की अनुभूति को छन्दोबद्ध करना ही नवीनता का पर्याय था। पन्तजी का वह अद्भुत गान "लाई हूँ फूलों का हास, लोगी मोल, लोगी मोल" पहली श्रेणी का उत्कृष्टतम अवदान था तथा पिछली श्रेणी की रचनाओं के अनेक उदाहरण श्री

लक्ष्मीनारायणज़ी मिश्र के 'अन्तर्जगत' में आज भी विद्यमान मिलेंगे।

साहित्य के स्वभाव में इस नवजागरण के प्रभाव से जो सरल और दुर्बोध अनेक विलक्षणताएँ उत्पन्न हो गई थीं, कवि के चिन्तन एवं अभिव्यक्ति की प्रक्रिया में जो विचित्र प्रकार की उलझनें आ गई थीं, इस निबन्ध में उनकी स्थूल एवं असमर्थ व्याख्या ही सम्भव है। इतना ही यथेष्ट समझना चाहिए कि नवजागरण की सम्भावनाएँ ज्यों-ज्यों प्रत्यक्ष होती जाती थीं, त्यों-त्यों कल्पना की उद्दामता की ओर कवियों की आसक्ति बढ़ती जाती थी। ऐसा भासित होता है कि द्विवेदी-युग ने, अत्यन्त स्थूल अर्थों में, दैनिक जीवन की वास्तविकता को ही अपना सर्वस्व समझनेवाली जिस इतिवृत्तात्मकता के शिलाखंड के नीचे कल्पना को दबाकर रख छोड़ा था, उसे खंड-खंड करके कल्पना अत्यन्त वेग से ऊपर आ गई थी और प्राय: प्रतिशोध की कटुता के साथ जीवन का तिरस्कार कर रही थी। समकालीन जीवन बिलकुल हीन और हेय था। साहित्य पूर्ण रूप से सतर्क था कि दैनिक विश्व की कोई भी प्रतिध्वनि काव्य में नहीं आने पाए। उसकी विहार-भूमि शून्य आकाश, नन्दन-कानन अथवा इतिहास के उस गह्वर में थी जो समकालीन जीवन से बहुत दूर था तथा जहाँ कवियों की कल्पना अपनी पसन्द की दुनिया बसा सकती थी। यह भावना इतनी प्रधान थी कि भूल से भी समकालीन जीवन की ओर दृष्टिनिक्षेप करनेवाले लोग अनायास ही अकवि समझे जाने लगते थे।

छायावाद-कालीन रचनाओं में यह संकेत भी नहीं मिलता है कि कवियों ने समकालीन जीवन को भली-भाँति देखकर उसे रुक्ष एवं अकाव्यात्मक समझकर छोड़ दिया हो। अधिकांश कवियों ने आस-पास की दुनिया को समझने का थोड़ा भी प्रयास नहीं किया। ऐसा दीखता है कि काव्य की चेतना सीधे ऊपर से आती थी और, प्राय:, सदैव दार्शनिक सिद्धान्तों के स्तर तक ही आकर रुक जाती थी; उससे नीचे जो सुख-दुख से मिश्रित एक दैनिक लोक था, जिसकी अनुभूतियों से दर्शन के सिद्धान्त बनते हैं, वहाँ तक आने की प्रवृत्ति किसी में भी नहीं थी। छायावाद ने कल्पनात्मकता की जो रूढ़ि बना दी थी उससे अलग भागने को प्रवृत्ति कभी-कभी श्री भगवतीचरण वर्मा में लक्षित होती थी, किन्तु उस समय वे भी जीवन की नश्वरता एवं समृद्धि की समाधि तक ही आकर रुक जाते थे। यह भी ध्यान देने की बात है कि इन लोगों के ठीक पीछे जो लोग आ रहे थे, उनमें भी आरम्भ में जीवन की रुक्षताओं का

सामना करने की उमंग नहीं थी। छायावाद ने जिस निराशा की सृष्टि कर दी थी, उससे बिलकुल ऊपर उठ जाना, प्रायः, उनके लिए भी कठिन मालूम होता था। निराशा भी एक प्रकार की रूढ़ि हो गई थी और कवि की मनोदशा पर उसका कोई-न-कोई प्रभाव अनायास ही पड़ जाता था। यह सच है कि पीछे आनेवाले कवि कल्पित अनुभूतियों की तेजोहीनता एवं निस्सारता को एक हद तक पहचान चुके थे, किन्तु नैराश्य की परम्परा अज्ञात रूप से उन्हें भी घेरे हुए थी। यही परम्परा उनके सामने समृद्धि की नश्वरता, जीवन की क्षणभंगुरता और बुझे हुए चिराग पर विलाप करने की प्रवृत्ति बनकर प्रकट हो रही थी। श्री रामकुमार वर्मा की 'चित्तौड़ की चिता' और 'कंकाल', बच्चनजी की 'मधुशाला' से ठीक बादवाली रचनाएँ तथा भगवती बाबू की कितनी ही कविताएँ इसी नैराश्य-पीड़ित मनोदशा के परिणाम हैं। अन्य समर्थ कवि भी जब कोरी कल्पना से ऊब जाते थे और जीवन के कुछ अधिक समीप आना चाहते थे, तब उनके सामने भी गुजरी हुई समृद्धि तथा विनष्ट हो जानेवाला जीवन ही प्रमुख हो उठता था। पल्लव में ही 'परिवर्तन' कविता है, जिसमें यह मनोदशा बड़े ही अद्‌भुत आवेग के साथ-साथ व्यंजित हुई है।

छायावाद एक क्रान्ति का सन्देश लेकर आया था, किन्तु, अपने क्रान्तिकारी होने के प्रचार में वह ऐसा फँसा कि वास्तविक उद्‌देश्य का कहना ही भूल गया। वह उस नेता के समान था जो हर चीज को पुरानी और सड़ी हुई बतलाता है, किन्तु, उसकी जगह पर कौन-सी चीज आनी चाहिए, यही नहीं कह पाता। महादेवी ने छायावाद पर लिखते हुए एक जगह कहा है कि "कलाकार निर्माण देकर ध्वंस का प्रश्न सुलझाता है, ध्वंस देकर निर्माण का नहीं।" किन्तु आश्चर्य की बात है कि छायावादी कवि वास्तविक क्षेत्र में न तो ध्वंस ही कर सके और न निर्माण ही। उनसे इतना भी नहीं बन पड़ा कि और कुछ नहीं तो जीवन का विवशता के विरुद्ध एक सैद्धान्तिक विरोध ही ध्वनित करें। उस समय बार-बार कहा जाता था कि कविगण एक ऊँचे एवं अधिक व्यापक जीवन की खोज में है; किन्तु, छायावाद-काल की अधिकांश रचनाओं में इस बात का कोई प्रमाण नहीं मिलता कि कवियों ने जीवन की दैनिक वास्तविकता का त्याग किसी बड़ी वास्तविकता के ग्रहण करने के लिए किया हो अथवा अपने आस-पास के लोगों को छोड़कर वे प्रवास में इसलिए गए हों कि वहाँ से वापस आने पर जीवन की व्याख्या अधिक गम्भीरता से कर सकें।

उनका प्रवास कर्तव्यनिष्ठ गृहस्थ का प्रवास नहीं, प्रत्युत, उस बालक का पलायन था जो अपने आस-पास मन के अनुकूल वातावरण न पाकर घर से भाग निकलता है। कल्पना के नन्दन-कानन में, नई-नई सूझों के अनुसंधान में, काल्पनिक प्रेम और विरह की अनुभूति में वे एकमात्र अपनी ही तृप्ति खोज रहे थे। उन्हें इस बात का ध्यान ही नहीं था कि आखिर वह भी इसी समाज के प्राणी हैं और उनके आनन्द में दूसरों का भी कुछ न्यायसिद्ध भाग है। इसके विपरीत, अपने को वे कुछ-कुछ अवतारी-सा मान रहे थे और समझते थे कि उनका प्रत्येक वाणी शाश्वत और पवित्र है तथा वह समाज को समझ में आए या नहीं, परन्तु समाज को उनका आदर करना ही चाहिए।

छायावाद की दुर्दशा अपनी पराकाष्ठा को पहुँच गई होती, यदि उसमें पन्तजी, निरालाजी, प्रसादजी, माखनलालजी, भगवतीचरणजी वर्मा और पं. बालकृष्ण शर्मा नवीन नहीं हुए होते। इस कुहासे में निरालाजी सदैव दृढ़ और पन्तजी हमेशा प्रसन्न रहे। जैसे छायावाद के विद्रोही स्वभाव का प्रतिनिधित्व निरालाजी कर रहे थे, उसी प्रकार नवजागरण के आनन्द और उल्लास का प्रतिमान पन्तजी थे; प्रसादजी अपनी समस्त दार्शनिकता, ज्ञान-गरिमा और विद्या-वैभव को लेकर इस कुहासे में समृद्ध साधक के समान बैठे हुए थे तथा उन्हें वे लोग भी सिर नवाते थे जो इस नई दुनिया के खिलाफ थे। भगवती बाबू विशिष्टता के अधिकारी इसलिए हैं कि आरम्भ में ही छायावाद की कमजोरियों का ज्ञान उन्हें हो गया था तथा उस युग में वे ही एक ऐसे कवि थे जो छायावाद के तत्कालीन रूप को असमर्थ जानकर कुछ अधिक शक्तिशाली स्वर फूँकने के लिए जब-तब नए-नए प्रयोगों की ओर उन्मुख हो रहे थे। आरम्भ में उनकी 'विदा' नामक कविता का जोरों से प्रचार हुआ, किन्तु, ऐसा दीखता है कि यह प्रशंसा उनकी दृष्टि पर आवरण नहीं डाल सकी और जब उनके ऊपर चारों ओर से फूल बरस रहे थे, तभी वे 'विदा' की टेकनिक छोड़कर आगे बढ़ गए। 'नूरजहाँ की कब्र', 'कानपुर का मेमोरियल बेल' और 'क्रय-विक्रय' नामक कविताओं में उन्होंने जिस टेकनिक और भावदशा को अपनाया था वह स्पष्ट ही 'विदा' की टेकनिक और भावदशा से कहीं उन्नत और प्रभविष्णु थी। उनके प्रयोगों के भीतर से छायावाद आगे बढ़ रहा था और उस शैली की ओर अग्रसर हो रहा था जो कविता को लोक-जीवन के अधिक समीप लानेवाली थी।

माखनलालजी इन कवियों के बहुत पहले से मैदान में थे और छायावाद

की छाया शायद सबसे पहले उन्हीं पर पड़ी थी। वह और प्रसादजी प्राय: समकालीन थे; किन्तु 1912-13 की लिखी हुई कविताओं को देखने से ज्ञात होता है कि आगे चलकर उदय होनेवाली किरण की झाँई जैसी माखनलाल जी की रचनाओं में स्पष्ट होकर पड़ रही थी वैसी प्रसादजी की रचनाओं में नहीं। कारण शायद यह भी था कि प्रसाद जी का प्रगाढ़ पांडित्य नई शैली और मनोदशा को कुछ दूर तक अपने में रखने में समर्थ था। किन्तु, उद्दाम भावुकता के कारण माखनलालजी पर नवीनता का प्रभाव आसानी से पड़ सकता था।

1920 से 30 के बीच में छायावाद ने हिन्दी-कविता का सबसे बड़ा उपकार राष्ट्रीय कविताओं के क्षेत्र में किया। शुद्ध कला की भूमि में जहाँ छायावाद ने सिर्फ कुहासा ही कुहासा फैलाया, वहाँ राष्ट्रीय कविता को उसने इतिवृत्तात्मक तथा प्रचारात्मक होने से बचा लिया। भारतेन्दु-युग से राष्ट्रीय कविता की जो परम्परा चली आ रही थी, उसमें देशमाता की वन्दना और दुख-दारिद्रय का वर्णन ही प्रधान था। द्विवेदी-युग में तो कविताएँ शुद्ध इतिवृत्तात्मकता का प्रमाण ही बन गई थीं। उस समय अन्य कविताओं की भाँति देशभक्ति की कविताओं में भी कवि की वैयक्तिक अनुभूति का चमत्कार नहीं होता था। ये कविताएँ सब कुछ कहती थीं, किन्तु पाठकों के हृदय को छूने में सर्वथा असमर्थ थीं। छायावाद ने राष्ट्रीय कविता के इस अभाव को पूरा किया तथा कवि की देशभक्तिमयी मनोदशा को अनुभूति बनाकर उसे शुद्ध काव्य के देश में प्रतिष्ठित कर दिया। नवीनजी तथा माखनलाल चतुर्वेदी की कविताएँ स्वदेश भक्ति का प्रचार नहीं करती हैं, वरन् देशवासियों को उन अनुभूतियों का दान देती हैं जिनका जन्म देश प्रेम की भावना से होता है। छायावादी युग में पाठकों के बीच हिन्दी-कविता की बहुत कुछ प्रतिष्ठा राष्ट्रीय कविताओं ने रखी तथा इन कविताओं ने ही इस बात का प्रमाण दिया कि नए आन्दोलन में बड़ी-बड़ी सम्भावनाएँ छिपी हुई हैं।

मिट्टी की ओर

1930 के आस-पास ऐसा मालूम होने लगा कि जनमत का प्रभाव यत्किंचित् सुचारू रूप से कवियों पर पड़ रहा है। यह सम्भव है कि यहाँ तक आते-आते दीर्घकालीन प्रयोगों के बाद छायावादी कवि परिपक्वता के पास पहुँच गए थे।

अब उनकी रचनाओं में आकाश और अनिल का अंश घटकर सन्तुलन की ओर आ रहा था तथा शेष तत्त्व—जल, अग्नि और मृत्ति—अपने समुचित भाग की प्राप्ति के लिए आगे बढ़ रहे थे। इनका स्पष्ट संकेत पन्तजी के 'गुंजन' में मिला। 'गुंजन' की कविताएँ कवि की उस चेतना का परिणाम है जो समाज के अधिक निकट आकर गाने की आवश्यकता की अनुभूति से उत्पन्न होती है। ऐसा लगता है कि कई वर्षों से समाज जो अपनी समस्याओं के प्रति कवियों का ध्यान आकृष्ट करने की कोशिश कर रहा था, उसमें उसे अब थोड़ी बहुत सफलता मिलने लगी थी। यद्यपि समाज की इस सफलता अथवा जीवन के प्रश्नों के प्रति साहित्य की चैतन्य वृत्ति के संकेत दो-एक वर्षबाद 'ज्योत्स्ना' नाटिका में अधिक स्पष्टता के साथ प्रकट होनेवाले थे, किन्तु, 'गुंजन' में भी यह मनोवृत्ति प्रत्यक्ष हो गई थी। गुंजन पन्तजी के निसर्ग-प्रिय आनन्द, गीतों का संग्रह है, परन्तु यह आनन्द निरे भावुक कवि की कल्पना का आनन्द नहीं है। उसमें आशावादी चिन्तक की प्रसन्न मुद्रा एवं जीवन के प्रति अधिक जागरूक भावों का तेज है। गुंजन की कविताओं में उस कवि के मनोभाव हैं जो जीवन के समीप आकर, उसी के आस-पास, अपने आनन्द के उपकरणों की खोज करता है। परियों का देश उसे अब भी प्रिय है, किन्तु, अब उस देश का सम्बन्ध धरती से भी हो गया है, मानो, मनुष्य चन्द्रमंडल में आने-जाने लगा हो। गुंजन की कविताओं में प्रकृति के रूपों का जो चित्रण हुआ है, उसमें अज्ञात रूप से, जीवन के प्रति कवि की जिज्ञासा परिव्याप्त मिलती है। इस जिज्ञासा का लय बहुत बाद को चलकर युगान्त, युगवाणी और ग्राम्या में होनेवाला था जब कवि को अपने द्वारा उठाई हुई शंकाओं के उत्तर समाजवाद की साहित्यिक अनुभूति में प्राप्त होनेवाले थे। किन्तु, गुंजन में ही यह जिज्ञासा तथा उनके निदान की खोज आरम्भ हो गई थी। इस प्रयास का उदाहरण गुंजन की सुख-दुख सम्बन्धिनी कविताएँ ही नहीं, वरन् प्रकृति के बिम्ब लेनेवाले कुछ शुद्ध कलामय गीत भी हैं जिनमें जीवन अवस्थाएँ रूप, उत्प्रेक्षा और उपमाएँ बनकर बोलती हैं अथवा शब्दों के लाक्षणिक विन्यास से अनायास ही ध्वनित होती है।

जग के दुख-दैन्य-शयन पर
यह रुग्णा जीवनवाला।

'चाँदनी' के इस रूप में समाज की विषण्ण मुद्रा का रूपक है तथा—

एकाकीपन का अन्धकार,
दुस्सह है इसका मूक-भार,
इसके विषाद का रे, न पार।

आदि पंक्तियों में से उस निर्बन्ध वैयक्तिकता के प्रति कवि की विरक्ति ध्वनित होती है जो उसे अब तक लोक-जीवन से दूर रखकर अपने अन्धकार की कारा में बाँधे हुए थी।

मिट्टी की ओर आने की प्रवृत्ति केवल उन्हीं कवियों में लक्षित नहीं हुई जो शुद्ध कल्पना को छोड़कर भिन्न भावभूमि में गमन कर रहे थे, प्रत्युत, इसका स्पष्ट संकेत उन कवियों में भी मिला जो किसी भी कारण से अपने पूर्वनिर्मित माया-लोक को छोड़ना नहीं चाहते थे। परिणामतः महादेवीजी की 'नीरजा' और 'सान्ध्य गीत' निकले जिनमें पूर्वापेक्षा अधिक प्रसाद, अधिक बोधगम्यता तथा अध्यात्म के अधिक पुष्ट स्वर विद्यमान थे।

इतना ही नहीं, वरन्, इस समय जो भी नए कवि काव्य-भूमि में उतर रहे थे सबमें समाज के प्रति एक विशिष्ट प्रकार के दायित्व का भाव था। उनकी प्रायः कोई भी अनुभूति ऐसी नहीं थी, जिसे समाज के प्राणी समझ न सकें। पन्तजी वाली पीढ़ी के ठीक बाद आनेवाले कवियों में से बच्चनजी, छायावाद की विरासत—वैयक्तिक निराशा एवं वेदना को लेकर आए थे; लेकिन छायावाद-कालीन काल्पनिक निराशा उनकी कविताओं में सत्य और सजीव हो उठी; मानो, हिन्दी-कविता को निराशा के आनन्द से परिचित करने के लिए ही भगवान् ने कवि को अग्नि-पुंज में डाल दिया हो। बच्चनजी ने भाषा की सम्भावनाओं का भी अनुसन्धान किया तथा अपने भावानुरूप उसका एक ऐसा स्वरूप ढूँढ़ निकाला जो हर तरह से कविता की शोभा और शक्ति को बढ़ानेवाला था।

मिलिन्दजी बच्चनजी से भी कुछ पहले आए थे, अतएव आरम्भ में उनमें निराशा की रूढ़ि का आवेग स्वाभाविक ही था (लिखो कुसुमकुल, थिरको जलकण, मंगलमय हो तुम्हें वसन्त; पर क्यों छेड़ जगाते हो विरही के भाव अनन्त?); पर आगे चलकर वह इस विषण्ण लोक से निश्चित रूप से निकल गए और उस दुनिया में खड़े हो गए जहाँ पौरुष और आशावाद का आलोक फैल रहा था।

नेपाली, नरेन्द्र, आरसी, केसरी और रामदयाल, इन कवियों की मनोदशाओं में पूरी एकता नहीं थी। नरेन्द्रजी में रूपासक्ति प्रधान थी; नेपालीजी प्रकृति को देखते हुए आ रहे थे; आरसी बाबू में संस्कृत-काव्य एवं छायावाद के मिश्रित प्रभाव से एक ऐसी विलक्षणता उत्पन्न हो गई थी जो नए ढंग की वैयक्तिक अनुभूति को 'क्लासिक' शैली में अभिव्यक्त करना चाहती थी; केसरीजी में आरसी बाबू से मिलती-जुलती मनोदशा का विकास हो रहा था, किन्तु उनमें दो और नए गुण आ मिले थे—शैली के पक्ष में अंग्रेजी कवियों का प्रभाव और भाव-पक्ष में ग्राम्य जीवन की सरलता के प्रति अनुरक्ति। पंडित रामदयाल पांडेय कला के माध्यम से जीवन की विरूपताओं को देखते हुए आ रहे थे तथा उनकी वाणी स्वभावत: ही ओजस्विनी और दीप्तिपूर्ण थी।

इस दूसरी पीढ़ी के कवियों की मनोदशाएँ परस्पर एक-दूसरे से बहुत कुछ भिन्न थीं, परन्तु एक बात में उन सभी में आश्चर्यजनक एकता थी। यह थी, सुन्दर होने के पहले सुस्पष्ट होने को प्रवृत्ति। हिन्दी-कविता छायावाद के कुहासे से निश्चित रूप से बाहर आ चुकी थी और अब वह किसी भी ऐसी अनुभूति पर हाथ डालना नहीं चाहती थी जो समूह की अनुभूति से इतनी दूर हो कि उसकी समझ में ही नहीं आ सके। इन कवियों में से कोई भी रुक्ष अथवा नीरस नहीं था; सौन्दर्य से प्रति भी सभी में उद्दाम आसक्ति थी; रूपसृष्टि के लिए ये लोग भी उतने ही प्रयत्नशील थे जितने छायावादकाल के समर्थ कलाकार; किन्तु सौन्दर्य ढूँढ़ने के प्रयास में वे कविता के प्रसाद गुण को खोना नहीं चाहते थे। छायावाद की माया-किरण इनकी दुनिया में भी चमकती थी, किन्तु वह किरण ही थी, कुहेलिका नहीं। इनकी एक विशेषता यह भी थी कि ये कभी भी ऐसी चीज को नहीं उठाते थे जो इनकी समझ में अच्छी तरह से न आती हो। बोधगम्य एवं सुस्पष्ट विषयों की खोज में वे मनुष्य के दैनिक जीवन के अधिक समीप आने लगे। अधिक समीप का अर्थ यह नहीं है कि वे जीवन की स्थूलता में डूबने लगे। यह काम तो उसके लिए छोड़ दिया गया था जो तथाकथित प्रगतिवाद के नाम पर स्थूल एवं नीरस विवरणों को काव्य कहकर पुकारते हुए आगे चलकर आनेवाले थे। मेरा अभिप्राय इतना ही है कि नरेन्द्र, नेपाली, बच्चन, आरसी और रामदयाल जीवन के इतने समीप आ गए थे जहाँ से वे उसका कोलाहल भली-भाँति सुन सकें।

इस पीढ़ी में दो ऐसे कवि और आए जिन्हें छायावाद की कुहेलिका ने

समाज के सामने पूर्ण रूप से प्रकट होने नहीं दिया। एक हैं समर्थ नवयुवक कवि श्री रामेश्वर शुक्ल 'अंचल', जो अनेक क्रान्ति-स्फुलिंगों को लेकर उस कुहेलिका में आज भी तड़प रहे हैं और दूसरे हैं श्री केदारनाथ मिश्र 'प्रभात', जो हृदय के अगणित समर्थ भावों की सुष्ठु एवं ओजस्विनी अभिव्यक्ति इसलिए नहीं कर पाते हैं, क्योंकि छायावाद की आदि कुहेलिका का मोह उनमें घनीभूत हो गया है।

अंचलजी और प्रभातजी के समान ही पंडित जानकी वल्लभजी शास्त्री भी विकास की इस स्वाभाविक प्रक्रिया के अपवाद हैं। वह प्रधानतः गीतों से कोमल कलाकार हैं तथा उनके अनुसंधान का झुकाव नए सुर एवं तदनुरूप स्फुट भावनाओं की ओर है। तत्त्व-चिन्तन और रूप-सृष्टि की उन्मद मनःस्थिति, खंड-खंड होकर, उनके गीतों में प्रकट होती है तथा मन से वह छायावाद-कालीन निराकार विश्व के अधिक समीप हैं।

सुधरते हुए छायावाद की रेखा पंडित नरेन्द्र शर्मा की कविताओं में स्पष्ट मिलती है। उनके 'मिट्टी और फूल' इस नाम में हों, मानो, छायावाद का यह रूप साकार हो गया हो। 'फूल' शब्द से जो सुन्दरता, मधुरिमा और सुरभि व्यंजित होती है, छायावाद उन सभी गुणों को अपने साथ ला रहा था, किन्तु इन सारी विभूतियों के साथ उसका गमन मिट्टी की ओर था—वह मिट्टी, जिसकी गोद में सुन्दर और सुरभित फूल खिला करते हैं। छायावाद के पूर्व और नवीन रूपों का यह भेद सिर्फ कविताओं से ही नहीं, प्रत्युत कुछ काव्य-पुस्तकों के नामों से भी व्यंजित होता है। जो पहले 'विपंचीं' थी वह अब 'रागिनी' हो गई थी, जो पहले 'नीहार' और 'पल्लव' था उसका नाम अब 'मिट्टी और फूल' हो गया था; इतना ही नहीं, वरन्, युगान्तर, युगवाणी, मानव, गणदेवता, प्रभात-फेरी और किरणबेला, इन सभी नामों में उस नए क्षितिज का संकेत था जो छायावाद को कुहेलिका से धीरे-धीरे प्रकट हो रहा था। सत्याग्रह आन्दोलन के बाद का दशक छायावाद के इसी रूप-परिवर्तन और परिपाक का काल था। इसके बीच जिन प्रभावों के कारण अग्रज कवियों की वाणी अधिक गम्भीर और पुष्ट हो रही थी, उन्हीं प्रभावों के कारण नवोदित कवियों में अधिक सारवान् स्वप्न एवं एक सुस्पष्ट शैली का उदय हो रहा था। सृष्टि के आरम्भ में जिस प्रकार केवल नेबुला (जिसे राहुलजी ने हलवे-सा अस्थि-विहीन कोई ढुलमुल पदार्थ कहा है) था तथा काठिन्य उसके भीतर बहुत बाद को आया,

उसी प्रकार छायावाद के आरम्भिक काल में कल्पना हलकी और तरल थी। उस समय उसके भीतर बीज का कड़ापन नहीं मिलता था। यह कड़ापन 1930 के बाद प्रकट हुआ। इस काल को हम कल्पना के राज्य में विचारों की स्थापना का काल कह सकते हैं। इस काल की प्रमुख रचनाएँ 'कामायनी' और 'तुलसीदास' हैं, जिनमें हम एक विशिष्ट प्रकार की प्रौढ़ि तथा छायावादी काल्पनिकता के भीतर विचारों को बहुत ही पुष्ट रीढ़ पाते हैं। बच्चन, नरेन्द्र, आरसी, नेपाली और रामदयाल तथा सुमन, इस काल में जो भी नवीन कवि मैदान में आए, सभी में भावुकता से अधिक विचारों का प्राधान्य था; अथवा इसे यों समझना चाहिए कि छायावाद-कालीन भावुकता के आतिशय्य की पृष्ठभूमि पर जब ये कवि अपनी विचारपूर्ण मन:स्थिति को लेकर उतरे तब ऐसा ज्ञात हुआ मानो इनके विचार इनकी भावुकता से अधिक प्रबल हों। यह एक साधारण नियम की बात है। सम्भव है, लोगों को इसके अपवाद के भी उदाहरण मिलें। किन्तु एक बात सत्य थी कि इनमें से कोई भी कवि केवल यही नहीं सोचता था कि वह कैसे कह रहा है, वरन् यह भी कि वह क्या कह रहा है। यह प्रवृत्ति उन कवियों में भी प्रधान थी जिनके पास कहने को कुछ बहुत अधिक बातें नहीं थीं, पर जो कुछ उन्हें कहना था उसके प्रति वे काफी जागरूक थे। कुछ लोग ऐसे भी थे जो आरम्भ में इस 'क्या' और 'कैसे' के बीच समुचित सामंजस्य स्थापित करने का सच्चा मार्ग नहीं पा सके, किन्तु, जैसे-जैसे समय बीतता गया, उनमें अपेक्षित विकास के क्रम प्रकट होते गए।

यह कहना कठिन है कि 1930 के बाद हम काव्य के क्षेत्र में जो सुस्पष्टता, दृढ़ता तथा ओज की वृद्धि देखते हैं उसका श्रेय नवोदित कवियों को मिलना चाहिए अथवा पहले के आचार्यों को। दूसरे शब्दों में यह छायावाद के संस्कार का परिणाम था अथवा नई पीढ़ी का कोई नूतन अवदान। कुछ लोग इसे छायावाद का शून्यता के विरुद्ध जनमी हुई प्रतिक्रिया (प्रगतिवाद) का आरम्भिक चिह्न मानते हैं। किन्तु, इस बात को स्वीकार करने के पूर्व हमें यह सोच लेना चाहिए कि प्रगतिवाद हमारे साहित्य का कोई जागरण-विशेष है या नहीं। कम-से-कम कविता में तो वह किसी नव-जागरण का सूचक नहीं ही है। जिन कविताओं को हम प्रगतिशील कहते हैं उनके प्रति जनता की रुझान का कारण उसकी काव्यात्मक विलक्षणताएँ नहीं, प्रत्युत उनके भीतर से सुनाई पड़नेवाला राजनीति का नाद है। जनमत का अनुरक्ति के आधार पर प्रगतिवाद

को कविता का जागरण मानने के पूर्व हमें जनता को यह बतला देना चाहिए कि जो बातें केवल कविता में कही जाती हैं, वे ही बातें चमत्कार के विनाश के बिना गद्य में नहीं कही जा सकतीं। खड़ी बोली में कविता का जागरण एक ही बार हुआ और वह था छायावाद का अभ्युत्थान। उसके बाद से जो कुछ भी हुआ है वह छायावाद के परिपाक की प्रक्रिया मात्र है।

यह प्रक्रिया पन्तजी के गुंजन से पूर्व भगवती बाबू की रचनाओं में ही आरम्भ हो चुकी थी। छायावाद की आरम्भिक अवस्था में उसकी सम्भावनाएँ प्रायः प्रच्छन्न और प्रसुप्त थीं। ऊपर-ऊपर हम जो कुछ देखते थे, वह धुआँ और उच्छ्वास था। शक्ति के अंगारे अभी आगे चलकर प्रकट होनेवाले थे। 1920 से लेकर 1930 तक कई प्रकार की प्रतिभाओं के संसर्ग में रहकर छायावाद कई प्रकार की परीक्षाएँ दे चुका था और उसकी शक्ति के परस्पर-ईषत्-भिन्न कितने ही स्वरूप प्रत्यक्ष हो चुके थे। पन्तजी ने उससे ओस, नीलिमा और ऊषा को चित्रित करने का काम लिया था तथा निराला जी ने उसके कंठ से उद्दाम पोरुष के महाजागरण का गान गाया था। वह कल्पना और आनन्द के मेघों से लबालब प्रसादजी की प्रगाढ़ दार्शनिकता का भार सफलतापूर्वक वहन कर चुका था तथा उसमें महादेवजी की आध्यात्मिक वेदना की रागिनी सहज-मधुर सुरों में बज चुकी थी। इतना ही नहीं, प्रत्युत मृत्तिवासिनी राष्ट्रीय कविता को उसने स्पर्शमात्र से सुवर्ण में परिणत कर दिया था तथा काव्य-द्रव्य के महान् सम्राट श्री मैथिलीशरणजी को अपने जादू के देश में बुलाकर उसने उनकी वाणी को उद्भुत चमत्कारों से युक्त कर दिया था।

ज्यों-ज्यों समय बीतता जाता था, छायावाद के कितने ही छिपे जौहर प्रकट होते जाते थे। उसने हिन्दी-कविता में अभिव्यंजना के अनेक द्वार खोल दिए थे और प्रत्येक समर्थ कवि अपनी हर तरह की अनुभूति को उसके माध्यम से पूरे चमत्कार के साथ कह सकता था। छायावाद रीति अथवा द्विवेदी-कालीन शैली की तरह दुर्नम्य या कठोर नहीं था, प्रत्युत उसमें एक अद्भुत नमनीयता ;थ्समगपइपसपजलद्ध का वास था। यह ठीक है कि कल्पना के आतिशय्य का रूढ़ि उसमें भी बनती जा रही थी, किन्तु यह बन्धन उस कवि के लिए नहीं था, जिसकी मनोदशा इसके विपरीत हो। जो लोग इस रूढ़ि को तोड़कर चलना चाहते थे, छायावाद उन्हें किसी प्रकार भी बाधा नहीं दे सकता था। महादेवीजी की तरह जिन लोगों को उसकी गहनतम कुहेलिका के भीतर छिपकर चलना

पसन्द था, वह उसकी भी इच्छा पूरी करता था तथा सुभद्राकुमारी की तरह जो लोग उसके प्रकाश में खुलकर पृथ्वी पर चलना चाहते थे, उनकी सहायता करने में भी उसे संकोच नहीं था। यही नहीं, प्रत्युत वंशीधर विद्यालंकार तथा हरिकृष्ण प्रेमी की तरह जो लोग उसकी दो-एक किरणों की ही जगमगाहट के अभिलाषी थे, छायावाद उनकी भी मनोकामना पूरी कर सकता था।

छायावाद की सम्भावनाएँ अनेक और महान् थीं। जब तक कवियों की दृष्टि समाज की ओर नहीं गई, यानी जब तक वे आकाश के भ्रमण-पथ में आनन्द खोजते रहे, तब तक छायावाद उनको लेकर ताराओं और बादलों की राह चलता रहा, परन्तु ज्यों ही वे धरती की ओर उन्मुख हुए, छायावाद उनके साथ ही पृथ्वी पर उतर आया। शैली की सामर्थ्य भाव-दशा के अनुरूप ही घटती-बढ़ती रहती है। पहले, अगर छायावाद अशक्त था, तो यह अभिव्यंजना की नई शैली का दोष नहीं, प्रत्युत उन कवियों का दोष था जो अशक्त भावों के आलम्बन से शक्तिशाली काव्य की रचना करना चाहते थे। किन्तु ज्यों ही उनके भाव शक्तिशाली होने लगे, छायावाद ने पूरे बल से उनका साथ दिया।

इसीलिए मेरा विचार है कि जिसे हम प्रगतिवाद कहते हैं वह छायावाद के परिपाक के सिवा और कुछ नहीं है। प्रगतिवाद को, कविता-गत किसी नए जागरण का पर्याय मानना अनेक दृष्टियों से अयुक्तियुक्त और खंडनीय है, सबसे पहले तो प्रगति वाद के नाम पर हिन्दी में जो कुछ भी सुन्दर रचनाएँ की गई हैं, उनकी शैली, लक्षण, व्यंजना, विशेषण-विपर्यय, नाद-चित्रण, मानवीकरण, अन्योक्ति और समासोक्ति से युक्त वही शैली है, जिसकी विशिष्टता छायावाद ने स्थापित की थी। फिर उसके कवि भी अधिकांश में वे ही लोग हैं जो छायावाद का उन्नयन अथवा अनुगमन करते हुए यहाँ तक आए हैं। यह सच है कि इधर कई वर्षों से हिन्दी कविता में कुछ ऐसे भाव भी प्रवेश पाने लगे हैं जिनका काव्य-जगत् में आना छायावाद-काल में निषिद्ध माना जाता था, किन्तु इस प्रक्रिया का आरम्भ छायावाद ने ही किया था और उसके अभ्युदय के समय से ही हिन्दी कविता के क्षेत्र में कितने ही अपरिचित एवं विलक्षण भावों का प्रवेश आरम्भ हो गया था। प्रगतिवाद की सबसे बड़ी विशेषता शायद यह है कि उसने काव्य में राजनीति की स्थापना की है; किन्तु यहाँ स्मरणीय है कि छायावाद का पर्याय रोमांसवाद, प्रायः सभी देशों में उग्र राजनीतिक आन्दोलनों के प्रति सदैव सहानुभूति पूर्ण था तथा आरम्भ से ही

हिन्दी में भी वह उग्रता का समर्थक रहा है।

अभी बातें राजनीति तक ही हैं। ऐसा होगा कि जीवन का कोई भी अंग कार्य के लिए अस्पृश्य नहीं रह जाएगा। विचारों और मनोदशाओं की क्रान्ति निराशा की धुँधली वाणी होकर ही खत्म नहीं हो सकती। अगर ऐसा हो तो समझना चाहिए कि इतने दिनों का वैज्ञानिक अनुसंधान और स्वतन्त्र चिन्तन का प्रयास व्यर्थ हो गया।

छायावाद की पूर्ण परिणति उस दिन होगी जब वह अपनी समस्य चेतनाओं को लेकर मनुष्य के बीच बस जाएगा; जब उसकी दृष्टि में नीच और उच्च का भेद नहीं रहेगा; जब वह आकाश को श्रेष्ठ और धरती को हेय नहीं समझेगा; जब वह अपनी कोमलता की रक्षा के लिए ताराओं और बादलों की रंगानियों में छिपता नहीं फिरेगी तथा जब उसमें इतनी सामर्थ्य आ जाएगी कि जीवन की धूप में भी खड़ा रहकर अपने हृदय के रस को सूखने नहीं दे। छायावाद अपने विकास के पथ पर गतिशील है। उसकी शक्तियाँ, एक के बाद एक, बड़ी ही विलक्षणता से प्रकट हो रही हैं। 'परिमल', 'सन्त तुलसीदास' तक, 'पल्लव' से 'ग्राम्या' तक, 'मधुकण' से 'मानव' तक तथा दूसरे पक्ष में 'नीहार' से 'दीपशिखा' और 'मधु-कलश' से 'सतरंगिनी' तक इसी विकास के सोपान बनते चले आए हैं। विकास के इस विस्तीर्ण पथ पर नेपाली और रामदयाल, अंचल और सुमन, नरेन्द्र और आरसी, ज्योति के कितने ही नए स्तम्भ पृथ्वी को फोड़कर प्रकट होते जा रहे हैं। इनमें से कोई भी ऐसा नहीं है जिसका कुछ-न-कुछ सम्बन्ध छायावाद से न हो। सच तो यह है कि छायावाद के जागरण के बिना इन कवियों की उत्पत्ति ही असम्भव होती।

अब हिन्दी-कविता की वह भूमि बच जाती है जहाँ एक अत्यन्त नवीन प्रवृत्ति को लेकर डॉ. रामविलास शर्मा और अज्ञेयजी के नेतृत्व में 'तार-सप्तक' के कवि एक नया प्रयोग कर रहे हैं। अज्ञेयजी की चर्चा इस लेख में बहुत पहले होनी चाहिए थी, किन्तु ऊपर के कवियों में से किसी के भी साथ उनकी मनोदशा एवं चिन्तन को गहराइयों की पूरी समता न होने के कारण और कुछ 'तार-सप्तक' के कवियों के साथ उनकी पूरी अनुरक्ति के कारण, उचित यही जान पड़ा कि उनकी चर्चा उनके अनुयायियों के साथ ही की जाए।

सर्वसाधारण के बीच 'तार-सप्तक' का स्वागत विस्मय, कौतूहल और विरक्ति के साथ होगा। लोग कहेंगे कि हिन्दी कविता में एक नया उत्पात फिर

आरम्भ हुआ। लेकिन इस उत्पात के बीज जो छायावाद से उत्पन्न कवियों की वैयक्तिकतापूर्ण मन:स्थिति में विद्यमान थे और विकास के क्रम में, आज से पूर्व ही, उनकी झलक भी मिल रही थी। अतएव विरक्त हो जाने मात्र से निस्तार नहीं है। 'तार-सप्तक' की कविताएँ एक विशिष्ट मनोदशा की अभिव्यक्ति हैं और सम्भव है कि शीघ्र ही हम कई सात कवियों को इस मनोदशा से ग्रस्त पाएँ।

पहली दृष्टि में 'तार-सप्तक' की कविताएँ कविताओं के समान नहीं दीखती हैं। ये उन सभी कविताओं से भिन्न हैं जिन्हें देखने और सुनने के हम अब तक आदी रहे हैं। इनका कवि काव्य के साधारण नियमों को जान-बूझकर भूल गया है। अपने ही प्रमाण पर उसने यह मान लिया है कि प्रत्येक प्रकार के विषय और द्रव्य का कविता में उपयोग करने का उसे निसर्ग-सिद्ध अधिकार है। वह कविता के प्रचलित रूप एवं उसके प्रति जनता की सहज धारणाओं की उपेक्षा करता है। लोकमत की इस घोर उपेक्षा से एक प्रकार की वैयक्तिकता व्यंजित होती है जो पाठकों को चिढ़ानेवाली है। किन्तु डूबकर सोचने से यह स्पष्ट हो जाता है कि यह वैयक्तिकता समाज के प्रति दायित्वहीन नहीं, प्रत्युत उसका आदर करनेवाली है। 'तार-सप्तक' के किसी भी कवि ने कोई भी ऐसा विषय नहीं उठाया है, जिसका सीधा सम्बन्ध समाज से न हो; किन्तु फिर भी कोई चीज है जो इन कविताओं में नहीं मिलती; कविता का कोई खास गुण है जो इनमें से गायब है। अधिक-से-अधिक हम यही कह सकते हैं कि इन कविताओं में समाज की समस्याओं पर सोचते रहनेवाले किसी कवि या मनुष्य की मनोदशा विशेष खंडित होकर अभिव्यक्त हुई है। इनमें उस चेतना का प्रतिबिम्ब है जो जीवन की विरूपताओं पर विचार करनेवाले असन्तोषी मनुष्य में उत्पन्न होती है।

'तार-सप्तक' की अधिकांश कविताओं में शब्द-चित्रण का क्रम मनोविज्ञान के साथ चलता है और कवि को हम समकालीन जीवन के प्राय: उतना ही समीप पाते हैं जितना उपन्यास-लेखक को। बल्कि, उसकी चिन्ताधारा पर चित्रव्यंजना से अधिक मनोवैज्ञानिक विश्लेषण-पद्धति का प्रभाव है तथा पद्य के माध्यम से काम करने के कारण उसे यह सुविधा भी प्राप्त है कि उपन्यास-लेखक की अपेक्षा अधिक सुगमता से अपने लक्ष्य पर वार कर सके।

ये कविताएँ शायद अच्छी न भी कही जा सकें, किन्तु ऐसा लगता है कि

इनके भीतर से हिन्दी कविता कोई नया कदम उठा रही है। ये छिछली भी हैं तथा इनका कोई निश्चित आकार भावना की पकड़ में नहीं आता। किन्तु, शायद, यह आकारहीनता को ही आकार देने का प्रयास है; शायद आनेवाले युग की कविता इनमें अपनी ट्रेनिंग पा रही हो।

इन कविताओं में प्रयुक्त शैली एकदम वैयक्तिक है तथा उनके भीतर जिस कौशल के दर्शन होते हैं वह वैयक्तिक अभिव्यंजना के बहुत ही उपयुक्त है।

सब मिलाकर मैं इन कविताओं की प्रशंसा नहीं कर सकता, क्योंकि इनकी पृष्ठभूमि में जो कुछ दीखता है वह निर्जन और विषण्ण है तथा यह समझ में नहीं आता कि विप्लव और संघर्ष के पथ पर आरूढ़ देश में ऐसी कविताओं का जन्म क्यों हो जो रक्तहीनता के दोष से पीड़ित और पांडु हों।

दृश्य और अदृश्य का सेतु

पूर्व इसके कि मैं हिन्दी के काव्य-साहित्य पर कुछ कहूँ, मुझे कविता की एक रूपक-कहानी सूझती है। एक रात खिली हुई चाँदनी में किरणों के कन्धों पर चढ़ी हुई एक परी उतरी। उसके एक हाथ में अक्षत, चन्दन और दीप से सजा हुआ एक थाल था और दूसरे हाथ में पारिजात के फूलों की एक माला। शायद, वह अपने आराध्य की खोज में स्वर्ग छोड़कर चली थी। लेकिन यहाँ मनुज-लोक का कुछ और ही हाल था। यहाँ के निवासियों ने अपनी सम्भोग-लोलुपता के कारण उसे पुजारिनी की जगह विलासिनी समझ लिया और युगों तक वह बेचारी विलास का घुँघरू पहनकर कवियों के घर से लेकर कवि-प्रभुओं के दरबार तक नाचती रही। और जब आराध्य के दर्शन की उत्कंठा उसे विकल करने लगी तब कवियों ने उसके आँसू पोंछने के लिए भगवान श्रीकृष्ण का एक वीभत्स शृंगारिक रूप खड़ा किया और कहा—"देवि! यही तुम्हारे आराध्य हैं।" लेकिन उस सरला को क्या मालूम था कि यह उसके देवता का चित्र नहीं, प्रत्युत कविगण की निजी विलास-प्रियता की एक सजीव मूर्ति थी, जो उसकी आँखों में धूल झोंकने के लिए रची गई थी। कालान्तर में कोई अज्ञात शक्ति उस तमिस्र युग के आवरण को चीरकर कबीर की खँजरी, राजस्थान की विरल मन्दाकिनी के कलकल और चित्रकूट की झाँकी में साकार होकर उस विवश रूपसी को उसके आराध्य की याद दिलाती रही; किन्तु विलास की कड़ियाँ सर्वत्र टूटी नहीं, केवल ढीली होकर रह गईं। इसके बाद शतियों

तक वह वन्दिनी अमृत के नाम पर छोया चाटनेवाले कवियों के बीच बैठकर ज्योति की प्रतीक्षा करती रही। बहुत दिनों के बाद भारत में एक 'इन्दु' उगा और उस सुन्दरी ने उसे अपने थाल में सजाकर गगनोन्मुख हो एक बार फिर अपने आराध्य के दर्शन किए; किन्तु आरती पूरी भी न हो पाई थी कि वह 'इन्दु' थाल से उड़कर गगन की श्यामता में विलीन हो गया और पुजारिनी शून्य आकाश की ओर देखती रह गई।

इसके बाद नवयुग की शहनाई बजी। पश्चिम में उठी हुई रोमांस की लहर, घूमते-फैलते, आखिर को भारतवर्ष पहुँची। उस महान् युग का समारम्भ हुआ, जिसकी अज्ञात प्रतीक्षा शतियों से की जा रही थी। यह ध्यान देने की बात है कि प्रजा-सत्ता की भावना और रोमैंटिसिज्म का जन्म, प्राय: साथ-साथ ही हुआ है। पूर्व में रवीन्द्र का आलोक फैला, मानो भारत की जाग्रत अभिनव चेतनाएँ ही केन्द्रीभूत होकर रवीन्द्र बन गई हों। इससे पहले ही हिन्दी में एक साहित्यिक विप्लव का प्रवेश व्रज-भाषा के तिरस्कार के रूप में हो चुका था। खड़ी बोली मुक्तकेशिनी देवी की तरह जागर्ति की पताका लेकर साहित्य-क्षेत्रों में खड़ी हो चुकी थी। यह हमारे साहित्य में नवयुग के प्रवेश का पूर्व-चिद्‌द था। व्रज-भाषा को किसी ने गद्‌दी से उतारा नहीं। वह तो स्वयं ही नवयुग की ज्वाला न सह सकने के कारण अवकाश ग्रहण कर गई।

भारत-गीतों और भारत-भारती की रचना ने भावलोक में परिवर्तित दृष्टिकोण की सूचना दी। प्रिय-प्रवास के छन्द की उन्मुक्त धारा ने उन प्रवृत्तियों का संकेत दिया जो परम्परा की शृंखला को तोड़कर स्वतन्त्र अभिव्यक्ति की ओर दौड़ना चाह रही थीं। और आगे चलकर प्रसादजी ने तो—

इस पथ का उद्‌देश्य नहीं है श्रान्त भवन में टिक रहना;
किन्तु, पहुँचना उस सीमा पर जिसके आगे राह नहीं।

(प्रसाद)

गाकर मानों परम्परा की जंजीरों को छिन्न-भिन्न करके कविता को अपने नए क्षेत्र की निस्सीमता का साक्षात्कार ही करा दिया। भावुकता का अभिनव प्रपात पृथ्वी के अब तक के उपेक्षित अंगों को भी अभिसिक्त करने लगा। अन्धकार में जैसे एक बार ही आलोक प्रसरित हो गया हो। तीन हाथ की तरुणी के शरीर से लिपटी रहनेवाली कविता, जिसके पैरों में मखमल के बिछौने गड़

जाते थे, अब आकाश की नीलिमा, पर्वत के उन्मुक्त वृक्ष, समुद्र की तरंग, दूब की शैय्या और वन्य कुसुमों के दलों पर थिरकने लगी। कटि की क्षीणता और पयोधर की पीनता के वर्णन में हैरान रहनेवाली कल्पना मनुष्यों के निमित्त अभिनव सन्देश लाने के लिए दूर-दूर तक जाने लगी। इस थोड़ी अवधि में ही, खड़ी बोली में ऐसे-ऐसे विषयों पर कविताएँ लिखी गई हैं, जो हमारे काव्याचार्य्यों की दृष्टि से बहुत दूर थे। एक ओर से आवाज आई—

दीनबन्धु की कृपा, बन्धु! जीवित हैं—हाँ हरियाले हैं;
भूले-भटके कभी गुजरना हम वे ही फलवाले हैं!

(भारतीय आत्मा)

दूसरे गायक ने टेक पकड़ी—

चलो चलें अब धूप-छाँहवाली उस दुनिया में सजनी,
ओ अजान मुग्धे! मिलता है पीड़ा में वरदान वहाँ।

(केसरी)

प्रश्न उठता है, कविता के इस नवीन युग की विशेषता क्या है? एक शब्द में यह सीमित बुद्धि और संकुचित सिद्धान्तों के अत्याचारों के विरुद्ध एक विद्रोह है जो कला के विश्व में परम्परा और रूढ़ि का बन्धन देखना नहीं चाहता। प्राचीन अनुभवों ने बतला दिया है कि रीति और आलंकारिक सिद्धान्तों के अनुशासन में कला सौन्दर्य का विश्लेषण कर सकती है, सृष्टि नहीं। सौन्दर्य-सृष्टि के लिए कला को ऐसी कल्पना की आवश्यकता है जो उन्मुक्त हो, जिस पर विधि या निषेध के कठिन बन्धन न हों। कल्पना की यह रोमांटिक धारा अपने ही नियमों का अनुगमन करना चाहती है, उसे बाहर के दमन या अनुशासन सह्य नहीं हैं। उपमा की नपी-तुली रस्सी उसे बाँध नहीं सकती, कोरे यमक की मुधरता उसे रिझा नहीं सकती। नवीन युग भावों के उन्मेष का युग है। नई धारा से चुल्लू भरकर उसने एक बार भी अपनी प्यास बुझाई है, वह आलंकारिक चमत्कार को सर्वश्रेष्ठ शक्ति मानकर चलनेवाले काव्य से तृप्त नहीं हो सकता। कविता का यह युग हृदय-मन्थन का है, श्रुतियों के माधुर्य्य का नहीं। हमारा अतीत भी प्रियदर्शन रहा है, इसे मैं अस्वीकार नहीं कर सकता। तुलसी, कबीर और मीरा का जोड़ विश्व-साहित्य में खोजने से ही मिलेगा। लेकिन, केवल इसी त्रिधारा से सब कुछ होता नहीं दीखता। पश्चिम

ने हमारे समाज के भौतिक रूप को जिस प्रकार अनुप्राणित किया है, साहित्य में भी हम उसी प्रगति के अभिलाषी हैं। हमारा वर्तमान साहित्य स्पष्ट शब्दों में हमारी जागर्ति का प्रतिबिम्ब है; हमारे वर्तमान जीवन के महान् विप्लव का चित्र है; हमारे स्पन्दनशील हृदय की प्रतिध्वनि है।

इन पन्द्रह-सोलह वर्षों के घमासान के बाद नवीन शैली ने प्राय: अपनी जड़ जमा ली है। परन्तु यह मानना ही पड़ेगा कि जनसाधारण के बीच अब तक भी इस साहित्य को सहज स्वीकृति प्राप्त नहीं हो पाई है। यह दुखद प्रसंग है कि 'आँसू' और 'प्रेम-पथिक' के लेखक की आधी उम्र बीत गई, परन्तु जनता ने उसकी अनुपम कृतियों का मोल उस प्रकार नहीं चुकाया, जिस प्रकार चुकाना चाहिए था। यही बात प्राय: हर किसी पर लागू है। प्राचीनता का आदर सभी समाजों में होता आया है; पर हमारे समाज की हालत ही कुछ और है। चूँकि यह कलयुग है, इसलिए हम यह मानने को तैयार नहीं हैं कि इस युग में भी कोई अलौकिक पुरुष पैदा हो सकता है। इसी प्रकार चूँकि किसी ने 'अब के कवियों' को 'खद्योत' कह डाला, इसलिए हम इस यकीन और जिद को दिल की गहराई में जगह दिए हुए बैठे हैं कि अब कोई महाकवि पैदा ही नहीं हो सकता और इसलिए हम किसी भी नवीन कवि में उच्चता की खोज विश्वास के साथ नहीं करते। जनता की यह मनोवृत्ति साहित्यकारों में आत्मविश्वास के विकास को रोकनेवाली है। लेकिन अगर हम आँख खोलकर देखें तो पता चलेगा कि रवीन्द्र और इकबाल इसी युग के 'खद्योत' हैं जिनके जोड़ अतीत ने भी कम ही पैदा किए।

अब मैं समकालीन कवियों की सेवा में भी कुछ निवेदन करना चाहता हूँ और यह शायद, मेरे इस छोटे-से भाषण का प्रमुख अंश है। वर्तमान कविता और जनसाधारण के बीच तो खाई आज हम देख रहे हैं; उसकी खुदाई दोनों ओर से हुई है। एक ओर जहाँ जनता में यह मिथ्या धारणा फैल रही है कि कविगण समूह को भूलकर चल रहे हैं, वहाँ कवि भी, सचमुच ही, समूह का विशेष ध्यान न रखकर जनता के भ्रम को पुष्ट कर रहे हैं। रूढ़ियों की शृंखला तभी टूटती है जब व्यक्ति अपने निर्बन्ध विकास के लिए आतुर हो उठता है। क्रान्ति के जन्म के कारण समूह में निहित रहते हैं; किन्तु उन्हें प्रकट करनेवाली आग व्यक्तियों के हृदय से फूटती है। समूह की पीड़ा की अनुभूति व्यक्ति के हृदय में गम्भीरता से होती है और क्रान्ति की योजना भी व्यक्ति ही बनाता

है। अतएव यह बहुत आवश्यक था कि हमारे वर्तमान जागरण का उद्भव व्यक्तिवाद की प्रवृत्तियों से हो। यह भी स्वाभाविक ही था कि आरम्भ में इस जागरण में उन लोगों की वैयक्तिक रुचि की प्रधानता हो जो इस आन्दोलन के कर्त्ता और विधाता हैं। लेकिन, एक बार जब यह जागरण सफल हो गया तब तो इसका परिपाक जनसाधारण के आनन्द और सुविधा की सृष्टि में ही होना चाहिए। आत्मकथा साहित्य का सुन्दर शृंगार है; लेकिन युग तथा जन-कथा उसकी आधार-शिला हैं जिनके बिना साहित्य टिक नहीं सकता। निरी कल्पना तथा कोरी वैयक्तिक अनुभूतियों के बल पर साहित्य को अजेय शक्ति के रूप में विकसित करने का प्रयास असफल होगा। व्यक्तिवाद के उत्थान से हिन्दी-कविता की भाषा, शैली, भाव और दृष्टिकोण में बहुत काफी परिवर्तन हो चुके, अब इनके पीछे जाने का भय नहीं है। अब यह आवश्यक दीखता है कि कविता आकाश से उतरकर लोकानुभूति के वहाँ तक समीप आए जहाँ तक आने से उसकी दिव्यता तथा शैली-सम्बन्धी क्रान्तिकारी संस्कार अक्षुण्ण रह सकते हैं। उसे कवि के मन का सम्बन्ध समाज के जीवन के साथ स्थापित करना है तथा उस महासेतु का निर्माण करना है जो साहित्य को समाज से समन्वित रखता है।

अपवादों की बात जाने दीजिए; साधारणतः मेरी धारणा है कि वर्तमान कविता का सम्बन्ध वास्तविकता से एकदम टूटता जा रहा है। शनैः-शनैः, हिन्दी-कविता उस विहंग की तरह होती जा रही है, जो लक्ष्यभ्रष्ट होकर आकाश की शून्यता में व्यर्थ ही मँडरा रहा हो। अनुमानतः, इसका प्रधान कारण कल्पना का आतिशय्य है। कल्पना कविता की बहुत बड़ी शक्ति है, पर वह उसका सब कुछ नहीं हो सकती। लेकिन, दुर्भाग्यवश आज कल्पना की वेदी पर कविता के अन्यान्य गुण (जिनके अभाव से कविता अशक्त होती है) बिना किसी विचार के चढ़ते चले जा रहे हैं। अगर किसी ने कवि की प्रत्येक कल्पना में सत्य का आरोप माना है, तो केवल इस विश्वास पर कि आखिर कवि भी वस्तु-जगत् का ही जीव है और उसकी उड़ान का अन्तिम आधार संसार ही रहेगा। आप कहेंगे—कवि आदर्शवादी होता है। उसे इसकी चिन्ता नहीं कि वह संसार को अपना आधार माने। मैं कहूँगा, संसार का सबसे बड़ा आदर्शवादी भी बिलकुल नवीन विश्व की कल्पना करने का साहस नहीं कर सकता। सुख-दुख के सम्मिश्रणवाला यह विश्व बिलकुल बदला नहीं जा सकता, इसका संस्कार हो सकता है। इसे विनष्ट कर नई सृष्टि रच दे, यह शक्ति परमेश्वर में ही है।

अतएव, बड़ी-से-बड़ी कल्पना भी इसके संस्कार के लिए ही होनी चाहिए। विशेषत:, स्वप्न की प्रधानता भी इसीलिए मानी जाती है, चूँकि संसार ने विकास के मार्ग में जो भी कदम उठाया, स्वप्न और कल्पना के निर्देश पर उठाया। संसार के इतिहास की गति को बदलनेवाले प्रत्येक महापुरुष कल्पना के प्रेमी होते आए हैं। किन्तु, उस कल्पना का महत्त्व ही क्या, जो हमारे वस्तुविश्व से दूर ही जन्म लेती और दूर ही फैलती भी है? साहित्यिक क्रान्ति लोकमत को तभी अपने साथ ले चल सकती है जब वह निकट अतीत की भी कुछ धारणाओं को साथ ले चले। कला सुन्दर के साथ सत्य भी होती है और सत्य के साथ उपयोगी भी; अन्यथा इसका अस्तित्व ही विलीन हो जाए। आनेवाले सभी युगों के सामने मेरी यह धृष्ट घोषणा है कि कोई भी कला तब तक पूजनीय नहीं हो सकती जब तक वह मनुष्य की आत्मा पर कोई स्थायी प्रभाव न डालती हो। कला की प्रत्येक कृति मनुष्य को एक डग आगे ले जानेवाली होनी चाहिए और अगर संसार के कलाकार कविता को इस स्वाभाविक उद्देश्य से भी मुक्त रखना चाहते हैं तो कविता संसार से उठ जाए, ऐसी कविता के बिना संसार की कोई हानि हो जाएगी। अगर उसके चलते जीवन में स्वर्गीयता और संस्कृति में सुकुमारता का समावेश न हो सके तो वह संसार के लिए व्यर्थ है। नभ नीला है, सरिता बहती है, फेनिल लहरों पर चन्द्र-किरणें खेलती हैं और किरण के तारों पर चढ़कर प्रेमी-प्रेमिका प्रेम के गीत गाते हैं—आदि सुकुमार शब्द-योजनाएँ मात्र कविता का स्थान नहीं ले सकतीं। कविता इन साधारण वर्णनों से कहीं दूर की वस्तु है और अगर उसके अर्थ-गौरव से मनुष्य का हृदय आन्दोलित नहीं होता है, तो सुन्दर शब्द-योजनाएँ निस्सार एवं हेय हैं तथा उन्हें अकबर के इस शेर का उदाहरण मानकर ठुकरा देना चाहिए—

मानी को छोड़कर जो हों नाजुक-बयानियाँ,
वह शेर नहीं, रंग है लफ्जों के खून का।

पूछा जा सकता है कि तब किन नियमों से परिचालित होकर कविता कविता रह सकेगी? मैं पूर्व ही कह चुका हूँ कि सच्ची कविता किसी नियम को मानकर लिखी नहीं जा सकती। यह किसी के वश की चीज नहीं है। संसार का सबसे बड़ा कवि भी इस बात का दावा नहीं कर सकता कि वह अमुक दिन अमुक विषय पर कविता लिख ही लेगा; और न यही कह सकता है कि

वह कविता को उसी मौलिक रूप में छन्दों में बाँध देगा जिस रूप में वह प्रथम-प्रथम उसके हृदय में जाग्रत हुई हो। संसार सुन्दर-से-सुन्दर कविता को भी उसके मौलिक रूप में नहीं देख सकता। कवि के हृदय में कविता की जो कसक और वेदना प्रथम-प्रथम उठती है, उसकी हूबहू तसवीर खींची नहीं जा सकती। परिस्थिति का बन्धन, अभिव्यक्ति की अपूर्णता, भाषा की निर्बलता, स्वप्न की विशालता आदि बाधाएँ कुछ कम नहीं हैं। इस पर भी उसे भय है कि कहीं कोई उसकी रचना को अकाव्यात्मक अथवा अति-काव्यात्मक या 'साहित्यिक सन्निपात' न कह बैठे। इसलिए कविता में सफलता पाना विशाल प्रतिभा का काम है। कवि के लिए जो सबसे अन्तिम बात कही जा सकती है वह यह है कि वह उस तरह से लिखे जिस तरह न लिखने से वह कवि के पद से गिर जाएगा।

कविता ने संसार की बड़ी सेवा की है। यह दुख में आँसू, सुख में हँसी और समर में तलवार बनकर मनुष्यों के साथ रही है। मनुष्य की चेतना को ऊर्ध्वमुखी रखने में कविता का बहुत प्रबल हाथ रहा है। स्वयं कवि ही पारिजात का वह पुष्प है जो स्वर्ग का सन्देश लेकर पृथ्वी पर उतरा है। कवि जड़ विश्व को अपने स्वप्न के रंग से रंगनेवाला चित्रकार है; संसार उसका कल्पना में अलौकिकता प्राप्त करता है। सफल कवि दृश्य और अदृश्य के बीच का वह सेतु है जो मानवता को देवत्व की ओर ले जाता है। कवि! तुम अतीत की स्मृति, भविष्य की आशा और युग-धर्म की पुकार हो। एक ओर आज रक्तशोषिणी सभ्यता के दामन में पड़ा हुआ असहाय विश्व तड़प रहा है; वैषम्य और दुर्विचारों की आँधी में अपना-पराया देखना कठिन हो रहा है; दूसरी ओर, पृथ्वी शस्त्र के भारों से कराह रही है। सभी थक चले। देवता स्वर्ग के द्वार पर खड़े उत्सुकतापूर्ण नेत्रों से तुम्हारी ओर देख रहे हैं—

उठा एकतारा हे कवि! गा दे ऐसा मनमोहक गान,
विश्व-देव के युग-युग का हो भग्न अचानक दुस्तर ध्यान।[1]

(वियोगी)

1. त्रयोदश बिहार प्रादेशिक हिन्दी-साहित्य-सम्मेलन (1935 ई.) के साथ होनेवाले बिहार प्रान्तीय कवि-सम्मेलन के अध्यक्ष-पद से दिया गया अभिभाषण।

कला में सोद्देश्यता का प्रश्न

वास्तविकता के संघर्ष से असन्तोष की जो चिनगारी उड़ती है, वही मेरा स्वप्न है। युगों के दर्पण में कविता-कामिनी का अपार्थिव रूप देखकर शून्य में पंख खोलकर उड़ने की इच्छा जरूर हुई; परन्तु, इसे देश की अपमानित मिट्टी का प्रभाव कहिए या मेरा अपना भाग्य-दोष कि कल्पना के नन्दन-कानन में भी मिट्टी की गन्ध मेरा पीछा नहीं छोड़ सकी। जब तक सत्य का आधार नहीं मिला, स्वप्न के पैर डगमगाते रहे। यह कह दूँ तो मन्तव्य अधिक स्पष्ट हो जाए कि देशमाता का शस्यश्यामल अंचल सिर्फ इसलिए सुन्दर नहीं लगा चूँकि उसमें प्राकृतिक सुषमा निखर रही है, वरन् इसलिए भी कि उसके साथ भारतीय किसानों का श्रम, उनकी आशा और अभिलाषाएँ लिपटी हुई हैं।

हिमालय को देखकर हृदय में गौरव तो जगा, किन्तु, उसके सामने मस्तक तब झुका जब कानों ने अपनी ही भावना की यह गुनगुनाहट सुनी कि नगराज हमारे भाल का रजत-किरीट है, हमारे राज्य का द्वार-प्रहरी है। हिन्दमहासागर का मनोरम ध्यान उस समय मार्मिक वेदना में भींगकर महत्तर हो उठा जब उसके वक्षस्थल पर खेलनेवाले यानों पर तिरंगे की ज्योति नहीं मिली। थार के कणों में छिपकर गूँजनेवाली तलवारों की झनकार ने बालू की तप्त साँसों से नाद को अपने भीतर गुम कर दिया। राजगिरि के वनों की हरियाली पर रविरश्मि की शोभा उस समय और भी निखर उठी जब धर्म की ज्योति ने उस पर अपनी चमक फेंकी।

मुझ पर कल्पना के पंख में पत्थर बाँधने का दोष अगर न लगाया जाए तो कहूँगा कि काव्य जीवन का हलका और महत्त्वहीन अंश नहीं है। मन की साध को वायु में विसर्जित कर देना, पागलों के समान माला गूँथकर फिर उसे छिन्न कर देना, अकारण रोना, अकारण गाना और अकारण चुप हो जाना, ये क्रियाएँ किसी हलके गायक की हो सकती हैं; किन्तु अगर कवि, जो संसार के मस्तक पर आसन जमाना चाहता है, ऐसे निरुद्देश्य काम करे तो उसकी महत्ता नष्ट हो जाएगी। जिसने ऊँचा चढ़कर जीवन की छायातटी का एक दृष्टि में पर्यवेक्षण किया है, जिसने जन्म के पूर्व और मरण के पश्चात् की रहस्य-लीलाओं पर कल्पना दौड़ाई है, जिसने उदय और अस्त में जन्म और यवनिका-पतन का रूपक देखा है, जिसके सामने नए अध्याय खुले और पुराने बन्द हुए हैं, उसकी वृत्तियाँ इतनी हल्की नहीं हो सकतीं कि वह मेघों-सा निरुद्देश्य मँडराता फिरे, फूलों और पक्षियों के साथ अलस-क्रीड़ा में मग्न रहे। जिसने अधिक-से-अधिक आघात सहे हैं, जीवन के घमासान में अधिक-से-अधिक अनुभूतियाँ प्राप्त की हैं, अपने को अधिक-से-अधिक समीप से पहचाना है, वह अधिक-से-अधिक बलवान् कवि है और सच पूछिए तो उस मात्र तक कवि है जिस मात्र तक जीवन ने उसे अपना रूप दिखाया है। उसके लिए कविता केवल जीवन की समीक्षा ही नहीं रह जाती; प्रत्युत् गम्भीर अनुभूतियों के प्रभाव से वह संसार के अर्थों की टीका, जिन्दगी की उलझनों की तस्वीर और उसकी समस्याओं का हल भी बन जाती है। सच्चा काव्य जाग्रत पौरुष का निनाद है। कला के लिए कला की आराधना या शून्य में गानेवाले गीत-विहग की स्थिति से ऊपर उठने के पहले कवि को संघर्ष और दुख की अग्नि में शुद्ध होना पड़ता है। बिना इस शुद्धि के कवि अपनी प्रतिभा को केन्द्रित और ठोस नहीं बना सकता और न सत्य तथा मानवता की उच्च सेवा का बीड़ा ही उठा सकता है। मृत्यु की छाया-तटी से होकर गुजरते हुए मानवात्मा की अक्षय आशा तथा उमंग एवं प्रेम की अमरता और अमरता के प्रेम का महागान गानेवाले कवि निरुद्देश्य यात्री नहीं हो सकता। दिल से उमड़कर जबान तक आनेवाली प्रत्येक कड़ी को वह बिना सोचे-समझे कागज पर नहीं रख सकता। उसकी कल्पना के अगल-बगल भावुकता और दार्शनिकता के पंख लगे रहते हैं। सच पूछिए तो प्रेरणा और भावुकता के आलोक में जगमगानेवाली दार्शनिक अनुभूतियाँ महान् काव्य का मेरुदंड हैं।

प्रश्न कला में यथार्थवाद और सौद्देश्यता के समावेश का है, जिसके खिलाफ कल्पकों का एक बड़ा दल सदियों से यह कहकर हँगामा मचाता आ रहा है कि काव्य में लौकिक उन्नति का मार्ग ढूँढ़नेवाला समालोचक गलती पर है। कवि हमें वस्तु-जगत् की राह कम दिखाता है, मानस-जगत् में आदर्श जीवन निर्मित करने की ओर अधिक प्रेरित करता है। कला संसार से हमारा सम्बन्ध बढ़ाती नहीं, बल्कि इसकी स्थूलता से मुक्ति का मार्ग बतलाती है। इनके मतानुसार कला का उद्देश्य सांसारिकता नहीं, अलौकिकता है। यह जीवन की शान्ति है; आगे ले चलने का साधन नहीं। संक्षेप में, कविता का साम्राज्य संसार में नहीं, बल्कि उस देश में है जो हमारे दुखों से बहुत दूर है।

अगर बात सचमुच यही हो तो मुझे भय है कि जिस सभ्यता ने 'अफीम' कहकर धर्म का बहिष्कार कर दिया उसके सामने एक दिन धरती से दूर-दूर उड़नेवाली कला को भी माथा टेक देना पड़ेगा। पृथ्वी पर जो नई सभ्यता बसने जा रही है उसका आधार भौतिक प्रेरणाएँ हैं। स्वर्ग और नरक की कल्पना बड़ी शीघ्रता से ढहती जा रही है। अप्राप्य, धूमिल और शून्य आदर्श की खोज में मनुष्य की शक्ति को बर्बाद करनेवाली सारी संस्थाएँ एक के बाद एक गिरती जा रही हैं। प्रेम और रोमांस को मिलानेवाली गाँठ विज्ञान के द्वारा खोली जा रही है। मनुष्य वह चाहता है जो उसे पृथ्वी पर सहायता दे। वह नहीं जो भुलावा देकर उसे अकर्मण्य बना दे। मानवता का प्राचीन मूल हिल गया है। ईश्वर और धर्म के स्थान पर विज्ञान और उपयोगितावाद डटते जा रहे हैं। यह सौभाग्य है या दुर्भाग्य, यह नहीं कहा जा सकता, क्योंकि मनुष्य की सभ्यता मनुष्य ही गढ़ता है। ईश्वर ने उसे सभ्यता नहीं दी थी। जीवन का प्यार, जीवन का संगठन, जीवन में सौन्दर्य-सृष्टि, घूम-फिरकर सभी धर्मों का यही उपदेश है। हमने उन्हें भी अवतार माना जो ईश्वर को नहीं पूजते थे, किन्तु जिन्हें जीवन से प्यार था। और यह नई सभ्यता जीवन के प्यार को लक्ष्य बनाकर बसने जा रही है। नास्तिकता के आधार पर आप इस नए धर्म का निरादर नहीं कर सकते, क्योंकि सभी पुराने धर्मों में भी जीवन ही प्रधान था। यह सभ्यता अनिवार्य रूप से आ रही है; यह विश्व का आगामी धर्म है; हमारे कलाकारों को इसे नोट कर लेना चाहिए।

मुझे भय है कि ऐसा कहकर मैं सोद्देश्यता के बन्धन में कला को एकदम बाँधकर निर्जीव कर देने का अपराधी हो रहा हूँ। मगर, मेरी सफाई यह है कि

आपकी तरह मैं भी प्राणहीन कला की पूजा के खिलाफ हूँ। मैं यह मानता हूँ कि वसन्त का गुलाब और कवि के स्वप्न अपने में पूर्ण हैं, वे किसी को कुछ सिखाने के लिए नहीं होते। किन्तु, उस अटल भेद की सत्ता को कैसे अस्वीकार किया जाए जो एक गुलाब को किंशुक से भिन्न करता है, जिसकी विद्यमानता के कारण हम गुलाब के पास जाने से सुगन्ध पाते हैं और किंशुक के समीप जाने से छूँछा रंग।

साम्यवाद की रुक्षता से समझौता करने के लिए कला को मैं लाचार कर रहा होऊँ, सो बात नहीं है। जिस प्रकार साम्यवाद के उदय के पूर्व भी वही राज्य सुखी समझा जाता था जिसकी अधिक-से-अधिक प्रजा सुखी थी, उसी प्रकार साहित्य के समग्र इतिहास में भी वही कवि विजयी हुआ जिसकी कृतियों में मनुष्य की संस्कृति के लिए अधिक-से-अधिक स्पष्ट सन्देश था। युगयुगान्त से मनुष्य अपनी चरम उन्नति के लिए चिन्तित-सा आ रहा है, ज्ञान की प्रत्येक शाखा पर, भावना की प्रत्येक डाल पर वह इसी उन्नति या विकास के फल की खोज करता रहा है। जो वस्तु उसके विकास में सहायक नहीं हुई उसकी सत्ता में स्थायित्व लाने के लिए मानव भी सचेष्ट नहीं हो सका। यही कारण है कि जिन कलाकारों की कृतियाँ बौद्धिक शक्ति से रहित नहीं थीं, जिनकी वाणी रहस्यमयी माधुरी के संचार के साथ-साथ बुद्धि के धरातल को भी ऊपर उठाने में समर्थ थी, उनके सामने संसार ने उन कवियों और कलाकारों को अपेक्षाकृत निम्न स्थान दिया जो केवल फूलों की हँसी और पक्षियों के कलरव का अनुकरण कर रहे थे। कवि-कल्पना और सामाजिक जीवन के बीच सामंजस्य स्थापित किए बिना साहित्य आयुष्मान् नहीं हो सकता। छोटी-छोटी, क्षणिक और हलकी भावनाओं का गीत-प्रणयन भी अपनी जगह मूल्य रखता है, किन्तु कलाकारों में श्रेष्ठ तो वही गिना जाएगा जो जीवन के किसी महान् प्रश्न पर महान् रूप के कला का रंग छिड़क सके। सच तो यह है कि ऊँची कला कोशिश करने पर भी अपने को नीति और उद्देश्य के संसर्ग से बचा नहीं सकती, क्योंकि नीति और लक्ष्य जीवन के प्रहरी हैं और कला जीवन का अनुकरण किए बिना जो नहीं सकती। चूँकि जीवन-मन्थन कलाकार का स्वभाव है और उसका जीवन कल्पना से उद्वेलित होकर उसकी ओर उन्मुख रहता है जो सुन्दर और महान् है, इसलिए उच्च कला की सभी कृतियों में प्रवेश पाने के लिए नीति अपना मार्ग आप ढूँढ़ लेती है, उसे कलाकार के सम्मान की

प्रतीक्षा नहीं रहती। इतना ही नहीं, वरन् कभी-कभी उद्देश्य को ध्यानगत रखते हुए भी कवि उसे इस प्रकार प्रदान करता है मानो यह उसका लक्ष्य न रहा हो; मानो सौन्दर्य-सृष्टि की क्रिया से ही नीति और पुण्य का आलोक फूट पड़ा हो। सच्ची कला में सुन्दरता नीति-प्रचार का शिकार नहीं होती; उद्देश्य के सामने माथा नहीं टेकती। ऊँची कविता का अगर रूप सुन्दर होता है तो उसकी आत्मा तथा उसके अन्तर्गत भाव भी पुण्य को प्रेरित करनेवाले तथा मंगलकारी होते हैं।

सोद्देश्य कला के खिलाफ सारे तर्कों से अवगत रहते हुए भी मुझे ऐसा लगता है कि कवि भी सामाजिक जीव है और निरुद्देश्य उसकी जीभ नहीं खुलनी चाहिए। सौन्दर्य-सृजन की कला में असफल हो जाने पर कवि को पश्चात्ताप होना स्वाभाविक है; किन्तु चमत्कारपूर्ण सौन्दर्य के स्रष्टा को इस सूचना से सिर नीचा करने का कोई कारण नहीं दीखता की अमुक समालोचक ने उसकी कृति में सोद्देश्यता का दोष निकाला है, विशेषत: उस समय, जब वह उद्देश्य सुन्दरता की झीनी चादर में आवृत हो। कला मौलिक वस्तु नहीं होती वह तो कृत्रिम है, प्रकृति या जीवन का अनुकरण मात्र है। किन्तु, प्रकृति की जो तस्वीर हम साहित्य में देखते हैं उसमें कवि के ही हृदय के रस का रंग होता है। फिर यह समझ में नहीं आता कि कवि प्रकृति के रूप को पीकर उसे उगलते समय तटस्थ क्यों कर रहेगा। काव्य ज्योति की सूर्य की सीधी किरण नहीं, बल्कि दर्पण या ताल में पड़ा हुआ उसका प्रतिफलित प्रकाश है। इसीलिए जब हम साहित्य में किसी वर्ण्य वस्तु का चित्र देखते हैं तब उसके चारों ओर हमें एक प्रकार का आलोक मिलता है, जो कवि की निजी भावनाओं तथा उस वस्तु विषयक उसकी निजी धारणाओं से निस्सृत होता है। वर्ण्य वस्तु के साथ कवि की निजी भावनाओं के सम्मिश्रण में ही सत्य और कल्पना का परस्पर आलिंगन होता है। चूँकि चित्र रचने के समय रचयिता के वर्ण्य वस्तु-विषयक निजी भावों की अभिव्यक्ति आवश्यक हो जाती है, इसलिए उसकी क्रिया तटस्थ नहीं रह सकती। लाख कोशिश करने पर भी कलाकार के जीवन-सम्बन्धी दृष्टिकोण से आप कला को भिन्न नहीं कर सकते; क्योंकि जीवन ही इसका जन्मस्थान है, जीवन ही इसका पोषक है और जीवन पर ही इसकी प्रतिक्रिया भी होती है। किसी की यह उक्ति बड़ी मौजूँ मालूम होती है कि "काव्यगत कल्पना सत्य होती है, क्योंकि वह कभी भी आदर्श नहीं होती तथा वह आदर्श भी होती है, क्योंकि वह कभी भी सत्य नहीं होती।" जीवन से

अन्योन्य सम्बन्ध होने के कारण साहित्य को जाने या जनजाने अपने सौन्दर्य के कोष में जीवन के उद्देश्य को छिपाकर चलना पड़ता है। मिट्टी से कल्पना का सम्बन्ध टूट नहीं सकता। काव्य की सबसे बड़ी मर्यादा इसमें है कि वह राष्ट्र की आधिभौतिक उन्नति और विकास तथा उसके स्थूल इतिहास के ऊपर कोमल और पवित्र आकाश बनकर फैलता रहे—किसी दूरस्थ शंख की भाँति ध्वनित होकर हमारी वृत्तियों को गगनोन्मुख किए रहे, हमारी बौद्धिक आनन्ददायिनी शक्ति को सोने न दे तथा उन भावों को जागरूक तथा चैतन्य रखे जो समकालीन सामाजिक आदर्श के अंग हैं।[1]

1. षष्ठ चम्पारण जिला हिन्दी-साहित्य-सम्मेलन (1938 ई.) के साथ होनेवाले कवि-सम्मेलन के अध्यक्ष-पद से दिया गया अभिभाषण।

हिन्दी-कविता पर अशक्तता का दोष

हिन्दी-कविता पर यह इलजाम है कि वह सोई हुई सुन्दरता का जीवन व्यतीत कर रही है और हमारे यहाँ जो ढेर-की-ढेर कविताएँ लिखी जा रही हैं उन पर लांछन लगाया गया है कि जनता के साथ उनका कोई सम्बन्ध नहीं है। दूसरी ओर, नई कविताओं के प्रेमी वे समालोचक हैं जो इन कवियों की प्रशस्तियाँ गाते हैं और कहते हैं कि जनता ही इन कविताओं के पास नहीं आ पाती और कला तथा जन-समूह के बन्धन का सूत्र, अज्ञान रहकर, खुद उसी ने काट डाला है। हिन्दी में समालोचन और जनता के मत प्राय: भिन्न-से हैं और किसी हद तक उनके बीच एक खाई-सी खुदती चली जा रही है। जब कभी जनता किसी ऐसी चीज को पसन्द करती है जो उसके हृदय और जीवन के अनुकूल हो, तब समालोचक अपने बुद्धि-प्रासाद पर बैठा हुआ, घृणासूचक आकृति बनाकर चुप रह जाता है और यह देखने की कोशिश नहीं करता कि क्या कारण है कि जनता उन चीजों को तो अपना रही है जिनकी प्रशंसा में उसने एक शब्द भी नहीं कहा है और ठीक वे ही चीजें अनर्गल, अशक्त और निरर्थक कही जा रही हैं जिन्हें कला की सर्वोत्तम कृति कहकर प्रशंसा का पुल बाँधा गया है। समालोचकों की संख्या कम और जनता की अधिक होती है, फिर भी अगर ज्ञान-गम्भीर समालोचकों की राय और जनरुचि की सुदृढ़ चट्टान पर कविता की जाँच के बीच चुनाव करना पड़े तो यह काम बड़ी ही जोखिम का होगा, क्योंकि साहित्य की परख में जमहूरियत का खयाल नहीं रखा जाता। जनता

और समालोचक में से एक या दोनों ही गलती कर सकते हैं। बहुत सम्भव है कि जनता ही गलती में हो। लेकिन, अगर आप 15 करोड़ लोगों के विशाल श्रोता-समुदाय के सामने, बीस वर्षों की सुदीर्घ अवधि में भी अपनी शैली, विषय और भाव की उपयोगिता सिद्ध नहीं कर सकते तो शंका का स्वाभाविक झुकाव आपकी ही ओर होगा। विरोध में आप चाहे जो भी कहें, लेकिन, जनमत आपकी योग्यताओं का आखिरी निर्णायक है। श्रोताओं और पाठकों की काफी बड़ी संख्या के बिना कविता या कोई अन्य कला शायद ही जी सके। जनमत का अनादर तो किया जा सकता है, किन्तु जनसमूह का अनादर नहीं किया जा सकता। जन-समूह को भूलनेवाला कोई भी कलाकार स्वयं भी वही दंड पाए बिना नहीं रह सकता। अगर जनमत आज आपके साथ नहीं है तो कोई बात नहीं। यह प्रश्न उन लोगों के लिए छोड़ दीजिए जो आगामी पीढ़ियों के साथ आनेवाले हैं। लेकिन आप क्या कहते हैं यह तो निश्चित रूप से जनता की समझ में आना ही चाहिए। स्वभाव से ही दकियानूस होने के कारण किसी नए वाद से सहमत होने में जनता को देर लगती है, लेकिन, समझना तो वह तुरन्त चाहती है और यह आपके हित के लिए भी आवश्यक है, क्योंकि बिना समझे वह आपके आदर्शों तक पहुँच नहीं सकती। काव्य को सामाजिक दृष्टि से प्रसादपूर्ण और रागात्मक दृष्टि से ओजस्वी होना ही चाहिए।

हमारे सामने जो सबसे बड़ा प्रश्न है, वह यह कि आखिर ढेर-की-ढेर कविताओं के प्रकाशन के बावजूद भी हमारे जमाने का औसत पाठक इन कविताओं में सच्ची दिलचस्पी क्यों नहीं लेता। क्या कारण है कि हमारी कविताएँ हिन्दी के लिए भक्ति-भाव से प्रेरित और नई उमंगों से भरे कॉलेज के छात्रों तक ही सीमित रह जाती हैं, गाँवों की ओर फैलती नहीं, शहरों के पढ़े-लिखे बाबुओं के दिलों में उतर नहीं पाती हैं? क्या कारण है कि हमारी जनता की जबान पर हिन्दी की अपेक्षा उर्दू की ही पंक्तियाँ अधिक आसानी से चढ़ जाती हैं? क्या कारण है कि हमारे संस्कृतज्ञ पाठक गुप्तजी को छोड़कर किसी अन्य कवि के पास ठहर नहीं पाते? अगर इन कविताओं में कोई अद्भुत चमत्कार प्रच्छन्न हैं, तो वे समालोचक, जो इसकी प्रशंसा करते हुए नहीं थकते, पाठकों को उस आनन्द की ओर निर्देश क्यों नहीं करते जिसे वे अपनी विद्या-बुद्धि से प्राप्त करने में असमर्थ हैं? क्या बात है कि हमारे युग के प्रतिनिधि कवियों के ग्रन्थ जनता में वह लहर और उत्साह पैदा नहीं कर सकते

जिसके साथ इकबाल और जोश की प्रत्येक कविता उर्दू-जगत् में सत्कार पाती रही है?

बात चाहे अप्रिय लगे, लेकिन सच तो यह है कि वर्तमान हिन्दी-कविता के सुन्दर और सुकुमार कूलों में गहरी दिलचस्पी लेनेवाले थोड़े ही लोग हैं। अधिकांश में ये कविताएँ उतनी बुरी नहीं होतीं जितनी कि मृत और निष्प्राण; जिन्दा ये कभी थीं भी नहीं, जन्म से ही ये जीवन की ऊष्मा और उसके प्रदाह से वंचित रही हैं। उद्‌भिजों की भाँति नीचे से जन्म लेकर ऊपर की ओर बढ़ने का सुयोग इन्हें मिला ही नहीं। ये अचानक आकाश से चलीं और धरती पर आने के पहले ही निस्तेज हो गईं। सर्जन के समय इनके रचयिताओं ने उन असंख्य हृदयों की अवहेलना की और उन्हें भुला-सा दिया जहाँ उनके गीतों को अपनी प्रतिध्वनि उत्पन्न करनी थी। समय ने जिन पर नई धारा के नेतृत्व का दायित्व रक्खा, वे कवि एक बहुत बड़े आचार्य की प्रांजलता, माधुर्य और कल्पनाशीलता के प्रखर आलोक से चकाचौंध में पड़कर अपनी शैली निर्धारित करने में, शायद, गलती कर गए। रवि बाबू सर्वांगीण प्रतिभा के एक ऐसे सर्वोच्च शृंग हैं जो सभी समयों और सभी देशों से प्राय: एक समान देखा जा सकता है। वे अपने जोड़ के कवि के सिवा अन्य सभी लोगों के अनुकरण के परे हैं। उनका सम्बन्ध हमारे समय से नहीं के बराबर था और युग ने हठपूर्वक यह बतलाया कि वह केवल उसी की सत्ता स्वीकार करेगा, जो उसके सांस्कृतिक घात-प्रतिघातों में भाग ले, उससे आँखें मिलाकर सीधी तौर पर बातें करे। दुर्भाग्यवश, जिस समय हमें आक्रमणकारी काव्यों का निर्माण करना था, उस समय हम कल्पना की कुहेलिका में अपने को छिपाते रहे, धरती के दुखों से जी बचाने के लिए आकाश में शरण खोजते रहे। यही कारण था कि यद्यपि हमने लिखा, और खूब लिखा; मगर हम अपने और अपनी जनता के उपयुक्त साहित्य तैयार नहीं कर सके।

जाग्रत युग के स्वप्न फूलों से नहीं, चिनगारियों से सजे जाते हैं। केवल कारीगरी इस युग के तूफान को बाँधने में असमर्थ है। अभिनव सरस्वती अपने को धूल और धुएँ की रुक्षता से बचा नहीं सकती। वर्तमान युग का सच्चा प्रतिनिधित्व करने के लिए हमें इसकी अधिक-से-अधिक गर्मी को आत्मसात् करना होगा और इसे इतने निकट से जानना होगा कि हम इसकी अनुभूतियों के शिखर-प्रदेश पर खड़े हो सकें। कारीगर के लिए यह शायद आवश्यक न भी

हो, लेकिन जिसने अपने समय का प्रतिनिधित्व करने के मनसूबे बाँधे हैं, उसे तो इसके प्रदाहों का, निर्भीक होकर, आलिंगन करना ही पड़ेगा।

यह अच्छा ही हुआ कि पुंसत्वहीन और अभिशप्त छायावाद की मृत्यु हो गई (हिन्दी-संसार को यह सूचना देने का पुण्य अभी-अभी पं. इलाचन्द्र जोशी ने लूटा है) और आज उसका जनाजा निकाला जा रहा है। प्रसाद, निराला और पन्त की निशानी पर चलती हुई जो पीढ़ी आई है उसके सन्देश पूर्वजों की अपेक्षा अधिक निश्चित और स्पष्ट हैं तथा वह युग के अधिक समीप है, यद्यपि उसमें पहले के उस्तादों की कारीगरी अभी निखर नहीं पाई है। मेरी दलील का समर्थन इस बात से भी होता है कि इस पीढ़ी की रचनाएँ समालोचकों की प्रशंसा के बिना ही, अनायास, जनता में पहुँचने लगी हैं तथा इसके कुछ कवियों ने हिन्दी-प्रान्तों में जो लहर पैदा कर दी है, उससे पहले के भी कुछ आचार्य सजग हो गए हैं और उनमें से कुछ लोग अपने काव्यात्मक दृष्टिकोण में परिवर्तन लाने की आवश्यकता का अनुभव कर रहे हैं।

यद्यपि मैंने बात को सनसनीखेज बनाने के लिए छायावाद की मृत्यु पर प्रसन्नता प्रकट की है, किन्तु अगर पं. इलाचन्द्र जोशी द्वारा उद्घोषित समाचार सचमुच ही सत्य हो तो मैं इसे अपने साहित्य के लिए दुर्भाग्य समझूँगा। खड़ी बोली की कविता को इतिवृत्तात्मकता से खींचकर चित्रव्यंजना के मोहक देश में प्रतिष्ठित करने का श्रेय छायावाद को ही प्राप्त है और यद्यपि पाठकों का एक बहुत बड़ा समुदाय कविता के द्रव्य और दृष्टिकोण में ऐसा परिवर्तन चाहता है जो काव्य को अधिक बोधगम्य, प्रेरक तथा शक्तिशाली बना दे, किन्तु कोई पाठक यह नहीं चाहता कि कविता की वह विलक्षणता भी विदा हो जाए जो उसे छायावाद से मिली है। न हम यही चाहते हैं कि यूरोप में प्रचलित नई-से-नई टेकनिक का अन्धानुकरण करके हमारे कवि सरल पाठकों की बुद्धि को हैरान किया करें। टेकनिक विषय से बहुत दूर की चीज नहीं होती। उसका जन्म भावनाओं की करवटों के अनुरूप ही होता है। टेकनिक का विकास अनुकरण पर नहीं, प्रत्युत् हमारे अपने सामाजिक जीवन के भीतर चलनेवाले द्वन्द्वों के अनुरूप होना चाहिए।

यूरोप का वर्तमान वातावरण अच्छे कवियों के विकास के उपयुक्त नहीं है। परस्पर विरोधी सिद्धान्तों ने वहाँवालों की दृष्टि बिगाड़ दी है; भौतिकता की अत्यधिक उपासना से उनके जीवन का आध्यात्मिक रस सूख-सा गया

है और मानव की सूक्ष्मातिसूक्ष्म वृत्तियों की वैज्ञानिक टीका ने उनके जीवन को नीरस और कुतूहलविहीन बना दिया है। वहाँ नाजी हैं जो यह मानते हैं कि साहित्य संघर्ष से अलग रहकर जी नहीं सकता—वह संघर्ष जो सारी दुनिया को छिन्न-भिन्न और वर्तमान सभ्यता को बर्बाद कर देना चाहता है—वह संघर्ष जो मनुष्यों की एक जाति (यहूदी) को बन्दर कहकर पुकारता है। डॉ. गोयबेल्स अपने देश के कलाकारों को विनाशी संघर्ष से तटस्थ रहने नहीं दे सकते। वे कहते हैं कि हमारे कलाकार या तो हमारे साथ रहें या फिर हमारे खिलाफ। तटस्थ रहना उनके लिए असम्भव है। लिखना हो तो वे हमारे दृष्टिकोण से लिखें, अन्यथा नजरबन्दी के कैम्पों में उनके लिए स्थान सुरक्षित है। और सचमुच ही, जिन कलाकारों की चेतना बिलकुल ही मर नहीं गई थी, जिनमें, कुछ भी एहसास बाकी था तथा जो सत्य बोलने की सारी शक्तियों से खाली नहीं थे वे जर्मनी छोड़कर भाग गए या आज नजरबन्दी के कैम्पों में सड़ रहे हैं। वहाँ सामयिक प्रश्नों पर लिखी गई पुस्तकों की सूक्ष्मता से छान-बीन की जाती है। नाजी महाप्रभुओं के निर्धारित नियमों से कोई एक इंच भी हट नहीं सकता। कोई लेखक उन भाग्यहीनों के लिए अपने पाठकों में हमदर्दी भी पैदा नहीं कर सकता, जिन्हें पूँजीवाद अपनी चक्की में पीस रहा है।

तब मार्क्सवादी हैं जो हठपूर्वक साहित्य से श्रेणी-संघर्ष की अभिव्यक्ति करना चाहते हैं। वे चाहते हैं कि दुनिया के लेखक और कवि जो कुछ भी लिखें, साम्यवाद के दृष्टिकोण से लिखें और सर्वहारा की विशाल सेना में शरीक होकर लिखें। समय की सहानुभूति का प्रवाह ही सर्वहारा की ओर है और इस धारा के विपरीत तैरना कुछ-कुछ अप्राकृतिक-सा लगता है। फिर वे शक्तियाँ भी निरन्तर अपना काम कर रही हैं जिन्होंने बर्नार्डशा और रोम्याँ-रोलाँ जैसे बुजुर्गों को बुढ़ापे में शोषितों का पक्ष लेने को मजबूर किया। रूसवाले, बुर्जुआ उपसर्ग के साथ कला के जिस रूप की खिल्ली उड़ाते हैं, सभी देशों में उसके पुजारी सचमुच ही क्लान्त और प्राय: अशक्त भी होते जा रहे हैं। पुरातन और नूतन सभ्यताओं के संघर्ष से संसार में जो विकराल वज्रनिनाद उत्पन्न हुआ है, उसमें विशुद्ध कला के पुजारी हतबुद्धि-से हो रहे हैं और अपने हृदय की बात को धीरज, ओज और निर्भीकता से कहना उनके लिए कठिन हो रहा है। पुरानी सभ्यता कला के माध्यम से अपने दुश्मनों अथवा तटस्थ लोगों को यह समझाने में असमर्थ होती जा रही है कि दुनिया के मौजूद मर्ज का इलाज

उसके पास भी है।

सामाजिक आवर्त्तों का प्रभाव कवि पर भी पड़ता ही है, लेकिन, अगर जान-बूझकर वह आन्दोलन, कानून और संघों के द्वारा किसी वाद-विशेष की उपासना के लिए लाचार किया जाए तो यह उसके साथ और समग्र साहित्य के साथ सरासर अन्याय है। जो चीज हमारी आत्मा की गहराइयों में उतरी नहीं, जिस तत्त्व में हम उत्साह के साथ विश्वास नहीं करते, जिसका ध्यान हमारे अन्दर प्रसन्नता और सच्ची प्रेरणा उत्पन्न नहीं करता, उसको बुद्धिपूर्वक चित्रित करके हम कला का निर्माण कर सकेंगे या नहीं, यह बात विचारणीय है।

प्रगतिवाद जो हमारे लिए इतना सम्मोहन शब्द हो गया है, किसी भी प्रकार साम्यवाद का पर्याय नहीं हो सकता। किसी भी वाद में अपने को फिट करने की गरज से जो लेखक अपनी कल्पना के पंख कतर रहा है, अपने स्वप्नों की सीमा संकीर्ण कर रहा है अथवा अपनी सहानुभूतियों के स्वच्छन्द प्रवाह को रोक रहा है, वह गलती पर है और उसके कार्य प्राकृतिक नहीं हैं। मनुष्य की हैसियत से कवि का भी यह न्याय-सिद्ध अधिकार है कि वह उन सभी मानसिक दशाओं का अनुभव प्राप्त करे जो मनुष्य के लिए स्वाभाविक हैं। मनुष्य जिन-जिन चीजों में दिलचस्पी लेता है, उसमें से कोई भी चीज कवि के लिए विवर्जित नहीं समझी जा सकती। कला के द्रव्य का आविर्भाव तो उन्हीं भावों से होगा जो जीवन के लिए सामान्य और सर्वव्यापी हैं।

मैं कला के गौरव की रक्षा के विचार से बोल रहा हूँ, राजनीति का अनादर मेरा उद्देश्य नहीं। कला अथवा कविता का सम्बन्ध भौतिकता, कर्तव्य और व्यावहारिक जीवन से कुछ भी नहीं है, इस दलील को मैं पाखंडपूर्ण और हास्यास्पद मानता हूँ। कला राजनीति से ऊँची है अथवा कला के कार्य राजनीति के कार्य से महान् हैं, इस विवाद में भी मुझे कोई सार दिखाई नहीं पड़ता। मैं यह भी नहीं मानता कि कला के उपासक अनिवार्य रूप से राजनीति के वृत्त से बाहर ही हैं। वह युग, जो राजनीति को उठाकर मनुष्य के धर्म के पद पर आसीन करना चाहता है, कवियों को भी अछूता शायद ही छोड़े। कला राजनीति से ऊँची न भी हो, लेकिन निश्चय ही वह राजनीति से भिन्न है। और यह देखा भी गया है कि देश के गीतों की रचना करनेवाले लोग इस चिन्ता में नहीं रहे हैं कि उसका कानून बनानेवाला कौन है। कला अन्तर्राष्ट्रीय है और ऐसे लेखकों की कमी नहीं जिनकी कल्पना राष्ट्र-विशेष की सीमा को लाँघकर

सार्वभौमिकता के सन्देश के साथ दूसरे लोगों के बीच जा पहुँचती है। ऐसी अवस्था में अगर आप किसी वाद के बन्धन को स्वीकार करते हैं, तो नाजीवाद के पुजारी चट से कह बैठेंगे—"मानव-संस्कृति की कृत्रिम कल्पना से दूर रहो। विश्व-बन्धुत्व नाम की कोई चीज दुनिया में है ही नहीं—ठीक उसी प्रकार जैसे विश्व इतिहास की सत्ता काल्पनिक है—इतिहास तो केवल भिन्न-भिन्न जातियों का ही होता है।" कलाकारों के सामने केवल एक ही उपाय है कि वे समय के साथ-साथ, और जब कभी सम्भव हो तो उससे आगे बढ़कर चलें और रास्ते में इस बात की चिन्ता न करें कि राजनीति का कौन-सा रूप अधिक आकर्षक और सुविधाजनक है। राजनीति हो या साहित्य, सार्वजनीन कल्याण को लक्ष्य बनाकर चलने पर वे कहीं-न-कहीं आपस में मिल ही जाएँगे।

जब तब मैंने इस प्रकार की शिकायत भी सुनी है कि साहित्य में राजनीति को आमन्त्रित करने का प्रभाव समसामयिक कवियों पर अस्वास्थ्यकर सिद्ध हो रहा है। शायद अभिप्राय उस बड़ी तायदाद में प्रकाशित होनेवाले साहित्यिक कूड़ों से है, जो गिने-चुने प्रोलेतेरियन विषयों पर तैयार किए जा रहे हैं। अपने उगते नक्षत्रों की इस स्थूल गति पर मुझे सचमुच ही दुख है और बहुत अंशों में मैं इलाचन्द्रजी के क्षोभ को जायज समझता हूँ। लेकिन, दरअसल यह उस वायवीय शून्यता के प्रति घोर रूप से उठी हुई प्रतिक्रिया का परिणाम है जो आज से 3-4 वर्ष पूर्व तक हमारे तथाकथित रहस्यवादी कवियों की रचना में व्याप्त थी। कुछ अंशों में यह साम्यवादी वस्तुवाद के नवीनतम आदर्शों के अन्धानुकरण का भी परिणाम है, जो कभी-कभी कला के क्षेत्र में नूतन सिद्धान्तों के रूप में प्रविष्ट हुआ है। हमारे वर्तमान प्रगतिवादियों की मनोवृत्ति ठीक वही है जो क्रान्ति के प्रारम्भिक दिनों में रूस के साहित्यिकों की थी। लेकिन, हमें यह नोट कर लेना चाहिए कि खुद रूसवाले ही साहित्य को राजनैतिक अस्त्र बना देने की निरर्थकता से घबरा उठे हैं और इस बात को मानने लग गए हैं कि साहित्य के कर्त्तव्य उससे ऊँचे और कहीं महान् हैं जिनकी वे हठपूर्वक कल्पना कर रहे थे।

हमारे जो सहकर्मी विदेशों में काम कर रहे हैं, उनके अनुभवों के प्रकार में हमें अपनी साहित्यिक मनोवृत्ति को गम्भीर बनाना चाहिए। सर्वहारा के साथ कवियों के पक्षपात से मैं न तो दुखी हूँ और न लज्जित—जो दुखी या लज्जित हों, मैं कहूँगा कि उनके अन्दर का मनुष्य मर गया है; मैं उनके निर्धारित विषयों

से भी खिन्न या विषण्ण नहीं हूँ, चाहे वे विषय 'ट्राम' हों या 'भैंसागाड़ी' अथवा धोबियों और चमारों के नृत्य। उलटे, मेरी यही कामना है कि वास्तविकता के प्रति हमारा रुख सच्चे अनिषेध का होना चाहिए, क्योंकि उसके बिना हम सत्य को चित्रित करने में पूरी सफलता प्राप्त नहीं कर सकते।

यह नया वस्तुवाद अनिवार्य रूप से सोद्देश्य होगा और सोद्देश्यता एक ऐसा बुरा शब्द है जिसकी निन्दा सभी कलाकारों ने की है। लेकिन, तो भी दुनिया में ऐसा कलाकार शायद ही गुजरा हो, जो किसी महान विषय पर लिखता हुआ सोद्देश्यता से बेदाग बच गया हो। सोद्देश्यता कोई गुनाह नहीं, अगर आप उद्देश्य-प्राप्ति के प्रयत्न में सुन्दरता का विनाश न कर दें। संसार में ऐसा महाग्रन्थ लिखा ही नहीं गया, जो एक साथ ही शिक्षा और कला-सौन्दर्य दोनों ही दृष्टियों से महान नहीं था। कला की ऊँची कृतियाँ केवल जीवन की समीक्षा नहीं करतीं, वरन् उसकी समस्याओं का निदान, उसके अर्थों की टीका और कभी-कभी उसका हल भी निकालती हैं। कविता का उद्देश्य जीवन के उपयोगी तत्त्वों का संयोग उन तत्त्वों से स्थापित करना है जो हमें आनन्द देते हैं। रवि बाबू को मैंने समय और स्थान से परे माना है, लेकिन, खुद उनके मत से भी "सत्य की पुकार पर सर्जन-समर्थ मानवात्मा के उत्तर" से ही कला का जन्म होता है।

हमारे समय में कविता का जो रूप निखर रहा है, वास्तविकता उसकी जान होगी, और सच पूछिए तो मैं उन रचनाकारों का आदर नहीं करता जो मिट्टी की पुकार का किसी न किसी रूप में उत्तर न देती हों। धरती पर एक नए प्रकार के मनुष्य का जन्म हो रहा है और हम लोग उसके युग के जीव हैं। चाहे हम आकाश में उड़ते हों या धरती पर घूम रहे हों, लेकिन हमारी आँखें उसी मनुष्य पर केन्द्रित रहनी चाहिए। यह कहना गलत है कि यह वस्तुवाद हमारी कल्पना की उड़ान या हमारे रँगीले स्वप्नों के लिए बाधक होगा अथवा हमारी भाषा की रागात्मक क्रीड़ा में किसी प्रकार भी हस्तक्षेप करेगा। कल्पना के बिना किसी भी कला में रमणीयता नहीं आ सकती और न कलाकार ही अपने अनुकूल वातावरण तैयार कर सकता है। लेकिन, वस्तुवाद की नई कल्पना विकास की सच्चाई के आधार से उठेगी—छायावाद की निस्सार उड़ान की तरह नहीं, जो आध्यात्मिक लोक में डुबकियाँ लगाने का स्वाँग रचकर वर्षों तक साधारण पाठकों की बुद्धि को हैरान करता रहा। हमारी कल्पना हमारी दुनिया

पर फैलनेवाले इथर या वायुमंडल के समान होगी, जिसमें हमारी धरती के पौधों की गन्ध भरी रहेगी, हमारे स्वप्नों में जागृति के ही वे बिम्ब होंगे, जो आँख लगने पर पलकों में मँडराया करते हैं। हमारी दृष्टि ऐसी होगी कि हम सामने के अन्धकार को भेदकर उस सूक्ष्म पथ को देख सकें जो भविष्य के गह्नर में गया है। वस्तुवाद का जो रूप अपनी नाक से आगे नहीं देख सकता वह अन्धा है और उसे निस्सार कल्पना से भी कहीं हेय समझना चाहिए।

चूँकि वस्तुवाद का उद्देश्य जन-समूह तक पहुँचना है, इसलिए इसकी रचनाएँ सुन्दर के साथ प्रसादमयी भी होनी ही चाहिए। हम दूसरों के लिए नहीं लिखते—ऐसा कहनेवाले कवि अपने को हास्यास्पद बनाते हैं। सच पूछिए तो स्वान्तः सुखाय के साथ-साथ हम उनके लिए भी लिखते हैं जो हमारी कृतियों को पढ़ने के इच्छुक हैं। अगर कवि यह चाहता हो कि वह जनता से अलग—बिलकुल अलग होकर रहे, तो फिर उसके लिए छापेखानों की जरूरत नहीं रहनी चाहिए। परन्तु, पाठकों को भी एक भ्रम का त्याग कर देना होगा। साहित्य युग का प्रतिबिम्ब है, इस कहावत को उन्हें भूल जाना चाहिए। अगर साहित्य युग का प्रतिबिम्ब मात्र होता, तो वह युग को ठीक उसी प्रकार चित्रित करता जैसा कि सचमुच वह है। लेकिन, सो बात है नहीं। युग को चित्रित करते समय कवि तटस्थ नहीं रह पाता तथा वर्ण्य वस्तु के साथ उसके सम्बन्ध की प्रतिक्रियाओं को भी लिख जाता है। इससे सिद्ध होता है कि साहित्य युग का बिम्बमात्र नहीं, बल्कि उसकी व्याख्या और निर्माण का प्रयास है। हमलोग फोटोग्राफर न होकर उस दल के छोटे-बड़े सदस्य हैं, जो युग की भावदशा की रचना करता और उसे सही रास्ते पर सही कदम रखने में मदद देता है। साहित्य इतिहास की बाँदी नहीं, बल्कि उसका सहायक है।[1]

1. बेतिया कवि-सम्मेलन (1938) के अध्यक्ष-पद से दिया गया अभिभाषण।

वर्तमान कविता की प्रेरक शक्तियाँ

जिस प्रकार व्यक्ति-विशेष के हृदय में चलनेवाले द्वन्द्व अपनी अभिव्यक्ति के लिए शैली-विशेष को जन्म देते है, उसी प्रकार युग-विशेष की बेचैनी भी विशेष प्रकार की शैली में प्रकट हुआ करती है। समय के हृदय में घटित होनेवाले आध्यात्मिक संकट जब अपनी अभिव्यक्ति का मार्ग ढूँढ़ने लगते हैं तब साहित्य में क्रान्ति का आह्वान होता है और नई शैलियाँ अपना रूप ग्रहण करती हैं। समय अपना काम चुपके-चुपके करता है और आनेवाले परिवर्तन के लिए उसके पूर्वायोजन की सूचना बड़ी ही सूक्ष्म होती है। जब ब्रजभाषा के स्थान पर खड़ी बोली काव्य की भाषा के रूप में प्रकट हुई तब कौन जानता था कि यह आयोजन आगामी युगों के तूफान को हिन्दी-कविता में बाँधने की तैयारी थी? ब्रजभाषा को छोड़कर खड़ी बोली के चोले में खड़ी होकर हिन्दी-कविता ने अपने को गद्य के अत्यन्त समीप पाया। 'बात अनूठी चाहिए भाषा कोऊ होय' की सत्यता पीछे चलकर प्रमाणित हुई। उस समय तो यही समझा जाता था कि खड़ी बोली गद्य की बोली है। और सचमुच ही खड़ी बोली में कविताएँ रचनेवाला कवि उन सारी सुविधाओं से वंचित था, जो तत्कालीन जनमत से काव्य की मानी हुई भाषा में रचना करनेवाले कवियों को सहज ही प्राप्त थीं। कविता का प्रतिलोभ विज्ञान है, न कि गद्य। जब हम काव्य-भाषा जैसे शब्द का प्रयोग करते हैं तब हमारा अभिप्राय उस भाषा से भिन्न होता है, जो विज्ञान की भाषा है—जो वारदातों का ठीक-ठीक ब्योरा देती है, जिसका प्रयोग उन चीजों

के लिखने के लिए होता है जिनका चिन्तन, विकास और लेखन, सभी कुछ गद्य में ही होता है और जो स्पष्टता की हत्या किए बिना पद्य में लिखी ही नहीं जा सकतीं। इसके विपरीत, कविता या कवि की भाषा-कल्पना, भावोद्रेक, चित्र और काव्यात्मक अनुभूति की भाषा होती है और खड़ी बोली का कवि अगर कवि की तरह प्रसिद्ध होना चाहिए था, तो उसके सामने केवल यही उपाय था कि वह विरोधी जनमत के सामने अपनी रचनाओं के द्वारा यह सिद्ध कर दे कि उसकी भाषा सच्चे अर्थों में कल्पना, अनुभूति और चित्र की भाषा है। लेकिन, तब तक खड़ी बोली की काव्यगत क्षमताओं और उसकी प्रच्छन्न सम्भावनाओं का अनुसन्धान नहीं हो पाया था। अतएव खड़ी बोली के आरम्भिक कवियों की रचनाएँ प्राय: गद्य और कविता के बीच की चीज रहीं। लेकिन, सर्वत्र ही इन रचनाओं में एक बदला हुआ दृष्टिकोण था, जो प्राचीन कवियों की तरुणी-उपासना और ईश-विनय से भिन्न था। समय चुपके-चुपके ऊबड़-खाबड़ जमीन को तोड़कर उस धारा के लिए समतल का निर्माण कर रहा था, जो शीघ्र ही बड़े वेग के साथ हिन्दी में प्रवाहित होनेवाली थी।

खड़ी बोली की सम्भावनाओं का अनुसन्धान जारी था कि अचानक हिन्दी में रोमांसवाद का उदय हुआ। रोमांसवाद जीवन के असन्तोष का दूसरा नाम है और प्राय: सभी देशों के साहित्य में इसका प्रवेश वहाँ के राजनैतिक जागरण के साथ होता आया है। जीवन की वर्तमान दुरवस्थाओं से ऊबकर, अपने आस-पास की दुनिया से असन्तुष्ट होकर जब समाज नूतनता की कामना करता है तब उसके साहित्य में रोमांसवादी कवि और लेखक पैदा होने लगते हैं। रोमांसवाद का प्रेम या रतिपरक भावों से जो प्रख्यात गठबन्धन है वह इसका कोई मौलिक अथवा स्वाभाविक गुण नहीं, बल्कि कुसंगजनित संस्कारों का एक रूढ़ नाम है। कुत्सित, विरूप तथा अप्रिय वर्तमान के ध्वंस पर नूतन समाज की रचना करना इसका प्रधान लक्ष्य रहा है। नवीनता, नवीनता और केवल नवीनता, रोमांसवाद के हृदय का अन्तर्नाद है। अपने इसी ध्वंस और नव-निर्माण की प्रेरणाओं के कारण इसका रुख, सर्वत्र ही विद्रोही रहा है और हिन्दी में साम्यवादी आन्दोलन के प्रति रोमांटिक कविता का जो सहानुभूतिपूर्ण बर्ताव है उसका प्रधान कारण भी दोनों की विद्रोह-प्रियता ही है।

हिन्दी में रोमांटिक जागरण के प्रभावों ने अपने को कम-से-कम चार रूपों में व्यक्त किया, यद्यपि यह नहीं कहा जा सकता कि इनमें से किसी

एक वर्ग के साहित्यकार में शेष तीन लक्षणों का सर्वथा अभाव था। सबसे पहले वे थे जिन्होंने रोमांसवाद से कर्म की प्रेरणा ग्रहण की और देश की राजनीतिक अवस्थाओं को बदलने के लिए रणक्षेत्र की ओर बढ़े। उनके जीवन का कर्मपक्ष अत्यन्त बलवान् था, और यद्यपि साहित्य को उन्होंने सेवा के सामने गौण माना, तो भी उनकी वाणी में जाग्रत राष्ट्र का हृदय धड़कने लगा और उनके देश-भक्तिविह्वल स्वर एक अनिर्वचनीय विदग्धता के साथ समग्र हिन्दी आकाश में गूँजने लगे। भारतीय आत्मा, नवीन और सुभद्राकुमारी कुछ ऐसे कवि हैं, जिनकी वाणी ने आरम्भ में हिन्दी-जनता के हृदय में सबसे बड़ी आकुलता उत्पन्न की और जिनकी आवाजों को सुनकर वह और भी नई आवाजें सुनने को उत्कंठित हुई। लेकिन, स्मरण रहे कि इनकी कविताएँ सार्वजनिक आन्दोलन का माध्यम या किसी प्रकार के राजनैतिक प्रचार का साधन नहीं थीं। जीवन के अनुरूप ही कवियों के हृदय में भावों का उद्रेक होता है और ये कविताएँ देशभक्ति की मनोदशा में उन कवियों के अपने ही मनोभावों की अनुभूति थीं। जिन प्रेरणाओं ने उन्हें देश-सेवा के लिए अग्रसर किया, वे ही प्रेरणाएँ उनका काव्य-द्रव्य और काव्यात्मक अनुभूति भी बन गईं। माखनलालजी की कुछ कविताओं को मैं विस्मय की दृष्टि से देखता हूँ और यह मानता हूँ कि भारत की यह आत्मा यज्ञ की वह शिखा है जो जलते-जलते गाती और गाते-गाते जला करती है।

दूसरी श्रेणी में वे लोग थे जिन्होंने सामने की दुनिया से असन्तुष्ट होकर अतीत की ओर दृष्टि फेरी और 'वर्तमान की चित्रपटी' पर भूतकाल को सम्भाव्य बनाने की चेष्टा करने लगे। पीठ पर की आँख भी रोमांटिक आन्दोलन की देन है। वर्तमान के दुख को हम अतीत के ध्यान में भुलाना चाहते हैं। यह भी एक प्रकार का पलायनवाद है, जो कवि को सामने की दुनिया को भुलाने में सहायता देता है। ऐसा भी होता है कि नवनिर्माण के लिए जाग्रत और उत्कंठित समाज आदर्श की खोज करता हुआ जीवन की आदिम अवस्था तक जा पहुँचता है और सोचने लगता है कि आदि मानव अधिक सुखी और सन्तुष्ट था। हम इसे रोमांसवाद की प्राचीनता-प्रियता कह सकते हैं।

तीसरी श्रेणी के लोगों में भी रोमांटिक भावों का आवेग अत्यन्त बलवान था। वे भी वर्तमान समाज से असन्तुष्ट थे और उन प्रचंड शक्तियों से भी पूर्ण रूप से परिचित थे, जो समग्र भारतवर्ष को हिला रही थीं और जिनके कारण ही

हिन्दी में रोमांसवाद का प्रवेश हुआ था। इनकी कविताओं से स्पष्ट है कि इन्होंने भी वस्तु-जगत को अजनबी समझा, उसे प्रतिक्रियागामी और अकाव्यात्मक पाया तथा उसके प्रति अपना विरोध प्रकट करना चाहा। लेकिन, उनके सामने इस विरोध का सबसे सुगम मार्ग पलायनवाद था। अप्रिय मानव-जगत् से उड़कर वे चाँदनी के लोक में पहुँचे जहाँ जीवन की लौह-शृंखलाएँ पिघलकर कोमल मीठे गीत बन जाती हैं। पलायनवाद से लोग चिढ़ते हैं, क्योंकि यह कर्मक्षेत्र से भाग खड़े होने का नाम है। खुद पलायनवादी कवि भी इस विशेषण से झेंपता है। लेकिन, मैं नहीं समझता कि जिस कवि ने मानवीय चेतना की सीमा विस्तृत की है, कल्पना के पर फैलाकर मानव-मन का विस्तार नापा है, जीवन के ईथर (Ether) में विहार करते हुए मधु और अमृत के गीत गाए हैं, मनुष्य को ऊर्ध्वगामी होने का संकेत दिया है और अपनी अनुभूति के सुन्दर-से-सुन्दर क्षणों का इतिहास साहित्य-देवता को अर्पित किया है उसे लज्जित क्यों होना चाहिए। कहते हैं, एक दिन सूर और तुलसीदास साथ-साथ किसी सड़क पर घूमने निकले कि एक तरफ से मतवाला हाथी निकला। सूरदास ने जो वस्तुस्थिति समझी तो एक तरफ को भाग चले। तुलसीदास बोले—"महाराज! डरने की कोई बात नहीं। धनुष-वाणवाला मेरा आराध्य मेरे साथ है।" लेकिन सूरदासजी यह कहते हुए भागते ही गए कि "महाराज! सो तो ठीक है, लेकिन मेरा आराध्य नन्हा-मुन्ना बालक है। उसे मैं संकटों में नहीं डाल सकता।" लेकिन, इतिहास साक्षी है कि धनुष-वाणवाले राम और नन्हे-मुन्ने कृष्ण, हिन्दू-हृदय पर दोनों ही का शासन रहा है। और सच पूछिए तो साहित्य तो बहुत कुछ श्रीकृष्ण के समान है जो खुद तो शस्त्र नहीं उठाता, लेकिन जिसकी दीप्ति प्रत्येक शूरमा के हाथ की तलवार को तेज कर देती है।

अब वह धारा बच जाती है जो छायावाद की कुछ प्रत्यक्ष विशेषताओं का प्रतिनिधित्व करती थी। इसके अन्दर वे सभी महान् कवि आते हैं जिनमें छायावादयुगेन चेतना ने अपना चरम विकास प्राप्त किया था। इन कवियों की कल्पना-शक्ति अत्यन्त प्रबल और विचार बड़े ही बलवान् थे; लेकिन इनकी भावुकता इतनी सजीव थी कि उसने सामने इनके दूसरे गुणों का अस्तित्व ही नहीं रह गया। इनमें अपने अन्तर्वासी कवि के लिए गहरी ममता और अपने विशिष्ट गुणों के लिए एक तरह का नाज था। ये सबसे पहले अपने आपको प्यार करनेवाले कवि थे और चाहते थे कि संसार भी उन्हें उसी दृष्टि से देखे

जिस दृष्टि से अपने आपको वे स्वयं देखते थे। लेकिन, जब संसार ने अपेक्षित सहानुभूति नहीं दिखलाई तब इसे इन्होंने उपेक्षा समझा और संसार की ओर से मुँह मोड़कर अन्तर्मुखी हो गए। अपने आस-पास की दुनिया के प्रति जैसा तीव्र विराग और गहरा असन्तोष इनकी कविताओं में ध्वनित हुआ वैसा अन्यत्र दृष्टिगोचर नहीं हुआ। मेरे जानते यह भी रोमांटिक विद्रोह का ही एक रूप था जो अप्रिय, कुरूप और सहृदयताविहीन समाज के विरुद्ध वैयक्तिक दृष्टिकोण लेकर खड़ा हुआ था। जब विश्व की उपेक्षा से भावुक व्यक्ति के दिल पर चोट लगी, जब उसे यह मालूम हुआ कि सहृदयताहीन बाह्य विश्व के साथ उसके हृदय का सामंजस्य किसी प्रकार भी स्थापित नहीं हो सकता, तब उसने अपने भीतर की दुनिया में प्रवेश किया और ऐसी अनुभूतियाँ लिखने लगा जो उसकी अपनी चीज थीं। कर्मपक्ष में व्यक्तिवाद कोई अच्छी चीज नहीं है; क्योंकि इससे समाज को एक बनाए रखनेवाली शृंखलाएँ ढोली होती हैं और इसकी स्वीकृति से समाज का अस्तित्व ही समाप्त हो जाता है। लेकिन, ज्ञान-पक्ष में यह मनुष्य के मस्तिष्क की स्वाधीन चिन्ता की ओर प्रेरित करता है। हिन्दी-साहित्य को इसके शुभ गुणों के प्रसाद कई रूपों में मिले। छायावाद-युग के सभी हिन्दी-कवि किसी-न-किसी अंश तक वैयक्तिक थे—यहाँ तक कि देशभक्त कवियों की भी अधिकांश कविताएँ उनकी अपनी मनोदशाओं की अनुभूति थीं। व्यक्तिवाद ने रूढ़ियों की अवहेलना करके स्वाधीन चिन्तन और स्वच्छन्द शैली को जन्म दिया और उस क्रान्ति को पूर्ण किया जो रोमांटिक जागरण के साथ हिन्दी-साहित्य में शुरू हुई थी। व्यक्तिवादी कवियों ने हिन्दी की बड़ी सेवा की। उन्होंने बाहर विचरनेवाली कल्पना को अन्तर्मुखी किया, अपने ही भीतर की दुनिया में अनुसन्धान करते हुए सुन्दर और कभी-कभी अत्यन्त तीखे स्वप्नों के चित्र उतारे तथा आत्मकथा के रूप में अच्छी-से-अच्छी कविताएँ दीं। प्रेम और विरह के नए आदर्शों की सृष्टि की। मन्तव्य को स्पष्ट करने के लिए अनेक में मैं केवल दो पुस्तकों के नाम लेता हूँ द्विजजी की 'अनुभूति' और श्री लक्ष्मीनारायण मिश्र 'श्याम' की 'अन्तर्जगत्' छायावादी युग की बहुत बड़ी देर है। जिस समय छायावाद को लेकर हिन्दी में घनघोर आन्दोलन छिड़ा हुआ था, उस समय नए स्कूल को स्थापित करने के लिए जितने भी लेख प्रकाशित किए जाते थे उनमें 'अनुभूति' की कविताओं का उद्धरण अनिवार्य रूप से रहता था। वैयक्तिकता छायावाद की सबसे बड़ी स्वभावगत विशेषता थी और उसका

रसमय परिपाक द्विजजी की कविताओं में बहुत आरम्भ में ही हो चुका था। नई चेतनाओं को सबसे पहले हृदयंगम कर लेनेवालों में 'अनुभूति' के कवि का प्रमुख स्थान था। पन्तजी की 'मौन निमन्त्रण' और द्विवजी की 'अयि अमर शान्ति की जननि जलन' कविताएँ हिन्दी में कितनी बार और कितने विभिन्न प्रसंगों पर उद्धृत हुईं, यह गिनती के बाहर है। 'अन्तर्जगत्' और 'अनुभूति' की कविताओं के पढ़ने से यह साफ जाहिर होता है कि प्रेम का घाव संसार में सबसे सुन्दर और सबसे भयानक चीज है। इस घाव से मनुष्य का हृदय ही नहीं, उसकी आत्मा भी फट जाती है और ज्यों-ज्यों इसका विस्तार बढ़ता है त्यों-त्यों मनुष्य भी गहरा और विस्तीर्ण होता जाता है।

लेकिन, जिस व्यक्तिवादी दृष्टिकोण ने रोमांसवाद को साहित्यिक क्रान्ति को पूर्ण करने में सहायता पहुँचाई, ठीक उसी के दुरुपयोग ने उसके विरुद्ध प्रतिक्रिया का जन्म दिया। अधिकांश में व्यक्तिवादी कवियों की अनुभूतियाँ उनके अपने ही जीवन की आध्यात्मिक घटनाएँ थीं और स्वभावत: ही जनता उन अनुभूतियों को अपनी नहीं कह सकती थी। खुद वे कवि भी, अधिकांश में, उन्हें वैयक्तिक ही मानते थे। कई बार ऐसा हुआ कि अपने को जनता तथा श्रोताओं का प्रतिनिधि माननेवाले आलोचकों ने कई कवियों से उनकी कविताओं के बारे में प्रश्न किए। लेकिन 'मधवा मूल विडौजा टीका' सुनकर निर्वाक् रह गए। जनता उन चीजों का आदर नहीं करती, जिनमें उसकी रूढ़ धारणाओं (Prejudices) के लिए कुछ भी स्थान न हो। वह चाहती है कि जब कवि किसी वस्तु या विचार का वर्णन करे तो वह जनता के अच्छे या बुरे लगने का ध्यान रखे। यहाँ एक बात विचारणीय है कि व्यक्ति का अच्छा या बुरा लगना, बहुत अंशों में, समूह के अच्छा या बुरा लगने के ही समान होता है। लेकिन, यह तभी सम्भव है जब व्यक्ति में इस बात की जागरूकता हो कि वह समूह का सदस्य है। परन्तु, जहाँ व्यक्ति की दृष्टि में अपना ही व्यक्तित्व सर्वप्रधान हो उठता है, उसे अपने ही विचारों, स्वप्नों और अनुभूतियों का मोह घेर लेता है, वहाँ वह समाज के लिए अपरिचित हो जाता है और कोई आश्चर्य नहीं कि तब व्यक्ति की वाणी समूह का मनोरंजन न कर सके और समूह को इस शिकायत का मौका मिल जाए कि व्यक्ति अपने ही सुख के लिए लिखता है। उसे समूह के मुख का ध्यान नहीं है। इसी शिकायत को लेकर हिन्दी में प्रगतिवाद का जन्म हुआ, यद्यपि जन्म के बाद दूसरी-दूसरी

दलीलों से भी उसकी अनिवार्यता सिद्ध की जा रही है। यथा—"कर्म के साथ ज्ञान का असहकार साहित्य को निष्प्राण बना देता है", अथवा "निष्पेषित और उपेक्षित मानवता का पक्ष साहित्य को लेना पड़ेगा" इत्यादि। यह भी ध्यान देने की बात है कि हिन्दी में पहले-पहल "कवि कुछ ऐसी तान सुना दे" का शंख फूँकनेवाला कवि जनता के सुख-दुख में हाथ बँटानेवाला कर्मठ मनुष्य था। प्रगतिवाद ने थोड़े ही दिनों में काफी उन्नति कर ली है—यहाँ तक कि बालकों की रंगीनियों से उतरकर कोमल-प्राण कवि भी हथौड़ों की मूठ पर हाथ का जोर आजमा रहे हैं—लेकिन शिकायत बदस्तूर जारी है। आए दिन आपको अखबारों में ऐसी कविताएँ मिलती ही रहती हैं जिनमें छोटे और बड़े सभी प्रकार के कवि अपने भाइयों को प्रगतिवादी बनने का उपदेश दिया करते हैं।

प्रगतिवाद साहित्य है या राजनीति, इस विषय को लेकर काफी विवाद चल रहा है। राजनीति तो वह क्या होगा, अधिक-से-अधिक उसे हम सोद्‌देश्य साहित्य कह सकते हैं। ऐसा दीखता है कि जहाँ यह छायावाद के व्यक्तिवादी दृष्टिकोण की प्रतिक्रिया या साम्यवादी प्रचार के कारण दलितवर्ग के प्रति चिन्तकों के हृदय में जगी हुई सहानुभूति का परिणाम है, वहाँ यह वैज्ञानिक युग की भी देन है जो हर चीज में सबसे पहले उपादेयता की खोज करता है। लेकिन, अगर हम मनुष्य को केवल रोटी-दाल का यन्त्र न मानते हों, तो यह भी मानना पड़ेगा कि मनुष्य के मानसिक विकास, सांस्कृतिक विस्तार और उसके चौकोर व्यक्तित्व के निर्माण में प्रगतिवाद से पहले का साहित्य भी बहुत ही उपयोगी रहा है। इसलिए मैं यह समझता हूँ कि वर्तमान प्रगतिवाद जीवन और इतिहास के नवनिर्माण में साहित्यिकों के सीधी तरह से भाग लेने की चेष्टा का परिणाम है। लेकिन, इस चेष्टा के परिणामस्वरूप साहित्य का कर्मपक्ष ही प्रबल हो रहा है। उसका ज्ञानपक्ष न्यून पड़ता जा रहा है। एक बार ज्ञान ने कर्म को छोड़ दिया था, अब ऐसा लगता है कि कर्म ही ज्ञान को छोड़ने जा रहा है। नन्दन-कानन में घूमनेवाली परी को आदम की बेटी के साथ बैठकर सुर्खी कूटते देखकर हर्ष चाहे जितना भी हो, लेकिन, यह ग्लानि भी होना स्वाभाविक है कि बाँसुरी को लाठी का काम करना पड़ रहा है और रंगीनियों में उड़नेवाली कल्पना चिमनियों की मैली साँसों में अकुला रही है। लेकिन मैं मन को यह कहकर समझाता हूँ कि यह आपद्धर्म है। वास्तविक जीवन में भी हम कोमलांगी, सुशोभना देवियों को कारखानों में खटते देख रहे

हैं। कोई आश्चर्य नहीं कि कला जीवन का अनुकरण करे; क्योंकि यह तो उसका नैसर्गिक धर्म ठहरा।

जीवन के संघर्षों ने साहित्य को ग्रसित कर लिया है और ऐसा दीखता है, मानो साहित्य को भी समकालीन समस्याओं से गुत्था-गुत्थी करने में आनन्द मिल रहा हो। दूसरी ओर, मिट्टी से जरा ऊपर उठकर ईथर-ईथर चलनेवाली वाग्देवी साहित्य को अपनी ऊर्ध्वगति की याद दिला रही है। साहित्य की अवस्था सचमुच ही चिन्तनीय है।

मनुष्य शरीर के लिए सुख और आत्मा के लिए उन्नति तथा विकास चाहता है। लेकिन, इतिहास बतलाता है कि शारीरिक सुख के लिए आत्म-हनन करनेवाले और आत्मोन्नति के लिए शरीर को सुखा डालनेवाले लोगों की वृत्तियाँ परस्पर विरोधी रही हैं। साहित्य का पालन-पोषण प्राय: अपरिग्रह के वातावरण के बीच हुआ है। माइकेल एंजेलो ने मरने के समय जो दुनिया को सबसे बड़ी वसीयत लिखी थी वह यह थी— Ibequeath all that I have—my body to earth and my soul to God. लेकिन, प्रगतिवाद का आग्रह है कि इन दोनों के बीच, विरोध को मिटाकर, समन्वय की स्थापना सम्भव है। वह इस उद्देश्य को प्राप्त करने के लिए अग्रसर हो रहा है कि उन्नत मन के निवास के लिए शरीर का सुखमय होना अनिवार्य है। उन्नत मन और सुखमय शरीर के संयोग के आदर्श को वह सबके लिए सुलभ कर देना चाहता है। वर्गवाद से घृणा, समाज की वर्तमान रचना से विद्रोह, पाप और पापी दोनों के प्रति क्षोभ और ईश्वरीय न्याय में अविश्वास, ये कुछ ऐसे लक्षण हैं जो प्रगतिवाद को एक साथ ही आदरणीय और भयंकर बना देते हैं। किन्तु प्रगतिवाद मनुष्य की स्वाभाविक न्यायप्रियता और त्यागमयता में विश्वास करता है और यह मानता है कि सामाजिक क्रान्ति की भित्ति पर जिस नूतन समाज की रचना होने जा रही है वह मानव-स्वभाव के अत्यन्त अनुकूल होगा। प्रगतिवाद की प्रेरणाएँ उसके आदर्श से आ रही हैं। वह ऐसा पथिक नहीं है जिसे अपने निर्दिष्ट लक्ष्य का ज्ञान न हो। वह इस विश्वास के साथ आगे बढ़ता जा रहा है कि वर्तमान दुरवस्थाओं से निकलकर मनुष्य सार्वजनीन आनन्द के देश में प्रवेश कर सकता है। जीवन की दुरवस्थाओं से निराश होकर विरक्त हो जाने और उन्हें बदल डालने के मनसूबे से उत्साहित होकर कार्य में लग जाने में स्पष्ट भेद है। बाधाओं और विफलताओं को देखकर विरागी तपोवन की

राह लेता है, लेकिन कर्मशील गृहस्थ संघर्ष में जूझकर उन्हें पराजित करता है। प्रगतिवाद को उस विरक्त और निराश मनुष्य की उपाधि देना भूल है जो वर्तमान सामाजिक संगठन के अपवित्र रूप पर सिर्फ चिढ़कर रह जाता है अथवा यह सोचकर संसार से विमुख हो जाता है कि मनुष्य के स्वभाव की शुचिता नष्ट हो गई है, उसका पुन: संस्कार असम्भव है; अतएव किसी प्रकार की चेष्टा करना व्यर्थ है, क्योंकि "सूर्य की थकी रश्मियाँ चित्रों के श्मशान में खेल रही हैं जहाँ ऐसे प्राणहीन वृक्ष खड़े हैं जो छाया नहीं दे सकते या ऐसे उपलपुंज हैं जिनके भीतर जल का कोई नाद अवशेष नहीं है।"

आदर्शहीन साहित्य अल्पायु होता है। विफलताओं को कबूल कर लेने से मनुष्य की शक्तियाँ क्षीण हो जाती हैं और संघर्ष की उपादेयता में से उसका विश्वास लुप्त हो जाता है। लेकिन, जिसके पास आदर्श है वह किसी प्रकार की विफलता को स्वीकार नहीं कर सकता। प्रगतिवाद के जिस रूप की कल्पना मैं ग्रहण कर सका हूँ उसका मंगलमय आदर्श मानवात्मा की एकता का द्योतक तथा मनुष्य की प्रीति का व्यंजक है। मैं मानता हूँ कि यह आदर्श प्रगतिवाद की नई देन नहीं है। लेकिन जिस युग में प्रेम के आदर्श का मोहकता फ्रायडीय विश्लेषणों की भेंट चढ़ गई हो, आध्यात्मिक तृषाओं की प्रेरणाएँ मानव जीवशास्त्र ने लूट ली हों, श्रद्धा, विश्वास, धर्म और नैतिकता का शुमार मनुष्य की आदतों में हो रहा हो, मानव-समाज की परम्परागत चेतनाओं को वैज्ञानिक दृष्टि के शर बेध रहे हों और अनवरत दुख-शोक के बीच मनुष्य को दृढ़ रखनेवाली सारी सुकुमार भावनाएँ विज्ञान के द्वारा विश्लिष्ट हो जाने पर सारहीन और खोखली लगती हों, उस युग में मनुष्य के प्रेम का आदर्श, मेरी समझ से, साहित्य के लिए कुछ छोटा लक्ष्य नहीं है।[1]

1. श्री राजेन्द्र पुस्तकालय छपरा के वार्षिक अधिवेशन (1940) के सभापति-पद से दिया गया अभिभाषण।

समकालीन सत्य से कविता का वियोग

अक्सर मैंने साहित्यिकों के बीच यह कानाफूसी सुनी है कि सामयिक जीवन की व्याख्या करनेवाला साहित्य चिरायु नहीं होता तथा अमरत्व प्राप्त करने के लिए उसे केवल उन्हीं तत्त्वों पर अपने को केन्द्रित करना पड़ता है जिन्होंने मनुष्य के साथ जन्म लिया और मनुष्य के साथ ही मिटनेवाले हैं। इस धारणा का आधार यह माना जाता है कि संसार के सभी प्रमुख काव्यों में उन कथानकों का उपयोग हुआ है जो काव्य-रचना के समय में नहीं, बल्कि उससे सैकड़ों-हजारों वर्ष पहले ही घटित हो चुके थे। इस उदाहरण से यह भी समझा जाता है कि प्राचीन विषयों का चुनाव पसन्द के चलते नहीं, बल्कि अनिवार्यता के कारण होता है, क्योंकि अतीत की घटनाओं के आयुर्बल की जाँच हो चुकी है और वर्तमान की अमरता अभी संदिग्ध है।

सामयिकता के विरोध में मानव के शाश्वत भावों की भी दुहाई दी जाती है, लेकिन यह बतलाया नहीं जाता कि वे भाव कौन-से हैं जो मनुष्य के जन्म के बाद उत्पन्न और उसकी मृत्यु के पहले ही विलीन हो जाते हैं और न इसका ही दृष्टान्त दिया जाता है जब कोई सच्ची काव्य-प्रतिभा सामयिक भावों को अपनाकर विनष्ट हो गई हो। मनुष्य का कोई भाव एक बार उदित होकर सदा के लिए अस्त नहीं हो जाता और न कोई दूसरा सदैव प्रधान ही रहता है। जीवन की परिस्थिति और समय के वातावरण के अनुसार मनुष्य के अन्दर सामयिक भावों का जागरण होता रहता है जो समकालीन जीवन में प्रधान रहते हैं। युग

के आलोक में इन्हीं भावों का ताप रहता है और तत्कालीन दृष्टि का निर्माण भी इन्हीं के आधार पर होता है। सामयिक दृष्टि का सम्बन्ध समकालीन घटनाओं तक ही सीमित हो, सो बात नहीं है; क्योंकि अतीत जीवन को देखने का भी प्रत्येक युग का अपना दृष्टिकोण होता है जो समकालीन साहित्य में प्रधान रहता है। प्रत्येक युग अपनी-अपनी आग से परम्परागत इतिहास को खौलाता है और भविष्य की ओर लपटें फेंकता है। उसकी आँच में पड़कर प्राचीन संस्कृतियाँ नया रंग पकड़ती हैं और परम्परागत साहित्यिक प्रकरण भी बहुधा नए अर्थ ग्रहण करते हैं। जीवन का सबसे बड़ा सत्य वर्तमान है और मनुष्य का कोई भी विचार इसके प्रभावों से अक्षुण्ण नहीं रह सकता। वर्तमान की आँख से हम अतीत को देखते हैं और आज की कल्पना आनेवाले कल का स्वप्न लाती है। अतएव, प्रथम तो सच्चा साहित्य सामयिकता को भुलाकर लिखा ही नहीं जा सकता, और अगर कोई ऐसा अप्राकृतिक साहित्य लिखे भी तो भविष्य में उसके जीवित अथवा लोकप्रिय रहने की आशा नहीं की जा सकती, क्योंकि आनेवाला मनुष्य उन सिद्धान्तों से समझा नहीं जा सकता जो गुजरे हुए मनुष्य के मापदंड थे।

अतीत की घटनाएँ अमर और वर्तमान की नश्वर होती हैं, साहित्य में यह हास्यास्पद प्रश्न उठना ही नहीं चाहिए, क्योंकि किसी भी साहित्य का आदर इसलिए नहीं हुआ करता चूँकि उसमें काव्य-द्रव्य-परिपूर्ण किसी अमर घटना का वर्णन होता है, बल्कि इसलिए कि घटनाओं के वर्णन के बहाने उसमें किसी गम्भीर सत्य की सृष्टि की जाती है जो सबसे पहले अपने ही युग के अधिक-से-अधिक लोगों को अपील करता है। काव्य की वासभूमि इतिहास की घटनाएँ नहीं, बल्कि कवि का हृदय होता है। कहने को तो गुप्त जी ने भी रामचरित पर हर कलम उठानेवाले के लिए कवि के पद को 'सहज' और 'सम्भाव्य' कह दिया है, लेकिन सच्चाई तो तब जाहिर हो जब कोई पारखी वाल्मीकि से लेकर पं. राधेश्याम तक की तुलना करे। प्राचीन विषय अगर उच्च काव्य की गारंटी होते तो व्यास और होमर के विषयों पर बाद को लिखनेवाले लोग व्यास और होमर नहीं तो उनसे थोड़े ही हीन हुए होते। लेकिन, सो बात नहीं है। रामकथा पर राधेश्यामी रामायण और समकालीन कल्पना पर 'पथिक' और 'स्वप्न' जैसे ऊँचे काव्य लिखे गए हैं। साहित्य में इतिहास की घटनाएँ अपने बल पर नहीं जीतीं। अमरता का वरदान उन्हें कला के साहचर्य्य से मिलता

है। ऐतिहासिक राम की सत्यता में सन्देह हो सकता है, किन्तु वाल्मीकि और तुलसी के हृदय से निकलनेवाले राम अमर और चिर-पूज्य हैं।

बहस के लिए अगर यह मान भी लें कि बहुत-से सत्काव्यों की रचना प्राचीन विषयों को ही लेकर हुई है तब भी उन रचनाओं में विषय के कंकाल को छोड़कर प्राचीनता का और कोई चिद्द नहीं मिलेगा। इसके सिवा, सामयिकता का अधिक-से-अधिक रस पीनेवाली कृतियों के सामने वे कृतियाँ अशक्त और निर्जीव-सी लगेंगी जिनकी रचना धरती और समय के दाह से दूर रहकर की गई है। साहित्य की आवाज अपने समय की आवाज होती है, किसी दूसरे युग की प्रतिध्वनि नहीं। साहित्य तो सदैव उसी युग की पूर्ण और व्यापक अभिव्यक्ति होता है जो उसे जन्म देता है। अपने ही युग के विचार और भावनाओं के माध्यम से वह उन भावों को प्रकट करता है जिन्हें हम सार्वभौमिक अथवा सनातन कहते हैं। प्राचीनता का ऋण उस पर इतना ही होता है कि उससे वह कुछ ईंट और पत्थर उधार लेता है। बाकी सारी चीजें—शब्द और संगीत, आशा और उमंग, प्रकृति और मानव-स्वभाव की पृष्ठभूमि, स्वप्न और विश्वास—ऐसी हैं जिन पर सभी युगों का समान अधिकार है। इतना ही नहीं, बल्कि जिन प्रकरणों और प्रसंगों को हम अतीत की देन समझते हैं, सूक्ष्म दृष्टि से देखने पर वे भी सामयकिता के ही प्रतिरूप-से जान पड़ेंगे। सूरदास ने अपने काव्य में द्वापर को सदेह उतार दिया है, लेकिन वह तो द्वापर का कंकाल मात्र है। उसके रक्त और मांस, प्राण और वाणी कलियुग की देन हैं जिनके बिना सूरसागर का द्वापर चिता-भस्म से उठकर खड़ा नहीं हो सकता था। सूर के उद्धव कृष्ण के उद्धव नहीं, बल्कि कबीर की बुझती हुई निर्गुण-परम्परा के प्रतीक हैं। उनकी गोपियाँ व्रज की गोपियाँ नहीं, प्रत्युत् सगुणोपासना की उस भावना की प्रतिमाएँ हैं जो सूर के समय में अपने पूरे उभार पर आ रही थीं। सूर के आस-पास जो भाव फैले हुए थे उन्होंने कल्पनात्मक रूप ग्रहण करके उनके काव्य में प्रवेश किया और उन प्रकरणों में जान डाल दी जो कवि को अतीत से मिले थे।

युग-चित्रण कवि-कला का स्वभाव है और इस क्रिया में इतिहास उसका बाधक नहीं होता। जहाँ बाधा की सम्भावना होती है वहाँ कवि के सामने इतिहास को मुड़ जाना पड़ता है। कथानक और शैली दोनों ही इस प्रकार मुड़ते हैं जिससे युग अपने को सुविधा के साथ अभिव्यक्त कर सके। यही कारण है कि वाल्मीकि के राम तुलसी के राम से भिन्न हैं। आदिकवि से लेकर

तुलसी तक की दूरी बहुत बड़ी है और इसके बीच मनुष्य को तार्किकता बहुत आगे बढ़ चुकी थी। शम्बूक के वधिक और यशस्विनी सीता को निर्वासित करनेवाले कठोर प्राणी के रूप में राम को चित्रित करने का साहस तुलसी को नहीं हुआ। अगर बालि-वध में भी वे किसी प्रकार कुछ हेर-फेर कर सकते तो उनका मन्तव्य चारों ओर से पूरा हो गया होता। वही राम जब बीसवीं सदी के 'साकेत' में उतरने लगे तब युग ने उन्हें आर्य-सभ्यता के विस्तारक के रूप में प्रकट किया। अर्थात् एक ही नायक को लेकर भिन्न-भिन्न युगों ने भिन्न-भिन्न इच्छाओं की अभिव्यक्ति की।

सच तो यह है कि कवि का काव्य-विषय कभी भी अपने समय से दूर नहीं होता। वह जिन चरित्रों का निर्माण किया करता है, वे प्राय: उसके पड़ोसी हुआ करते हैं। सत्कवियों ने कभी ऐसे विषय पर लिखा ही नहीं जिसमें उनके समय की अवस्थाओं का प्रतिबिम्ब नहीं था। प्रत्येक युग अपने कवि की प्रतीक्षा किया करता है, क्योंकि उसके आगमन के बाद युग के रहस्य खुलने लगते हैं। समय का रहस्योद्घाटन कवि-कर्म की एक प्रमुख विशेषता है। विषय नए हों अथवा प्राचीन, लेकिन कवि जो कुछ भी लिखता है उसमें क्रिया या प्रतिक्रिया के रूप में उसी के युग की व्याख्या होती जाती है। सच्चा कवि अपने समय की रुक्षता से नहीं डरता। युग के हृदय में जो कुछ भी प्रिय भाव हैं उन्हें वह उल्लास के साथ ग्रहण करता है और इसके विपरीत जो कुछ भी हीन ओर अप्रिय बातें हैं उनकी कठोर समीक्षा करता है। जीवन भर छुट्टी मनानेवाला कवि कोई आलसी और अकर्मण्य जीव होता है जो अपने समय को अकाव्यात्मक कहकर प्राचीनता के रोमांस में डूबने जाता है और दिन-प्रतिदिन ऊँघते हुए समय से इतनी दूर जा पड़ता है कि उसकी कला अशक्त और क्षीण हो जाती है तथा उसकी वाणी ऐसी नहीं रहती जिसे उसके समकालीन बन्धु समझ सकें। कला के क्षेत्र में जो कुछ सामयिक सत्य से दूर है वह दर-असल सारे सत्य से दूर होता है; क्योंकि दूसरों की अनुभूतियों का अर्जित ज्ञान कवि को चाहे जितना भी हो, लेकिन अन्तत: जीवन-सम्बन्धी स्वीकृत ज्ञान ;कंजनउद्ध उसे अपनी ही अनुभूति से प्राप्त होंगे।

सामयिक जीवन के तिरस्कार और समकालीन सत्य की अवहेलना से कविता को विशिष्टता भले ही मिली हो, लेकिन वह विशिष्टता काव्य और कवि-वर्ग, दोनों ही को महँगी पड़ रही है और आज दोनों में से कोई भी

जन-जीवन का अंग नहीं रह गया है। रूस को छोड़कर आज समस्त संसार में कविता पर अकर्मण्यता का आरोप है और विद्वान् समालोचक इस बात से चिन्तित हैं कि कविता के पाठकों की संख्या दिनोदिन कम क्यों होती जा रही है तथा क्या कारण है कि काव्य अपने सामाजिक लक्ष्य की पूर्ति में असमर्थ हो रहा है। अनादि काल से कवि संसार की सभ्यता और संस्कृति का विधाता रहता आया था। उसका पद मनुष्य के अन्दर देवत्व के रक्षक का था। उसकी रचनाएँ तपोवन का वह पावन निकुंज थीं जिनमें साधना का बल संचय करके मनुष्य उच्चता की ओर यात्र करता था। लेकिन, वर्तमान सभ्यता के निर्माण में उसका कोई हाथ नहीं है। चिन्तकों और वैज्ञानिकों की प्रेरणा से जो नई दुनिया अस्तित्व में आ रही है उसकी पूर्णता या समूचित निर्माण के लिए किसी को कवि के साहाय्य की तनिक भी अपेक्षा मालूम नहीं होती। मनुष्य के जिस वर्ग ने अपने लिए जीवन-समीक्षक और विश्व-निरीक्षक का गौरवपूर्ण पद प्राप्त किया था, आज जीवन की नूतन रचना में उसके महत्त्व को स्वीकार करने के लिए कोई भी तैयार नहीं है। समाज से कवि के लिए उत्साह और सम्मान की भावना का लोप हो रहा है और उसकी कृतियाँ लोगों के लिए हलके मनोरंजन का साधन भर रह गई हैं। आधुनिक काव्य को जनता-जर्नान के सामूहिक प्रेम का प्रसाद-पान में बड़ी कठिनाई हो रही है और जिन पंडितों के सहारे उसे यह प्रसाद मिल सकता था वे भी उसे थोड़े-से विशेषज्ञों की ही सम्पत्ति बतला रहे हैं। कवि चिन्तित है कि उसकी वाणी का पहला प्रभाव क्या हुआ। जनता को आश्चर्य है कि कवि की वाणी मनुष्य की वाणी है या किसी अन्य जीव की।

काव्य-कला से राजनीति को क्षोभ है, क्योंकि काव्य ने संघर्ष के बीच घुसकर रण-दुन्दुभि नहीं बजाई। कविता से समाज की शिकायत है कि उसने जनता को नहीं देखा। युग कहता है कि काव्य ने संघर्ष के मार्ग पर मुझे अकेला छोड़ दिया और उन प्रश्नों को देखा तक नहीं जिनके वेग से मैं आपादमस्तक हिल रहा था। गहन से गहन सामाजिक अनुभूतियों का अवसर आया और चला गया, लेकिन कवि सोता रहा। उसकी आँखें खुलीं भी तो उस समय जब प्रचंड शक्तियाँ अपना काम कर चुकी थीं और कवि के लिए साहित्य में विस्मय का चिद्‌द बनाने के सिवा किसी अन्य महत्त्वपूर्ण कार्य के लिए अवसर नहीं रह गया था।

लक्षण कहते हैं कि प्रत्येक देश का कवि अपनी दुर्बलताओं से अवगत हो

रहा है और अपनी दीर्घ-कालीन युग-विमुखता के लिए सच्चे मन से दुखी है। युग के साथ सामंजस्य स्थापित करने की उसकी चेष्टा आरम्भ हो चुकी है, लेकिन बीच की दूरी बहुत लम्बी है। अपने ही युग में रहते हुए वह अपने समय से दूर पड़ गया है। एक छलाँग में इस दूरी को पार कर जाने से उसे सफलता नहीं मिल सकती, क्योंकि अनुभूतियों का बहुत बड़ा भंडार पीछे छूट चुका है और वर्तमान युग में अपने अस्तित्व को सार्थक करने के लिए यह आवश्यक है कि वह पीछे के समस्त कंटकाकीर्ण मार्गों को देख ले जिनसे होकर समय यहाँ तक पहुँच सका है। वर्तमान युग की पूर्वधारणाओं के स्पष्ट ज्ञान और विज्ञान की आध्यात्मिक पृष्ठभूमि की अनुभूति के बिना उसकी वाणी में वह बल नहीं आ सकता जिससे वह युग की आत्मा के जागरण को सफलतापूर्वक आँक सके। कवि की आज की अवस्था उस बालक की-सी है जो दुख, त्रस और कोलाहल से भरे हुए घर को देखकर कुछ सहायता करना चाहता है, लेकिन दुख की कारणभूत अज्ञेय शक्तियों को देखकर चुप रह जाता है। वह कुछ बोलना तो चाहता है, लेकिन इस भय से नहीं बोल पाता कि लोग उसे डाँटकर चुप कर देंगे। कभी-कभी वह सोचता है कि उसकी स्वप्न-दृष्टि दूसरों की तर्कमयी दृष्टि की अपेक्षा, सचमुच ही, अधिक दूर तक देख सकती है, लेकिन फिर भी वह हठपूर्वक अपने विचार प्रकट नहीं कर सकता, क्योंकि समय से अपरिचित होने के कारण उसका आत्मविश्वास खो-सा गया है और वह इस शंका से ग्रसित है कि संसार को उलटनेवाली शक्तियों पर उसका कोई वश नहीं चल सकता।

आज के कवि ने जानबूझकर इस दयनीय अवस्था को अपनाया हो, सो बात नहीं है। निसर्ग से ही कवियों में धारा के विरुद्ध चलने और कठोरताओं से जूझने की प्रवृत्ति का वास होता है। तलवार उठाए बिना जनता ने उसे वीर होने का श्रेय दिया है और जमीन जीते बिना संसार ने उसे सम्राट् माना है। बहुत बार समय की कठोरताओं से जूझकर उसने मनुष्य के सत्पथ का निर्माण किया है और बहुत बार आपदाएँ झेलकर उसने जीवन के आदर्श की रक्षा की है। आज की युग-विमुखता कवि का कोई स्वाभाविक गुण नहीं, बल्कि एक आकस्मिक अभिशाप है जो रोमांटिक आन्दोलन से उसे विरासत के रूप में प्राप्त हुआ है और जो स्वयं रोमांसवाद के नाम को कलंकित करनेवाला है। रोमांटिक आन्दोलन संसार के सभी प्रगतिशील आन्दोलनों का पिता है

और इसकी मूलभूत भावनाओं को सबसे पहले अपनाकर कवि ने अपने को क्रान्तिकारी सिद्ध किया था और यह दिखलाया था कि समय के प्रवाह को उलट देने में साहित्य कहाँ तक योग दे सकता है। रोमांटिक आन्दोलन का जन्म विद्रोह की भावना को लेकर हुआ था, लेकिन समय पाकर इसके साथ अकर्मण्यता का सम्बन्ध कैसे हो गया, इसे समझने के लिए हमें रोमांटिसिज्म की प्रधान भावशिराओं को देख लेना चाहिए।

डैचेज के मतानुसार इस आन्दोलन की मूलभूत भावनाएँ अधिकांश में रूसो की देन हैं। जिस मनुष्य पर व्यावहारिक-ज्ञान की अपेक्षा भावुकता का अधिक प्राबल्य होता है वह समाज से समझौता करने के योग्य नहीं रहता। रूसो का मस्तिष्क बहुत ही प्रौढ़ तथा महान् था, लेकिन उसके जीवन में उन भावनाओं का प्राधान्य था जिन्हें हम रूढ़ि-प्रयोग के कारण हृदय से सम्बद्ध समझते हैं। जीवन के सम्बन्ध में उसकी दृष्टि उस कुशाग्र-बुद्धि बालक के समान थी जो छुई-मुई के स्वभाव का होने के कारण संसार को समझकर भी नहीं समझ पाता। वह अत्यन्त मिलनसार था और अपने को समाज के अधिक-से-अधिक प्रेम का अधिकारी समझता था, लेकिन उसे भ्रम था कि लोग उसकी बातों को सहानुभूति के साथ नहीं सुनते, बल्कि उससे घृणा करते हैं। धीरे-धीरे उसके मन में यह भावना घर कर गई कि संसार में उसका कोई मित्र नहीं है और इसके अनिवार्य परिणामस्वरूप उसने समाज के प्रति सारे दायित्व को छोड़कर स्वप्न के संसार में आश्रय लिया। वर्तमान से असन्तुष्ट होकर उसने प्राचीनता को ग्रहण किया और भावात्मक तर्कों के सहारे इस निर्णय पर जा पहुँचा कि संसार की प्राथमिक ;च्तपउपजपअमद्ध अवस्था अत्यन्त स्वाभाविक और सुन्दर थी तथा आरम्भ का असभ्य मनुष्य ही प्रकृति का सच्चा पुत्र था। इस भावना के साथ साहित्य में प्राथमिकता ;च्तपउपजपअपेउद्ध का प्रचार हुआ और तभी से सभ्यता के विपरीत एक प्रकार की प्रतिक्रिया शुरू हुई जो बहुत अंशों में आज भी जारी है। समाज के प्रति असन्तोष की जिस भावना ने प्राथमिकता के सिद्धान्त को जन्म दिया उसी ने रूसो को व्यक्तिवादी भी बना डाला। वह नहीं चाहता कि तीव्रबुद्धि मनुष्य समाज के नियन्त्रणों को स्वीकार करे। उसने मनुष्य की उन विशेषताओं पर जोर दिया है जो व्यक्ति को समष्टि से भिन्न करती हैं—उन गुणों पर नहीं जो सभी मनुष्यों में समरूप से व्याप्त हैं और जिनके आधार पर व्यक्तियों के योग से समाज की रचना की जाती है।

रूसो के प्राथमिकता और व्यक्तिवाद के सिद्धान्त अपनी जगह बहुत ही सही और दुरुस्त थे। रूसो का जन्म एक ऐतिहासिक आवश्यकता के कारण हुआ था और उसके विचारों से दुनिया में बड़ी-बड़ी बातें पैदा होनेवाली थीं। उसका सारा दृष्टिकोण ही समकालीन समाज की कृत्रिमता से विद्रोह का दृष्टिकोण था और उसके प्राथमिकता तथा व्यक्तिवाद के सिद्धान्त इस विद्रोह के सहायक थे। प्राथमिकता के सिद्धान्त ने मनुष्य को तत्कालीन समाज के खोखलेपन को दिखलाया और व्यक्तिवाद ने मनुष्य की वैयक्तिक शक्तियों को अधिकाधिक विकास की प्रेरणा दी।

साहित्य में आकर प्राथमिकता ने आदिम अवस्था में जीवन की जिज्ञासा को प्रकट किया। कृषकों का अनवरत श्रम, उनकी परिमित आवश्यकता और परिमित आय आदि मानव की निर्मलता के चित्र साहित्य को स्वस्थ बनाने लगे। कवियों की दृष्टि को विस्तार मिला। अपने युग से रूठी हुई कल्पना आदम और हौवा के गीत गाने लगी। लेकिन क्रान्ति द्वारा निरूपित सिद्धान्त भी काल पाकर ऐसे हो जाते हैं जिनके विरुद्ध बगावत करना जरूरी हो जाता है। प्राचीनता का सिद्धान्त समाज की कृत्रिमता को ललकारने के लिए स्वीकृत हुआ था, लेकिन धीरे-धीरे वही एक रोग हो गया। काल पाकर प्राकृतिक जीवन को नागरिक जीवन से भिन्न करनेवाले गुणों को अनुचित प्रधानता मिलने लगी और कविगण जान-बूझकर प्राचीनता का दम भरने लगे। वर्तमान जीवन से असन्तुष्ट होकर प्राचीनता को ग्रहण करने के बदले अब प्राचीनता के लिए ही प्राचीनता को ग्रहण किया जाने लगा। कृत्रिम प्राथमिकता के इस लोभ ने समकालीन जीवन को कवि के लिए अनुकूल समझने की प्रवृत्ति का जन्म दिया और जिस सिद्धान्त ने आरम्भ में कल्पना के लिए एक सरल क्रीड़ा भूमि की व्यवस्था की थी उसी ने समकालीन जीवन के प्रति साहित्य में विराग के बीज बो दिए।

व्यक्तिवाद का सिद्धान्त प्राथमिकता के सिद्धान्त से अधिक दूर नहीं था। इससे प्रेरित होकर नागरिक सभ्यता से हटकर वन तथा पर्वतों की पृष्ठभूमि पर एकान्त मानव का अध्ययन करने की पद्धति का जन्म हुआ। प्रकृति और प्राकृतिक सुषमाओं को देखने का पहला दृष्टिकोण बदल गया और स्वयं मनुष्य के व्यक्तित्व में भी एक नए किस्म की दिलचस्पी शुरू हुई। इससे पहले के कवि अपने भावों को तब तक व्यक्त नहीं करते थे जब तक कि वह विशाल

मानव-समुदाय की व्यापक अनुभूति से सम्बद्ध न हो जाए। लेकिन, अब व्यक्तिगत अनुभूतियाँ ही प्रदान होने लगीं। वर्णन में जीवन और प्रकृति के स्थान पर उन भावों की प्रधानता शुरू हुई जो जीवन और प्रकृति पर विचार करनेवाले मनुष्य के हृदय में जाग्रत होते हैं और साहित्य स्वप्न की उन रंगीनियों से भरने लगा जो बहुधा इन भावों की सहचरियाँ बनकर प्रकट होती हैं। कविता का क्षेत्र भूमि से हटकर वायु में और सत्य से हटकर स्वप्न में चला गया। कल्पना अधिक उन्मुक्त होकर खेलने लगी और साहित्य का क्रीड़ा-क्षेत्र दिनोदिन जीवन से अधिक दूर पड़ने लगा।

व्यक्तिवाद के सिद्धान्त ने कल्पना को स्वतन्त्र करके साहित्य का बड़ा ही उपकार किया। व्यक्तिगत भावनाओं के अच्छे-से-अच्छे गीत, गीति-काव्य के ढाँचे में अच्छी-से-अच्छी आत्मकथाएँ और व्यक्तित्व की अभिव्यंजना में अच्छे-से-अच्छे साहित्य इस सिद्धान्त ने पैदा किए हैं। लेकिन व्यक्तिवाद को कला का सिद्धान्त मान लेना बड़ी ही जोखिम का काम है। साहित्य में तरह-तरह के दायित्वहीन प्रलाप और वैयक्तिक उन्माद के नमूने इसी सिद्धान्त की प्रेरणा से निकले हैं। अंग्रेजी-साहित्य की उन्नीसवीं सदी के अपरार्द्ध की रचनाएँ अथवा अंग्रेजी कवियों की कितनी ही वर्तमान कविताओं की बातें जाने दीजिए, एक हिन्दी के छायावाद ने ही इसके इतने उदाहरण उपस्थित किए हैं जो इस बात को सिद्ध करने के लिए पर्याप्त हैं कि कला के क्षेत्र में व्यक्तिवाद का भयंकर-से-भयंकर दुरुपयोग हो सकता है। कला में आत्माभिव्यक्ति का वहीं तक महत्त्व है जहाँ तक कलाकार अपने को व्यक्त करते हुए ऐसी बातें कहता है कि जिन्हें मानवीय अनुभूति सहज ही स्वीकार कर सके। हम किसी उक्ति की कीमत इसलिए नहीं करते चूँकि वह किसी कवि नामधारी जीव के हृदय से निकली है, प्रत्युत्, इसलिए कि कवि के साथ सम्बन्ध के अलावा भी उसका कुछ अपना महत्त्व होता है। प्रत्येक पाठक मनोविज्ञान का असाधारण पंडित होता है, इस अनुमान पर साहित्य रचना का प्रयास हास्यास्पद और निरादरणीय है। व्यक्तिवाद का सबसे बड़ा महत्त्व यह है कि उसने समाज और साहित्य के कृत्रिम बन्धनों के विपरीत प्रतिक्रिया को जन्म देकर मनुष्य को धारा के विरुद्ध सोचने की प्रेरणा दी, रूढ़ि से ग्रसित मनुष्य को अपनी शक्ति का ध्यान दिलाया तथा व्यक्ति के जीवन-रस से समाज को अनुप्राणित किया। सच्चा व्यक्तिवाद वह है जो एक का अध्ययन अनेक के साथ तुलना करके करे और

व्यक्ति की अनुभूति की परीक्षा समूह के अनुभवों से मिलाकर करे। व्यक्ति की भावना समय और समाज से भिन्न वस्तु नहीं होती, क्योंकि इसका निर्माण भी समकालीन वातावरण के प्रभाव में ही होता है। इस सिद्धान्त को भूलकर चलनेवाला व्यक्तिवादी किसी-न-किसी दिन मनुष्य जाति के प्रति अपने कर्तव्य को अवश्य भूल जाएगा। व्यक्तिवाद ने साहित्य को नई शक्तियाँ प्रदान की थीं, लेकिन इसका अन्तिम अर्थ कलाकार और जनता के सम्बन्ध-विच्छेद का द्योतक सिद्ध हुआ।

इसके बाद रोमांटिक कल्पना आती है जिसका व्यक्तिवाद के साथ गहरा सम्बन्ध है। इसका जन्म भी कृत्रिमता के प्रति चैतन्य-विरोध के रूप में हुआ था और यह सच है कि इसने अपने विद्रोही रुख को कभी गुम होने नहीं दिया। रोमांटिसिज्म मनुष्य की उस जाग्रत आत्मा का प्रतीक था जो किसी प्रकार का बन्धन स्वीकार करना नहीं चाहती थी। यह वह तूफान था जो संसार के प्रत्येक क्षेत्र से झाड़-झंखाड़ों को उखाड़ फेंकना चाहता था। रोमांटिक भावों के जागरण के साथ ही परवशता, दुख, दारिद्रय और प्रत्येक प्रकार के बन्धन को तोड़ फेंकने की प्रवृत्ति का जन्म हुआ। इसी आन्दोलन ने धीरे-धीरे बढ़कर समस्त शोषक समाज के सामूहिक विद्रोह की भावना को जन्म दिया और यह ध्यान देने की बात है कि प्रत्येक देश में जातीय भावनाओं के जागरण के साथ रोमांटिक जागरण का सीधा सम्बन्ध रहा है। समाजवाद के प्रति हिन्दी के रोमांटिक आन्दोलन का जो सहानुभूति पूर्ण रुख है उसका कारण भी दोनों की विद्रोह-प्रियता ही है। समाज की कृत्रिम अवस्थाओं के प्रति घोर असन्तोष, समकालीन दुरवस्थाओं की तीव्रालोचना तथा क्रान्ति के आदर्श का ज्वलन्त वर्णन, ये रोमांसवाद के सामाजिक पक्ष की देन हैं। यह आन्दोलन जीवन के अंग-प्रत्यंग में परिवर्तन लानेवाला था। इसका मौलिक आधार जीवन की वर्तमान अवस्था के प्रति असन्तोष की भावना पर था और प्रत्येक देश में इसने अपने को दो धाराओं में प्रकट किया। एक के साथ वे लोग थे जो सामाजिक और राजनैतिक अवस्थाओं में वास्तविक सुधार लाना चाहते थे और जिनकी कला रोमांसपूर्ण होते हुए भी सोद्देश्य और महान् थी। दूसरी धारा के साथ उनका सम्बन्ध था जिनका अस्तित्व भावों और काल्पनिक विचारों पर अवस्थित था और जो धरती के प्रति किसी प्रकार के दायित्व को स्वीकार नहीं करते थे।

असन्तोष का स्वाभाविक लक्ष्य परिवर्तन की चेष्टा होनी चाहिए, न कि दुखों से भागकर स्वप्न में आश्रय खोजने की प्रवृत्ति। लेकिन, यह एक आश्चर्य का विषय है कि प्राय: सभी भाषाओं में पहले वर्ग के कवि कम और दूसरे के अधिक हुए हैं और यहीं रोमांसवाद के सच्चे रूप को पहचानने में साहित्य ने गलती की। कारण शायद यह था कि रोमांटिक आन्दोलन से जिन लोगों ने कर्म की प्रेरणा ली वे क्रान्तिकारी हो गए और उनकी साहित्यिक प्रवृत्ति वक्तृता, बलिदान, त्याग और तपस्या तथा आदर्श समाज की रचना के प्रयास में धरती को उलट देने के मनसूबे में बदल गई। इसके विपरीत, जिन्हें केवल साहित्य में रहना था वे स्वप्नशील और कल्पना-प्रधान हो गए। एक ही भावना से प्रेरित दो दलों में एक ने धरती के लिए रक्त बहाया और दूसरे को वस्तु-जगत् के प्रति दायित्वहीन होने का विश्लेषण प्राप्त हुआ।

क्रान्तिकारियों की तरह रोमांटिक कवि को भी खुली आँखों के आगे की दुनिया नापसन्द थी; लेकिन क्रान्तिकारियों के विपरीत उसने स्वप्न की दुनिया रचकर सन्तोष कर लिया। नवीनता की खोज रोमांसवाद की प्रमुख विशेषता बन गई और कविगण पल-पल नवीन संसार की रचना में प्रवृत्त होने लगे। इस क्रिया में जिस कवि को बाधा हुई उसने अपनी कल्पना को ही इतना विकसित कर लिया कि उसके बल पर उसे संसार की छोटी-से-छोटी चीजों में, अतीत की दूर-से-दूर की घटनाओं में भी आत्मसुख और आनन्द मिल सके। जीवन की रुक्षता त्याज्य थी। समाज की कृत्रिमता को कवि स्वीकार नहीं कर सकता। प्रकृति पर विज्ञान के अभियान और समाज पर यन्त्रों की बढ़ती हुई सत्ता को कवि ईर्ष्या और अप्रियता की दृष्टि से देखता था; लेकिन इन सारी बुराइयों का उसे एक ही उपचार सूझा। वह अपने आपको प्रसन्न रखने के लिए संसार से भाग चला। आधिभौतिकता के त्याग से केवल कवि ही प्रसन्न नहीं हुआ, बल्कि वे पाठक भी प्रसन्न हुए जो समाज की जड़ता से ऊबे हुए थे। पाठकों की प्रसन्नता में उस विस्मय का भी हाथ था, जो जड़ता के विरुद्ध कवि के स्वप्न की रंगीनियों को देखकर उत्पन्न होता है। जीवन की रुक्षताओं से असन्तुष्ट रहनेवाले अकर्मण्य पाठक भी अनायास ही प्रतिक्रियात्मक साहित्य की रचना को प्रोत्साहित करते हैं। असन्तोष को भावना जिनमें क्रियात्मक शक्ति को प्रेरणा नहीं दे सकती वे उस कवि की प्रशंसा करते हैं जो जीवन से भिन्न कोई ऐसा काल्पनिक चित्र प्रस्तुत कर सके जो ऐसे पाठकों के मन को मोहता

हो। नवीनता का चित्र समाज में लोकप्रियता पाने लगा, लेकिन कवि भूल गया कि काल्पनिक नवीनता की आराधना में आगे उठनेवाला उसका प्रत्येक पद उसे वास्तविकता से दूर करता जा रहा था। कल्पना की हलकी तसवीरें, हलके स्वप्नों की रंगीनियाँ और स्पर्श से सनसनाहट भर पैदा करनेवाली कविताएँ पूर्ववर्ती उस्तादों की उन रचनाओं से सर्वथा भिन्न थीं, जो हलकी-फुलकी न होकर गम्भीर होती थीं और जिनके स्पर्श से मनुष्य का सारा अस्तित्व ही हिलने लगता था। हलके स्वप्नों का व्यवसाय करनेवाला रोमांटिक कवि इस बात को भी नहीं जानता था कि धीरे-धीरे समाज में खुद उसका व्यक्तित्व भी हलका समझा जा रहा था तथा उसकी कृतियाँ जीवन का आलोक नहीं, वरन् मनोरंजन का सामान समझी जा रही थीं। सत्य के निरादर का नाटक लोग खुशी-खुशी देख रहे थे; लेकिन इस नाटक के रचनेवाले कवि को इतना ज्ञान नहीं था कि दर्शकों का सारा समाज, अन्त में जाकर, सत्य का ही साथ देगा और सत्य को निराद्दत करने के लिए उसकी खिल्लियाँ भी उड़ाएगा।

रोमांटिक कल्पना का अति-सेवन सभी देशों में साहित्यिकों की रचनात्मक शक्ति के क्षय का कारण हुआ। 'कला के लिए कला' का निन्दित सिद्धान्त इस प्रवृत्ति की प्रत्यक्ष देन है। साहित्य का सम्बन्ध जीवन के उस रूप से है जैसा कि हम ठीक जीते हैं। उच्च साहित्य जीवन के कोलाहल के बीच से कला का ऐसा चित्र प्रस्तुत करता है जो अघटित होकर भी घटित-सा लगे। साहित्यिक सत्य को स्वीकृति इतिहास से मिले या नहीं, परन्तु पाठकों की सम्भावना-वृत्ति से अवश्य मिलनी चाहिए। जहाँ पाठकों की सम्भावना-वृत्ति को सन्तोष नहीं होता वहाँ यही कहा जाएगा कि साहित्य-रचना का प्रयास निष्फल हुआ है।

साधना या संघर्ष का मार्ग साहित्य का सबसे उन्नत, अत: सबसे कठोर मार्ग है। कवि के लिए कोमल कल्पना की आराधना ही पर्याप्त नहीं होती, उसे संघर्षशील जीवन के बीच प्रविष्ट होकर मनुष्य की अधिक-से-अधिक मनोदशाओं का भी ज्ञान प्राप्त करना चाहिए। मेरा आग्रह यह नहीं है कि कवि अपने हाथ की बाँसुरी को फेंककर तलवार या राजनीति की पताका उठा ले। अगर यह बात हुई, तो बाघ से छूटकर भालू के हाथ वाली कहावत चरितार्थ होगी। साहित्य न तो केवल मिट्टी है और न केवल आकाश। वह ऐसा इथर है, जो धरती के ऊपर छाया रहता है। कवि अगर अपने युग में आदर पाना चाहता है तो उसे अपने आस-पास की घटनाओं का ख्याल करना ही

पड़ेगा। अत: प्रेरणा की उपज को निरुद्देश्य की भाँति हवा में उगलते जाने से उसकी महत्ता नहीं बढ़ सकती। उसकी कल्पना का कोई-न-कोई आधार और उसकी वाणी का कुछ-न-कुछ उद्देश्य होना ही चाहिए। जीवन के कर्म-पक्ष से असहकार करके वह कर्मरत संसार के आदर का पात्र नहीं हो सकता। अगर कोई कलाकार कला की अकर्मण्यता में ही गौरव समझता हो अथवा आत्माभिव्यक्ति में ही कला का चरम महत्त्व मानता हो, तो इसका स्पष्ट अर्थ है कि उसने समाज और वस्तु-जगत् के सामने अपनी पूरी पराजय स्वीकार कर ली है।

हिन्दी-कविता और छन्द

नए छन्दों का जन्म तथा पुराने छन्दों का ग्रहण कवि के हृदय में चलनेवाले भाव-संकटों के अनुसार होता है। भावनाएँ अपनी ऐंठन के अनुरूप यति तथा प्रवाह खोजती हैं। उमड़ते हुए पुष्ट एवं सुस्पष्ट भाव पुष्ट एवं सुस्पष्ट छन्दों में व्यक्त होते हैं तथा रुक-रुककर या सिसक-सिसककर चलनेवाले मनोवेग अभिव्यक्ति के क्रम में अधिक यतियों की अपेक्षा करते हैं। गर्जमान विचारों की सुष्ठु अभिव्यक्ति प्रवाहपूर्ण तथा बलशाली छन्दों में एवं करुणा की अभिव्यक्ति पग-पग पर रुकते हुए मन्दगामी छन्दों में सुन्दर होती है। छन्दों के भीतर से कवि की मनोदशा भी व्यंजित होती है। प्रबन्ध-काव्यों का रचयिता जिसे कई पृष्ठों तक एक ही मन:स्थिति में रहकर चरित्र-चित्रण अथवा रस-विशेष की निष्पत्ति के लिए प्रयास करना पड़ता है, बार-बार छन्द नहीं बदल सकता। उसी प्रकार विभिन्न भावों पर रीझनेवाला गीतिकार एक ही छन्द में अधिक काल तक ठहर नहीं सकता। अपने मनोवेगों के अनुसार उसे बार-बार विभिन्न छन्दों का चुनाव करना पड़ता है। जहाँ पूर्व-प्रयुक्त छन्द उसकी मनोदशा के अनुरूप नहीं पड़ते वहाँ वह पुराने छन्दों में कतर-ब्योंत करके अपने योग्य नए छन्दों की सृष्टि कर लेता है। इसी सिलसिले में जब स्वच्छन्द-विहारी भाव अपने पंखों को समेटकर छन्दों के नियम-बन्ध के भीतर नहीं समा सकते तब छन्दोबन्ध टूट जाते हैं और मनोवेग निर्बन्ध होकर अपने स्वाभाविक प्रवाह और यतियों के साथ नृत्य करते हुए बाहर निकलने लगते हैं।

कहते है, प्रत्येक कवि जीवन भर में एक ही कविता लिखता है; अर्थात् प्रत्येक की सारी रचनाओं के भीतर कोई एक ही सूत्र व्याप्त रहता है तथा उसकी सभी कविताओं के पीछे एक ही तरह की मनोदशा बराबर उपस्थित रहती है। यही कारण है कि दो प्रमुख कवि छन्दों के चुनाव के कार्य में प्राय: भिन्न हुआ करते हैं। अपनी भाषा की विशेषता, समय-समय पर उठनेवाले अपने विचारों के समधिक साम्य तथा मन में बस जानेवाली लय के अनुसार वे प्राय: कुछ विशिष्ट प्रकार के छन्दों की अनिवार्यता का अनुभव करते हैं और रचना के समय लाचार होकर उन्हें इन्हीं कुछ विशिष्ट जातियों में से अपने मनोवेग के लिए वाहन चुनना पड़ता है अथवा उन्हीं में से किसी एक के वजन पर नए छन्द का निर्माण करना पड़ता है। जैसे दो कवि मनोदशाओं की भिन्नता के कारण दो भिन्न जातियों के छन्दों को अधिक पसन्द करते हैं उसी प्रकार दो भिन्न युग भी अपनी-अपनी समकालीन मनोदशाओं के अनुरूप भिन्न-भिन्न वर्गों के छन्दों को प्रश्रय देते हैं। हिन्दी-साहित्य में रोला, छप्पय, दोहा और कवित्त कुछ ऐसे छन्द हैं, जो समधिक रूप से सभी कालों में प्रयुक्त हुए हैं; किन्तु इसके विपरीत बहुत-से ऐसे छन्द भी हैं, जो एक काल में प्रमुखता प्राप्त करके फिर सदैव के लिए पीछे छूट गए। पंचचामर और अमृतध्वनि, से दो छन्द उस समय बहुत अधिक प्रचलित थे जब देश-भाषाएँ अपभ्रंश से निकल रही थीं। स्वयं छप्पय भी वीर-रस के कवियों के हाथों में जितना समादृत हुआ, उतना अन्यत्र नहीं। नन्ददास के 'भ्रमरगीत' में प्रयुक्त रोला तथा चान्द्रायण-मिश्रित छन्द का प्रयोग उसी काल में रुक गया तथा तब से लेकर आज तक के इतिहास में वह केवल दो बार और प्रयोग में आया है। एक बार तो स्व. बाबू राधाकृष्णदास की 'प्रताप-विसर्जन' नाम्नी कविता में तथा दूसरी बार कविरत्न सत्यनारायण-विरचित 'भ्रमर-दूत' में। विचित्रता की बात तो यह है कि इन तीनों रचनाओं के भीतर एक ही प्रकार की मनोदशा विद्यमान है। कवित्त और सवैयों का व्यापक प्रयोग भक्ति-काल में आरम्भ हुआ तथा रीति-काल आते-आते वह कवियों के सामने अभिव्यक्ति का प्राय: एकमात्र माध्यम बन गया। कवित्त और सवैया, विशेषत: आशा, उत्साह और आनन्द के छन्द हैं तथा इनमें उन भावों की पुष्ट अभिव्यक्ति होती है जो साधारणत: विषाद से सम्बन्ध नहीं रखते। इसके सिवा, इनके अन्त्यानुप्रास अन्य छन्दों की अपेक्षा अधिक जमते हैं तथा प्रत्येक छन्द में चमत्कारपूर्ण यति और प्रवाह के कारण इनका पाठ भी अत्यन्त

प्रभावोत्पादक होता है। ये छन्द किसी-न-किसी रूप में सभी युगों में प्रचलित रहे हैं और महाकवियों से लेकर भाटों तक ने इनका सफलतापूर्वक उपयोग किया है। सच पूछिए तो यह छन्द हिन्दी का कल्पवृक्ष रहा है तथा इसने कभी भी किसी याचक को निराश नहीं किया। जिसने भी इस छन्द में अपनी कोई बात कही, अच्छी तरह कही। कभी ऐसा न हुआ कि इस छन्द के चुनाव के कारण किसी को पश्चात्ताप करना पड़ा हो।

कवित्त और सवैये का प्रभुत्व प्राय: भारतेन्दु-युग तक बना रहा। भारतेन्दुजी तथा उनके समकालीन सहकर्मियों ने इन छन्दों का खूब ही उपयोग किया। किन्तु, जब खड़ी बोली का आन्दोलन उठ खड़ा हुआ तब कवित्त और सवैये के भी पाँव डगमगाने लगे और हिन्दी कविता के क्षेत्र में कई ऐसे छन्दों का प्रवेश हुआ जो अब तक प्राय: त्यक्त अथवा उपेक्षित-से थे।

खड़ी बोली के काव्य-भाषा के रूप में स्वीकृत होने का केवल यही कारण नहीं था कि लोग गद्य और पद्य की भाषा को एक कर देना चाहते थे, प्रत्युत् यह भी कि परिस्थितियों में घोर परिवर्तन हो जाने के कारण कवियों की मनोदशा भी बदल गई थी। उनके सोचने का ढंग परिवर्तित हो गया था और वह अवस्था भी बदल गई थी जब कवि दरबारों का भली-भाँति मनोरंजन करके ही अपनी कला को सफल मान लेते थे। अब दरबार उजड़ गए थे और कवियों को धीरे-धीरे ज्ञात हो रहा था कि उनका एकमात्र सच्चा श्रोता विशाल जन-समुदाय ही है। उनकी वृत्तियाँ रीति-कालीन कवियों की अपेक्षा अधिक वास्तविक तथा गम्भीर हो रही थीं और वे कविता के सामाजिक उद्देश्य की ओर उन्मुख होने को विवश हो रहे थे। रीतिकाल में कविता को सदैव प्रसन्न रहने की जो आदत पड़ गई थी उसका निर्वाह अब असम्भव था; क्योंकि उसका लीला-क्षेत्र अब जिस जनता के विशाल प्रांगण में उतर आया था उसके सुख-दुख का प्रभाव कविता पर पड़ना स्वाभाविक था। प्रसन्न रहने की मुद्रा गम्भीर अथवा विषण्ण होने की मुद्रा से भिन्न होती है तथा एक ही छन्द दोनों मुद्राओं को व्यक्त करने में समान रूप से सफल नहीं हो सकता।

खड़ी बोली के आरम्भिक काल में छन्दों के क्षेत्र में हम एक प्रकार का कोलाहल-सा पाते हैं। मालूम होता है कि पहले खड़ी बोली की कविता को भी पुराने वाहनों पर ही ले चलने की चेष्टा हुई; किन्तु दीर्घकालीन संगति के कारण से छन्द ब्रजभाषा के मोह को एकदम नहीं छोड़ सकते थे तथा इनकी

संगति से कभी-कभी खड़ी बोली के तन में ब्रज के दधि और मधु के छींटे लग ही जाते थे। फिर वे नई-नई भावनाएँ और नए-नए दृष्टिकोण भी अपना काम, अज्ञात रूप से, कर रहे थे जिनकी अभिव्यक्ति के लिए ब्रजभाषा का त्याग और खड़ी बोली का ग्रहण आवश्यक हो गया था। अतएव अभिव्यक्ति का नया माध्यम ढूँढ़ने की चिन्ता तत्कालीन प्रत्येक कवि की रचना में आभासित मिलती है। कवित्त, जो निरालाजी के शब्दों में हिन्दी का जातीय छन्द है, यहाँ भी कवियों के साथ रहा, किन्तु और भी कितने ही उपेक्षित छन्द प्रयोग में आने लगे। वीर छन्द का प्रयोग पहले आल्हा और कजली के अनुकरण पर आरम्भ हुआ; किन्तु शीघ्र ही यह खड़ी बोली के स्वभाव के अनुकूल पाया गया और इसमें शुद्ध साहित्यिक रचना भी होने लगी। भारतेन्दु-युग की यह भी एक प्रमुख विशेषता थी कि हिन्दी कवियों ने, पहले-पहल इसी युग में, जन-सम्पर्क में आने की आवश्यकता का अनुभव किया और स्वयं भारतेन्दुजी ने इस सम्बन्ध में एक छोटा-मोटा आन्दोलन भी चलाया था। इसी आन्दोलन का यह परिणाम था कि लोकगीतों में प्रयुक्त होनेवाले कुछ छन्द साहित्य में गृहीत हुए और धीरे-धीरे उनका ग्राम्य रूप परिष्कृत होकर साहित्यिक बन गया। वीर, ताटंक और ककुभ छन्द जो हिन्दी में आज इतनी सफलता और व्यापकता के साथ चल रहे हैं, पहले-पहल भारतेन्दु-युग में ही आदर के साथ साहित्य में लाए गए और द्विवेदी-युग में आते-आते उनका रूप बहुत ही परिष्कृत हो गया। दूसरा छन्द लावनी है जिसका साहित्यिक रूप राधिका नाम से पिंगल ग्रन्थों में मिलता है। यह छन्द भी भारतेन्दु और द्विवेदी-युग में बहुलता के साथ प्रयुक्त हुआ तथा खड़ी बोली के भावों को वहन करने के सर्वथा उपयुक्त प्रमाणित हुआ। इसके सिवा रामचरित-मानस की हरिगीतिका तथा उसका दूसरा रूप गीतिका, ये दोनों छन्द भी बहुत जोर से चलने लगे। उर्दू में खड़ी बोली का उपयोग काव्य-भाषा के रूप में बहुत दिनों से चला आ रहा था। अतएव यह उचित ही था कि भारतेन्दु से लेकर द्विवेदी-युग तक के कवि प्रयोग के निमित्त उर्दू बहरों पर भी हाथ आजमाते। दीनजी ने अपने वीर-पंचरत्न में तथा अन्यत्र भी कई प्रकार के उर्दू छन्दों का प्रयोग किया। उर्दू छन्दों का मोह उनमें बहुत अधिक मात्र में था; यहाँ तक कि हरिगीतिका और विधाता छन्दों में तत्सम संवलित भाषा लिखते हुए भी वे हिन्दी की अपेक्षा उर्दू छन्दों की आत्मा के ही अधिक समीप रहते थे तथा अन्त्यानुप्रास चुनते हुए, प्राय: उनका ध्यान काफिया और

रदीफ (अन्त्यानुप्रास एवं उपान्त्यानुप्रास) पर भी रहता था। इस काल के प्राय: सभी कवियों में यह चिन्ता परिलक्षित होती है कि खड़ी बोली कि आत्मा किस प्रकार के छन्दों में अपना पूरा चमत्कार दिखला सकेगी। लेकिन, आश्चर्य की बात है कि अट्ठारहवीं सदी में शीतल कबि ने शुद्ध ध्वनि के वजन पर जिस चमत्कारी छन्द का अद्भुत प्रयोग किया था उसकी ओर किसी कवि का ध्यान पूर्ण रूप से आकृष्ट नहीं हुआ। अलबत्ता, बहुत बाद में, दुर्भाग्यवश, इस छन्द की शक्ति का पता कथावाचक राधेश्यामजी को चल गया और उन्होंने इसकी दुर्गति कर डाली।

द्विवेदीजी हिन्दी में उतरने के पहले मराठी से परिचित हो चुके थे जिस भाषा में संस्कृत के वर्णिक छन्दों का खुलकर उपयोग हो रहा था। इधर खड़ी बोली में तत्सम शब्दों के प्रचार से, स्वभावत: ही, कवियों को संस्कृत वृत्तों का ध्यान आया तथा ऐसे वृत्त बड़े जोर से लिखे जाने लगे। पं. महावीर प्रसाद द्विवेदी की अधिकांश कविताएँ गण अथवा वर्ण-वृत्तों में हैं। संस्कृत श्लोकों के विपरीत उन्होंने इन वृत्तों को हिन्दी में अन्त्यानुप्रास से युक्त कर दिया था। कदाचित् उनका यह विचार रहा हो कि इस प्रकार ये वृत्त हिन्दी में खप जाएँगे। अन्यानुप्रास-युक्त वृत्तों की रचना का उदाहरण मैथिलीशरणजी गुप्त, कन्हैयालाल पोद्दार तथा राय देवीप्रसाद 'पूर्ण' की कृतियों में भी मिलता है। लेकिन, तुक पर सिर मारने के इस प्रयास से भी इन वृत्तों का अजनबीपन नहीं मिटा, न इनमें अपेक्षित चमत्कार ही उत्पन्न हो सका। गण तथा वर्णिक वृत्तों का सफल प्रयोग सबसे पहले प्रियप्रवास काव्य में हुआ तथा उसके बाद अब तक भी किसी कवि को वह सफलता नहीं मिल सकी है जो हरिऔधजी को मिली थी।

संस्कृत-छन्दों का प्रयोग हिन्दी में अब भी चल रहा है तथा साकेत में संस्कृत के कई मात्रिक छन्द अद्भुत सफलता के साथ प्रयुक्त हुए हैं। इस काव्य में मैथिलीशरण जी ने वियोगिनी को तो ऐसा आत्मसात् किया है कि यह शंका ही नहीं उठती कि यह छन्द हिन्दी का अपना छन्द नहीं है। साकेत में आर्या का भी बहुत ही सुन्दर प्रयोग हुआ है तथा भाषा के चमत्कार-प्रदर्शन में उससे कोई विशेष रुकावट नहीं हुई है। एकाध बार 'मनोरमा' पत्रिका के अंकों में पं. गिरधर शर्माजी नवरत्न की 'अश्वघाटी' भी देखी गई थी, लेकिन उसका प्रयोग खड़ी बोली में और कहीं नहीं मिलता। हाँ, पं. महावीर प्रसाद द्विवेदी की

'विहार-वाटिका' के पहले वृत्त में अश्वघाटी में चरणान्तर्गत तीन अनुप्रासों के उदाहरण मिलते हैं, यद्यपि यह वृत्त अश्वघाटी न होकर स्रग्धरा का है। उक्त वृत्त की एक पंक्ति यह है जो अश्वघाटी से मिलती-जुलती है—

"माता अंभाज-गाता सकल फल-दाता श्रीस्वरूप भवानी।"

स्वर्गीय जायसवालजी को भी संस्कृत-वृत्तों का बड़ा मोह था और जब-तब वे इन वृत्तों में कुछ-न-कुछ कह लिया करते थे। हम लोगों को भी उनकी ओर से सदैव यह प्रेरणा मिला करती थी कि संस्कृत-वृत्तों का प्रयोग हिन्दी में होना चाहिए तथा हमारे लिए उन्हें यह समझाना कठिन हो जाता था कि हमारी मनोदशाएँ ऐसी हो गई हैं जिनका संस्कृत-वृत्तों के साथ बहुत ही अल्प सामंजस्य है।

हिन्दी-छन्दों की विवेचना के सिलसिले में स्वर्गीय पं. नाथूराम शर्मा 'शंकर' का नाम बड़े आदर के साथ लिया जाना चाहिए। उनका मात्रिक छन्दों के साथ-साथ गण एवं वर्ण-वृत्तों पर भी प्रबल अधिकार था और सबसे बड़े श्रेय की बात तो यह है कि उनके अधिकांश छन्दों में समसंख्यक मात्रओं के साथ वर्ण भी समसंख्यक ही प्रयुक्त हुए हैं। उदाहरण के लिए 'केरल की तारा' में से ये पंक्तियाँ लीजिए—

गोल गुदकारे कपोलों को कड़ी उपमा न दी,
पुलपुली मौमन पड़ी फूली कचौरी जान ली!

यह 26 मात्रओं का मात्रिक गीतिका छन्द है, किन्तु दोनों पंक्तियों में वर्ण भी सतरह ही हैं। यह तो मात्रिक छन्द का उदाहरण हुआ। उनके वर्णिक छन्द में भी मात्रएँ सम-संख्यक होकर आई हैं। यथा—

कंचकी कुंज पतान की ओट दुरे लट नागिन के डर पाए,
देखि छिपे छिपके पकड़े घर 'शंकर' बाल मराल के जाए।

यह मत्तगयन्द नामक वर्णिक सवैया छन्द है जिसमें सात मगण के बाद दो गुरु पड़ते हैं। इसकी प्रत्येक पंक्ति में वर्णों की संख्या 23 तथा मात्रओं की 34 है।

छन्दों के सम्बन्ध में शंकरजी की श्रुति-चेतना बड़ी ही सजीव थी। उन्होंने कितने ही हिन्दी एवं उर्दू-छन्दों के मिश्रण से नए छन्द निकाले और उनका

नामकरण भी किया जो अधिकतर राजनीति के नाम से प्रसिद्ध हैं।

छन्दों के क्षेत्र में सबसे बड़ी क्रान्ति छायावाद-युग में हुई। हिन्दी के हृदय में नवीनता की जो प्रवृत्तियाँ ऊँघ रही थीं, वे बीसवीं सदी के पहले बीस वर्ष बीतते न बीतते उठकर खड़ी हो गईं और अपनी अभिव्यक्ति के लिए एकदम नवीन माध्यम ढूँढ़ने लगीं। निरालाजी ने जब छन्दोबन्ध का भंग किया उसके पहले ही पिंगलाचार्य के निर्धारित बन्धन शिथिल हो चुके थे और कविता, विशेषतः, लय के प्रवाह में चलने लग गई थी। छायावाद-युगीन मनोदशा किसी एक भाव-धारा से नहीं निकली थी, प्रत्युत् उसमें विभिन्न भावों का संयोग था। उसके भीतर राजनीति का ताप भी था और समाज का क्षोभ भी; नई सृष्टि रचने की उमंग भी थी और रूढ़ियों को तोड़ फेंकने का उन्माद भी। और सबसे बढ़कर उसमें उस व्यक्तिवादी पुरुष की आत्मप्रियता थी जो प्रत्येक वस्तु को परम्परा, इतिहास तथा बाह्य जगत् से छिन्न करके केवल अपनी ही दृष्टि से देखना चाहता था। जब ऐसी स्वच्छन्द मनोदशा काव्य में उतरने लगी तब यह स्वाभाविक ही था कि वह छन्दों के निर्धारित नियमों की अवहेलना करे, एक ही रचना में विभिन्न छन्दों का उपयोग करे तथा छन्दों के परम्परागत रूप को इस प्रकार मोड़ दे कि भावाभिव्यक्ति मनोदशा के अधिक-से-अधिक अनुकूल हो जाए।

छन्दोबन्ध से कविता को मुक्त करनेवालों में निरालाजी सर्ववरेण्य हैं और हिन्दी-साहित्य के इतिहास ने इसका सुयश भी उन्हें ही दिया, जो योग्य भी है। 'परिमल' की भूमिका में निरालाजी ने यह विचार किया है कि हिन्दी में सर्वप्रथम मुक्तछन्द का श्रीगणेश किसने किया। कहते हैं, सर्वप्रथम प्रसादजी ने एक तरह का अतुकान्त छन्द लिखा था, जिसका प्रयोग बाद को उनके कई नाटकों तथा अस्फुट कविताओं में भी हुआ। उसी छन्द में पं. रूपनारायण पांडेय ने भी कुछ पद्य रचे थे और आगे चलकर तो वह छन्द और भी आम हो गया तथा मंगलाप्रसाद विश्वकर्मा, भगवतीचरण वर्मा आदि कई कवियों ने विभिन्न स्थलों पर उसका उपयोग किया। उस छन्द की दो पंक्तियाँ ये हैं—

कहना होगा सत्य तुम्हारा; किन्तु मैं
करता हूँ विश्वास तुम्हारी बात का।

लेकिन, यह स्वच्छन्द छन्द का उदाहरण नहीं है। सच पूछिए तो यह 21

मात्र का अतुकान्त छन्द है और छन्दों को अतुकान्त कर देने से ही उसमें वह स्वच्छन्दता नहीं आ सकती जो निरालाजी का उद्‌देश्य रही है। इसके सिवा यह 30 मात्र के ककुभ या वीर छन्द का ही एक टुकड़ा है जो मूल में से 9 मात्रएँ घटाकर बनाया गया है। उदाहरण के लिए अगर दूसरी पंक्ति को ककुभ में परिवर्तित करने की कोशिश की जाए तो चरण का रूप यह हो जाएगा—

करता हूँ विश्वास तुम्हारी बात का (कि तुम आओगे)

मेघनाद-वध के अनुवाद में प्रयुक्त छन्द भी मुक्त-छन्द का उदाहरण नहीं माना जा सकता; क्योंकि वह भी शुद्ध वर्णिक छन्द है तथा वह कवित्त के आधे चरण को लेकर बनाया गया है। उसकी भी विशेषता केवल उसका अतुकान्त होना ही है, जो प्रियप्रवास तथा द्विवेदीयुगीन संस्कृत-वृत्त में लिखी हुई ढेर-की-ढेर कविताओं में पाई जाती है। निरालाजी के मतानुसार "मुक्ति छन्द तो वह है, जो छन्द की भूमि में रहकर भी मुक्त है।...मुक्ति का अर्थ है बन्धनों से छुटकारा पाना। यदि किसी प्रकार का शृंखलाबद्ध नियम कविता में मिलता गया, तो वह कविता उस शृंखला से जकड़ी हुई ही होती है; अतएव उसे हम मुक्ति के लक्षणों में नहीं ला सकते, न उस काव्य को मुक्त काव्य कह सकते हैं।" इस दृष्टि से यह बात बिना किसी विवाद के मान ली जानी चाहिए कि हिन्दी में मुक्त-छन्द के जन्मदाता निरालाजी हैं। उन्हें मुक्त-छन्द की प्रेरणा कहाँ से मिली, इस विचिकित्सा से भी उनके श्रेय में कोई कमी नहीं आ सकती। सम्भव है, अंग्रेजी के ब्लैंक वर्स का उन पर प्रभाव पड़ा हो। सम्भव है, माइकेल मधुसूदनदत्त, गिरिजाकुमार घोष या मोहितलाल मजुमदार के स्वच्छन्द छन्दों ने उन्हें मुक्त-छन्द की ओर प्रेरित किया हो अथवा यह भी सम्भव है कि अपनी ही पसन्द की यति और प्रवाह में निःसृत होने के लिए उनके उन्मादक भावों ने हठ किया हो जिसके परिणामस्वरूप उनकी जिह्वा से मुक्त-छन्द की निर्झरिणी फूट पड़ी।

कारण चाहे जो भी हो, किन्तु निरालाजी ने छन्द के क्षेत्र में जितना काम किया, उतना उनके किसी भी समकालीन कवि से नहीं बन पड़ा। बदनाम तो निरालाजी इसलिए हुए कि उन्होंने छन्दों का बन्धन तोड़कर उसका निरादर किया; लेकिन किसी ने अब तक भी यह नहीं बताया कि नए भावों की अभिव्यक्ति के लिए छन्दों का अनुसन्धान करते हुए उन्होंने कितने पुराने छन्दों का उद्धार तथा कितने नवीन छन्दों की सृष्टि की है। अपनी लय-चेतना के

बल पर बढ़ते हुए उन्होंने तमाम हिन्दी-उर्दू छन्दों को ढूँढ़ डाला है तथा कितने ही ऐसे छन्द रचे हैं जो नवयुग की भावाभिव्यंजना के लिए बहुत ही समर्थ हैं। परिमल की 'निवेदन' शीर्षक कविता की पंक्ति "एक दिन थम जाएगा रोदन तुम्हारे प्रेम-अंचल में" उनके ऐसे ही प्रयास का फल है। यह छन्द हिन्दी के 28 मात्र के विधाता छन्द तथा उर्दू की बहर "मफाईलुन मफाईलुन मफाईलुन मफाईलुन" (उठाए कुछ वरक लाले ने कुछ नरगिस ने कुछ गुल ने) के साम्य पर बनाया गया है; किन्तु पहले शब्द 'एक' के 'ए' में दो मात्रएँ अलग से जोड़ देने से छन्द की गम्भीरता बढ़ गई है तथा उससे उर्दू-बहर के हलकेपन का दोष दूर हो गया है। इसका साधारण प्रवाह भी उर्दू की बहर से ईषत् भिन्न तथा उसका यह नवीन संशोधित रूप शान्त मनोदशा की अभिव्यक्ति के बहुत ही अनुकूल हो गया है। प्रवाह स्वाभाविक रूप से संगीतमय है तथा जहाँ 'अंचल में' कहकर विराम आता है वहाँ ऐसा लगता है कि लय का टुकड़ा उछलकर किसी दिव्यता में लुप्त हो गया हो।

उर्दू-छन्दों का परिष्कृत रूप निरालाजी की अनेक कविताओं में प्रकट हुआ है तथा वह सर्वत्र ही नवीनता, गाम्भीर्य और संगीत की अलौकिकता से पूर्ण है।

छायावाद-युग में निरालाजी शायद अकेले कवि हैं जिन्होंने हिन्दी के प्राचीन छन्द बरवै का प्रयोग सुन्दरता के साथ किया है।

कवित्त की तरह बरवै भी बड़ा ही शक्तिशाली छन्द है; किन्तु इसकी यति के योग्य शब्द खड़ी बोली में बहुत नहीं हैं। पहले के कवियों ने बरवै लिखते हुए, प्राय: हमेशा ही प्रथम तथा तृतीय यतियों पर आनेवाले शब्दों को विकृत करके आगे खींचा है।

निरालाजी के बादल-राग में बरवै की तीन शुद्ध पंक्तियाँ अपने पूरे बल तथा अविकृत एवं पुष्ट शब्दों के साथ आई हैं, जिनमें से दो ये हैं—

झूम-झूम मृदु गरज-गरज घन-घोर,
राग अमर अम्बर में भर निज रोर।

इतना ही नहीं, प्रत्युत्, बरवै के साम्य पर उन्होंने परिमल में ही एक गीत (पृ. 68) भी लिखा है, जो छन्द की नवीनता के लिए आकर्षक है।

देख चुके, जो-जो आए थे चले गए,
मेरे प्रिय, सब बुरे गए, सब भले गए।

शुद्ध बरवै 19 मात्रओं का होता है। वर्तमान उदाहरण में प्रत्येक चरण में 22 मात्रएँ हैं। आरम्भ से लेकर 16 मात्रओं तक इस छन्द की गति शुद्ध बरवै की है। शुद्ध बरवै ठीक 16 मात्रओं तक अपनी स्वाभाविक गति से चलकर पदान्त के दो अक्षरों (ऽ।) पर विराग लेता है। लेकिन, उदाहरण की पंक्तियों में, अन्त में तीन मात्रएँ बढ़ा देने के सिवा, बरवै के स्वाभाविक विराम-स्थल के अक्षरों में भी उलट-फेरकर दिया गया है। यहाँ गुरु के स्थान पर लघु और लघु के स्थान पर गुरु करके बरवै को अपनी स्वाभाविक यति पर रुकने से रोककर उसे तीन मात्रओं तक और आगे चला दिया गया है। इन पंक्तियों का शुद्ध बरवै-रूपान्तर ऐसा होगा—

देख चुके, जो-जो आए थे लेच (गए)
मेरे प्रिय, सब बुरे गए, सब लेभ (गए)

निरालाजी के मुक्त-छन्दों में कहीं-कहीं हम एक ही स्थल पर रोला, राधिका, ललित, सरसी, बरवै और वीर, सभी प्रकार के छन्दों का प्रभाव एकत्र देखते हैं जो कहीं उपर्युक्त विधि से कट-छँटकर और कहीं अपने शुद्ध रूपों में आवश्यकतानुसार, कवि के भाव-खंडों का बोझ योग्यतापूर्वक वहन करते हैं।

पिंगल का राधिका छन्द, जो लोकगीत में लावनी के नाम से प्रसिद्ध है तथा जो भारतेन्दु-युग से ही कविता में प्रधानता प्राप्त करता आ रहा था, अब भी हिन्दी कवियों के साथ है। नवीन अभिव्यंजना के युग में भी यह पूर्णरूप से समर्थ प्रमाणित हुआ है तथा, प्रायः, सभी कवियों ने इसका समधिक प्रयोग किया है। कुछ काट-छाँट के साथ निरालाजी ने इसका कई स्थलों पर प्रयोग किया है। यथा—

यौवन-मरु की पहली ही मंजिल में

इस पंक्ति में 'की' और 'पहली' अथवा 'ही' और 'मंजिल' के बीच अगर दो मात्रएँ और जोड़ दी जाएँ तो यह शुद्ध राधिका छन्द की पंक्ति हो जाएगी। इसी प्रकार, अनेक परिवर्तनों के साथ निरालाजी ने इसका अनेक स्थलों पर प्रयोग किया है।

राधिका से ही निकली हुई पन्तजी की यह पंक्ति है जो समकालीन कवियों के द्वारा बहुत पसन्द की गई है—

वाणी मेरी चाहिए तुम्हें क्या अलंकार?

ग्राम्या में इस सुन्दर छन्द का प्रयोग कई स्थलों पर हुआ है। स्वयं निरालाजी ने भी इसी छन्द में 'राम की शक्ति-पूजा' नामक ओजस्विनी कविता रची है। किन्तु, हमें यह ज्ञात नहीं कि इसका प्रयोग दोनों में से किसने पहले किया। किन्तु, यह छन्द हिन्दी में अपना स्थान बनाकर रहेगा, इसकी बहुत बड़ी सम्भावना है।

अतुकान्त एवं स्वच्छन्द छन्दों का प्रयोग निरालाजी ने केवल इसीलिए नहीं किया चूँकि उन्हें नपे-तुले चरणों एवं तुकान्त पदों की एकरसता से त्रण पाने की आवश्यकता थी, यद्यपि, पहले-पहल इसी आवश्यकता की अनुभूति से उन्हें स्वच्छन्द छन्दों की सम्भावनाएँ भासित हुई होंगी। उनके अभिनव एवं क्रान्तिकारी प्रयोग इसलिए भी महत्त्वपूर्ण हैं कि कविताओं के भीतर वह जिस पूर्ण चमत्कार की सृष्टि करना चाहते हैं, उसकी क्रिया में भावों के आरोहावरोह के अनुसार आनेवाले शब्द अपनी नाद-शक्ति से अद्‌भुत सहायता पहुँचाते हैं।

स्वच्छन्द छन्दों के प्रयोग के द्वारा उन्होंने समकालीन पाठकों की श्रुति-चेतना का परिमार्जन और विस्तार किया है। जब निरालाजी ने स्वच्छन्द छन्दों का प्रयोग आरम्भ किया था, तब लोग उनसे बहुत चिढ़े थे और उनके छन्दों को 'कंगारू' और 'केंचुआ' छन्द कहकर उनका मजाक भी उड़ाया गया था। कुछ लोग इस चिन्ता से भी त्रस्त थे कि कहीं नए प्रवाह में हिन्दी के छन्द भी न बह जाएँ। किन्तु, आज ऐसे पाठकों की संख्या बहुत बड़ी है जिनकी चेतना छन्दों के सम्बन्ध में बहुत ही सूक्ष्म हो गई है और जो यह समझने लग गए हैं कि आदि से अन्त तक नपे-तुले चरणोंवाला अथवा शोर करते हुए अन्त्यानुप्रासों की लड़ियोंवाला पद्य गम्भीर कविता के सर्वथा अनुपयुक्त है।

पन्तजी ने यद्यपि छन्दों का बन्धन एकदम नहीं तोड़ा, किन्तु, वे नपे-तुले चरणों तथा जमते हुए अन्त्यानुप्रास की एकरसता से बचने को बहुत ही सचेष्ट रहे हैं। उच्छ्‌वास, आँसू तथा परिवर्तन नाम्नी कविताओं में उन्होंने एकरसता भंग करने के लिए अथवा भावों को जहाँ आवश्यकता आ जाए वहीं विराम देने के लिए अथवा जो भाव छन्द-विशेष की पंक्ति को सीमा से बाहर तक फैलना चाहते हैं उनके लिए वैसी ही व्यवस्था कर देने के उद्‌देश्य से एक ही पद में भिन्न-भिन्न आकर के चरण रखे हैं, जो अपना काम बहुत सुन्दरता से

करते हैं। ऐसी रचना की सफलता का मुख्य आधार कवि की लय-सम्बन्धी अद्‌भुत जागरूकता तथा हृदय की संगीतमयता है, जिसका एकत्र प्रमाण नीचे के इस पद में मिलता है जो पन्तजी की छन्द-सम्बन्धी योग्यता का एक आदर्श प्रमाण है।

आह, मेरा यह गीला गान।
वर्ण-वर्ण है उर का चित्रण,
शब्द-शब्द है सुधि का दंशन,
चरण चरण है आह
कथा है कण-कण करुण प्रवाह,
बूँद में है बाड़व का दाह।

पल्लव के बाद, पंतजी ने, प्रायः एक छन्द में ही एक पूरी कविता रचने का प्रयास किया है। किन्तु, यहाँ भी वह एकरसता से बचने को बहुत ही सतर्क रहे हैं। अन्त्यानुप्रास को वह, प्रायः कहीं भी प्रमुख होने नहीं देते। इस उद्‌देश्य की प्राप्ति के लिए उन्होंने दो साधनों से काम लिया है। या तो पदान्त के वर्णों को लघु बनाकर वे तुकों का जोर ही छीन लेते हैं अथवा इस जोर को तुक के पहलेवाले वर्ण पर डालकर पदान्त को हल्का कर देते हैं। जहाँ यह सब होता नहीं दीखता वहाँ वे काव्यगत अर्थ का जोर ऐसी जगह पर रखते हैं, जहाँ से अन्त्यानुप्रास काफी दूर हो, राधिका, ललितपद, ककुभ और रोला, सभी पुष्ट छन्दों का उनके हाथों में यही हाल है। सर्वत्र नहीं तो अधिकांश रचनाओं में उन्होंने अन्त्यानुप्रास के अन्तिम वर्ण को लघु बनाकर रखा है जिससे तुकों की प्रधानता नष्ट हो जाए और उनका प्रभाव असमंजसपूर्ण एवं अनिश्चित हो जाए। जब से पन्तजी कविताओं में सोचने लगे हैं, तब से इस अन्त्यानुप्रास के चमत्कारहरण की मात्र उनमें और भी बढ़ गई है और इसमें सन्देह नहीं कि यह प्रणाली उनकी चिन्ताधारा के बहुत ही अनुकूल पड़ी है।

सोलह मात्राओं का एक पद्धरी छन्द भी है, जिसने नई कविता के क्षेत्र में बहुत काम किया है। यह छन्द उल्लास और जागरण के भावों को वहन करने में बहुत ही समर्थ है। इसका प्रयोग बहुत दिनों से होता आ रहा था, किन्तु, वर्तमान युग में इसे जैसी ख्याति मिली वैसी पहले कभी नहीं मिली थी। श्री निर्गुण की 'तू नूतन वर्ष विहान जाग', श्री मिलिन्द की "मेरे किशोर, मेरे

कुमार" तथा रामसिंहासन सहाय मुख्तार 'मधुर' के राजस्थान-सम्बन्धी प्रगीत इसी छन्द में रचे गए हैं। इसके सिवा, हिन्दी के, प्रायः, सभी दिग्गज कवियों ने इस छन्द में अपनी कविताएँ रचीं और अब तो प्रत्येक नवागन्तुक कवि इसमें अपनी बातें बड़ी आसानी से कह लेता है। अभिनव भावों ने जब इस छन्द के माध्यम को सुगम पाया, तब इससे मिलते-जुलते कई अन्य छन्द भी इससे आ मिले। पद्धरी अथवा पद्धटिका की दो पंक्तियों का मिलित प्रवाह बहुत कुछ पिंगल के मत्त सवैया तथा शुद्धध्वनि छन्द से मिलता-जुलता चलता है। पन्तजी की "फैली खेतों में दूर तलक मखमल की कोमल हरियाली" अथवा बच्चनजी की "इस पार प्रिये मधु है तुम हो, उस पार न जाने क्या होगा" में उपर्युक्त तीनों छन्दों का मिलित प्रवाह बहता है और अब इसका चमत्कार इनमें से अकेले किसी एक छन्द से कहीं बढ़कर है। मात्र और यति की दृष्टि से यह नवीन छन्द नहीं है। किन्तु, कई प्रकार के प्रयोगों से इसमें जो एक विशेष प्रकार का प्रवाह आ गया है वह पूर्वोक्त तीनों छन्दों में से किसी भी एक के प्रवाह से अधिक अद्‌भुत और संगीत-पूर्ण है। पद्धटिका ने ही हिन्दी में एक दूसरे छन्द का जन्म दिया जिसका प्रयोग निरालाजी ने तुलसीदास नामक काव्य में किया है। इस रचना के प्रत्येक बन्द में पद्धटिका की तीन-तीन पंक्तियाँ रखी गई हैं और तीसरी पंक्ति के अन्त में चार मात्रएँ लघ्वन्त वर्णों के साथ जोड़ दी गई हैं, जिससे ऊपर की तीन पंक्तियों के अन्त्यानुप्रास का प्रभाव अन्तिम लघ्वन्त वर्ण पर आकर चूर-चूर हो जाता है और तुकों का चमत्कार अर्थ के गौरव पर कोई आवरण नहीं डाल सकता। पद्धटिका का यह रूप निरालाजी का आविष्कार है तथा यह कहना कठिन है कि 'तुलसीदास' में जी चमत्कार उत्पन्न हुआ है उसमें इस छन्द का अधिक हाथ है अथवा निरालाजी की विचारपूर्ण कल्पना का। इस शंका से यह बात भी प्रमाणित होती है कि जहाँ विचार-विशेष छन्द-विशेष के साथ घुल-मिलकर एकाकार हो जाते हैं वहाँ यही समझना चाहिए कि ऐसे विचार का एकमात्र माध्यम वही छन्द है तथा उस छन्द में प्रकट होने के लिए ऐसे ही विचार चाहिए।

चौदह मात्रओं का प्रसादी छन्द (आँसू में प्रयुक्त) भी नई कविता में खूब चला और इसमें, प्रायः, प्रत्येक छोटे-बड़े कवि ने अपनी कितनी ही सुन्दर रचनाएँ का हैं। यह छन्द उर्दू की "मफऊलो मफाईलुन, मफऊलो मफाईलुन' बहर के वजन पर निकला हुआ-सा लगता है किन्तु, वर्तमान हिन्दी कविता की

सम्भावनाओं के यह बहुत ही अनुकूल पड़ा है तथा करुण एवं विषण्ण भावों की अभिव्यक्ति इस छन्द में बड़े ही चमत्कार के साथ की गई है।

बच्चनजी ने हिन्दी में नए छन्दों की सृष्टि नहीं की है, किन्तु उर्दू की गजलों का प्रभाव उनकी कविताओं के भीतर से हिन्दी-कविता पर बहुत ही सुन्दरता के साथ पड़ा है। उनके 'निशा-निमन्त्रण' और 'एकान्त-संगीत' के अधिकांश गीत गजलों के अनुकरण पर बने हैं। गजलों की विशेषता यह है कि उनमें काफिया और रदीफ प्रधान होते हैं तथा उनके शेरों (दो पंक्तियों) में से प्रत्येक के भाव अलग-अलग हो सकते हैं। इसके सिवा, गजलों की भाषा बहुत ही साफ होनी चाहिए। गजलों की एक विशेषता मतला और मकता भी है। किन्तु, उनसे हमारा यहाँ कोई विशेष सम्बन्ध नहीं है। बच्चनजी ने गजलों से भाषा की सफाई, काफिया और रदीफ की प्रधानता और कुछ दूर तक, अलग-अलग शेरों में अलग-अलग भाव कहने की परिपाटी को ग्रहण किया है। उनके गीतों में, प्रायः, तीन या चार पद होते हैं। प्रत्येक पद गजल के एक शेर की तरह स्वतन्त्र होता है तथा प्रसंग से टूट जाने पर भी वह अपने ही बल पर स्वतन्त्र रूप से चमकने में समर्थ होता है। प्रत्येक पद के अन्त में एक ही शब्द बार-बार आता है जो रदीफ की परिपाटी है और उसके ठीक पहलेवाला शब्द, अन्य पदों के ऐसे ही शब्दों का तुक बनकर आता है, जो काफिये की नकल है। उदाहरणार्थ, 'आज कितनी दूर दुनिया' की टेक से मिलनेवाली पंक्तियों के अन्त में 'क्रूर दुनिया', 'सिन्दूर दुनिया' तथा ऐसे ही अन्य टुकड़ों में काफिया और रदीफ का निर्वाह नियमपूर्वक किया गया है। भाषा बच्चनजी की साफ और भाव प्रत्येक पद में अलग-अलग हैं जो गजल से उनके गीतों की समता स्थापित करने के विशेष प्रमाण हैं।

अभिनव हिन्दी-काव्य में छन्दों में जो परिवर्तन हुए हैं वे किसी प्रकार भी भावों के परिवर्तन से कम विचित्र और विशाल नहीं हैं। जितने प्रकार के भाव तथा मनोदशाएँ नई कविताओं में अभिव्यक्त हुई हैं, छन्दों में भी उसी परिमाण और प्रकार के विकार उत्पन्न हुए हैं। उन सभी की ओर एक विहंगम-दृष्टिपात भी इस छोटे-से लेख में सम्भव नहीं है। महादेवीजी के गीतों में, सियारामशरणजी तथा नरेन्द्रजी की कविताओं में और सबसे अधिक निरालाजी की रचनाओं में नए छन्दों की एक पूरी दुनिया ही खुलती जा रही है। नेपालीजी के समान कुछ कवि सिनेमा तथा उर्दू बहरों से भी बहुत अधिक प्रभावित होते

जा रहे हैं और छन्द के संसार में हिन्दी-कविता नित्य नए सुरों में गाने की ओर बहुत ही उन्मुख दीख पड़ती है। इस क्रम में नागरी लिपि की प्राचीन परिपाटी भी ढीली होती जा रही है। नागरी लिपि की विशेषता यह है कि इसमें हम जो लिखते हैं वही पढ़ते भी हैं। अब ऐसा लगता है कि लय के प्रवाह के अनुसार दीर्घ 'की' को ह्रस्व 'कि' तथा गुरु 'के' को ह्रस्व 'के' करके पढ़ना आरम्भ हो जाएगा। इसके सिवा निरालाजी ने छन्दों के बन्ध को तोड़कर जिस नवीन मार्ग का निर्माण किया था उस पर चलनेवाले कवि अब कुछ अधिक स्वतन्त्र तथा कभी-कभी उच्छृंखल भी होते जा रहे हैं। रामविलास शर्मा और अज्ञेयजी के जो प्रयोग चल रहे हैं उनका भी अन्तिम प्रभाव कविता को छन्दोबन्ध से मुक्त करनेवाला है। छन्दों के बन्धन से मुक्ति का अर्थ यह नहीं है कि छन्द हिन्दी-कविता के क्षेत्र से बहिष्कृत कर दिए जाएँगे। प्रत्युत्, यह कि अभी हिन्दी में छन्दों के सम्बन्ध में जो प्रयोग चल रहे हैं उनका परिणाम यह होगा कि छन्द के रहे-सहे बन्धनों का मोह भी कवियों के मन से दूर हो जाएगा और जहाँ कोई छन्द उनकी मनोदशा के अनुकूल पड़ेगा, वहाँ तो वे उसे ग्रहण करेंगे, किन्तु जहाँ मनोदशा की विशिष्टता किसी छन्द के माध्यम को प्रसन्नतापूर्वक स्वीकार नहीं करेगी, वहाँ नए प्रकार के मिश्रित छन्द अथवा छन्दोविहीन वाणी प्रधान हो उठेगी।

छन्द-स्पन्दन समग्र सृष्टि में व्याप्त है। कला ही नहीं, जीवन की प्रत्येक शिरा में यह स्पन्दन एक नियम से चल रहा है। सूर्य, चन्द्र, ग्रहमंडल और विश्व की प्रगतिमात्र में एक लय है जो समय के ताल पर यति लेती हुई अपना काम कर रही है। टेलेस्कोप, माइक्रोस्कोप, मनुष्य के निरावृत नेत्र तथा मनुष्य के मस्तिष्क के भीतर से विज्ञान ज्यों-ज्यों सृष्टि को देखता है, त्यों-त्यों उसे प्रत्यक्ष होता जाता है कि यह महान् सृष्टि एक अद्भुत सुर सामंजस्य के बीच बँधी हुई है, इस क्रम में छन्दोभंग नहीं होता, यतियाँ खिंचकर आगे नहीं जातीं, तथा समय अपना ताल देना नहीं भूलता है। समस्त कलाएँ इसी महान् स्वर-सामंजस्य से मानवात्मा के मिलने का प्रयास है। केवल स्वरावली कलाएँ ही नहीं, प्रत्युत चित्रण, मूर्ति और स्थापत्य की कलाएँ भी काट-छाँट, रूप और रंग के सन्तुलित प्रयोग से इसी सामंजस्य का अनुकरण करती हैं। जहाँ यह सन्तुलन नहीं हो पाता, वहाँ समय अपना ताल देना भूल जाता है, कला की कृतियाँ असम्बद्ध एवं नश्वर हो जाती हैं तथा सृष्टिगत सामंजस्य के साथ मानवात्मा का मेल नहीं हो पाता।

ऐसा लगता है कि सृष्टि के इस छन्द-स्पन्दनयुक्त आवेगा की पहली मानवीय अभिव्यक्ति कविता और संगीत थे। आरम्भ में कविता और संगीत दोनों एकाकार थे; मनुष्य के मुख से लय का जो आनन्द फूटा, उसमें शब्द और संगीत दोनों मिले हुए थे। लेकिन, जीवन का क्षेत्र ज्यों-ज्यों घनीभूत होता गया, ये दोनों कलाएँ भी एक दूसरी से स्वतन्त्र होकर अपना अलग-अलग विकास करने लगीं। पहले मनुष्य जो कुछ गा उठता उसे बहुत से लोग याद कर लेते थे और इस प्रकार शब्द और संगीत, एक-दूसरे के सहारे, अलिखित साहित्य के रूप में जी रहे थे। अब जहाँ एक ओर संगीत, शब्द की कठिन अधीनता को छोड़कर अलग बढ़ने लगा, वहाँ संगीत का नित्यबन्धन तोड़कर अच्छी-अच्छी कविताओं की भी स्वतन्त्र रूप से सृष्टि होने लगी, जिन्हें मनुष्य की स्मृति के भरोसे जीने को छोड़ देना निरापद नहीं था। कविताएँ लिखी जाने लगीं और इस लिखने के क्रम में लिखित साहित्य का जन्म हुआ। कई सदियों के बाद इन कविताओं के ढेर में मनुष्य की वैज्ञानिक बुद्धि ने प्रवेश किया। आलोचक और काव्य के वैयाकरण इन कविताओं में से, पूर्व-कवियों के प्रयोगों के आधार पर आनेवाले कवियों के मार्ग-प्रदर्शन के निमित्त नियम बनाने लगे। इस प्रकार, साहित्य में छन्दःशास्त्र की उत्पत्ति हुई।

कविता कला है, किन्तु छन्दःशास्त्र को विज्ञान कहना चाहिए। उम्र में कला सदैव विज्ञान से बड़ी रही है। पहले वे लोग आए जिन्होंने गाना गाया, कविताएँ रचीं, मकान बनाए, पट पर या पर्वत की कन्दराओं में चित्र और मूर्तियों की रचनाएँ कीं। तब वे लोग आए जिन्होंने इन रचनाओं को देखकर इसी प्रकार का काम करनेवाले अन्य लोगों के लिए स्थूल नियमों का विधान किया। इसका अभिप्राय यह नहीं है कि पहले आनेवाले कलाकार कला के नियमों से अनभिज्ञ थे; नहीं, कला के नियमों का उनमें भी वास था, परन्तु, गुण नहीं, प्रत्युत प्रवृत्ति के रूप में। इस प्रवृत्ति के अज्ञात संकेत पर कलाकार ने रचना की और जब वैयाकरण आया तब उसने नियम का विधान किया। किन्तु, यह विधान उसी कृति तक सीमित था जिसकी रचना हो चुकी थी। कलाकार की प्रवृत्ति अनन्त होती है; वैज्ञानिक इस अनन्तता का बोध नहीं प्राप्त कर सकता, क्योंकि, उसकी बुद्धि तो वहीं तक जाती है जहाँ तक कलाकार की सहज प्रवृत्तियाँ रचनाओं के रूप में प्रत्यक्ष हो चुकी हैं। इससे भी परे एक संसार है जो कला की कृतियों में नहीं उतरा है, जिसका कलाकार भी एक

धूमिल स्वप्न ही देख सकता है और जिसकी अभिव्यक्ति आनेवाले युगों के कलाकारों के लिए छूटी हुई है। किन्तु, वैयाकरण ने नियम बना दिए और जोर देकर कहा कि पहले के कलाकारों की रचनाओं में जिस नियम का प्रयोग हुआ है, आनेवाले कलाकार भी उसी नियम का उपयोग करें। क्योंकि, पहले के कलाकारों ने इसी नियम से कला की महान् कृतियों का निर्माण किया और आज अगर उसकी अवहेलना की जाएगी तो कला की श्रेष्ठ कृतियों का जन्म कैसे सम्भव हो सकता है?

ये सारी बातें साहित्य के सभी विद्यार्थियों को मालूम हैं, किन्तु, इस सामान्य ज्ञान से एक बात प्रत्यक्ष होती है कि प्राचीन साहित्य से विरासत में मिले हुए बन्धन वर्तमान अथवा भविष्य के कलाकारों के लिए बोझ नहीं हो सकते। अगर आज हमारी मनोदशाओं का मेल प्राचीन अथवा प्रचलित छन्दों से नहीं बैठता है तो हमें इसका अधिकार होना चाहिए कि अपने अनुरूप हम नए छन्दों का विधान कर लें, जिनके माध्यम से हमारी अनुभूतियाँ पूरे बल और चमत्कार के साथ प्रकट हो सकें। प्राचीनता के अनादर के पक्ष में यह दलील है कि पहले के सभी पंडित सर्वज्ञ और निश्चित रूप से गलती नहीं ही करनेवाले नहीं थे तथा छन्दःशास्त्र का विधान सदैव स्रष्टा कलाकारों के द्वारा ही नहीं, प्रत्युत्, उनके द्वारा भी हुआ है जो स्वयं कवि नहीं होकर निरे आलोचक अथवा वैयाकरण मात्र थे। किन्तु, नवीनता की ओर लम्बा डग मारनेवालों के लिए भी एक चेतावनी है कि छन्दों के क्षेत्र में दौड़कर चलना ठीक नहीं है, क्योंकि यहाँ बहुत परिश्रम करने के बाद भी पुरस्कार बहुत थोड़े मिला करते हैं!

प्रगतिवाद, समकालीनता की व्याख्या

साहित्य में प्रगतिवाद के प्रवेश से यह चिन्ता उठ खड़ी हुई है कि राजनीति का यह साहित्यिक अभियान किस प्रकार रोका जाए तथा साहित्य लिखनेवाले लोग किस प्रकार राजनीति के दूषित प्रभाव से बचाकर दूर रखे जाएँ, जिससे कला का आनन्दमय, सनातन रूप समकालीनता के संसर्ग से दूषित न हो। साधारणतः, ये आलोचक कला को एकमात्र सौन्दर्यानुभूति का माध्यम मानते हैं और पूरी सच्चाई के साथ विश्वास करते हैं कि ऐसी अनुभूति तभी सम्भव है जब कलाकार की शैली और द्रव्य समकालीनता से दूर हों तथा उसके विषय ऐसे हों, जिनका सामयिक अवस्थाओं से सीधा सम्बन्ध नहीं हो। उनकी दृष्टि में राजनीति के उच्छ्वासों से गर्म नई दुनिया और नए विचार, दोनों ही कल्पना एवं ज्ञानेन्द्रिय की सुखानुभूति के प्रतिकूल पड़ते हैं तथा अर्वाचीन साहित्य का भी केवल वही अंश उन्हें अच्छा लगता है जो जीवन के दाह से दूरवाले लोक से सम्बन्ध रखता है तथा जिसके पीछे उस कलाकार का व्यक्तित्व बोलता है, जो जीवन से कुछ थका हुआ, कुछ निराश अथच सुन्दर, मादक एवं तीखे स्वप्नों का प्रेमी और निर्माता है। इतना ही नहीं, प्रत्युत्, कभी-कभी वे साहित्य-कला को साहित्येतर शास्त्रों के सम्पर्क में पड़ते देखकर मन से दुखी हो जाते हैं और समझने लगते हैं कि ऐसी संगति से कला की नैसर्गिक शक्ति एवं शोभा का विनाश होता है तथा इस प्रकार उन उद्देश्यों को प्रधानता देने लगती है, जो उसके अपने उद्देश्य नहीं हैं। समकालीन प्रश्नों से उलझनेवाले लेखक

और कवि को वे प्रचारक या उपदेष्टा कहते हैं और कला के साम्राज्य में कोई स्थान देना नहीं चाहते।

साहित्य-रचना मनुष्य के मस्तिष्क की एक स्वाभाविक प्रक्रिया है जिसके विषय और द्रव्य किसी युग या वस्तु-विशेष तक ही सीमित नहीं रखे जा सकते। कला के रूप में साहित्य के प्रतिष्ठित होने का कारण यह नहीं है कि साहित्य में उन विचारों का निषेध होता है जो राजनीति, अर्थनीति, दर्शन या दूसरे साहित्य शास्त्रों में पाए जाते हैं, बल्कि यह कि जहाँ साहित्य की रचना सौन्दर्य-बोध की भावनाओं से ओतप्रोत मनोवेगों को लेकर की जाती है, वहाँ साहित्येतर शास्त्रों के निर्माण के आधार मीमांसा और बुद्धि के सामान्य सिद्धान्त होते हैं। यह सच है कि साहित्यकार उपदेष्टा नहीं, आनन्द विधाता होता है, किन्तु इसका यह अर्थ नहीं कि उसकी दृष्टि फूलों, युवतियों तथा नदी-पहाड़ तक ही सीमित रहती है अथवा सामयिक समस्याओं से उलझने का उसे कोई अधिकार नहीं होता। साहित्येतर शास्त्रों की रचना बुद्धि-प्रधान और साहित्य की रचना आनन्द-प्रधान होती है, किन्तु, जिस प्रकार, फूलों के पास कवि केवल आनन्द की भावना से खिंचकर जाता है, उसी प्रकार, सामयिक समस्याओं से भी वह रसानुभूति ही प्राप्त करता है। फूल हों या राजनैतिक समस्याएँ, कवि का लक्ष्य आनन्दानुभूति होता है; प्रचार उसके लक्ष्य का कोई अंश नहीं हो सकता। उसका काम संसार को कुछ सिखाना नहीं, प्रत्युत, उसे प्रसन्न करना है। स्वयं भी वह एकमात्र उसी आनन्द की खोज में रहता है, जो फूलों को देखने, शहीदों की समाधि पर आँसू बहाने, हृदयविदारक दृश्यों को सफलतापूर्वक चित्रित करने अथवा अपने हृदय के क्रोध, विश्वास, भय एवं ग्लानि के भावों को सुन्दरतापूर्वक व्यक्त करने से मिलता है। कलाकार का आनन्द सर्जन की प्रक्रिया का आनन्द है और फूलों का चित्र बनाकर उसे जो आनन्द मिलता है; वही आनन्द उसे काँटों की तस्वीर बनाने से भी मिलता है। कला की जननी कलाकार के हृदय की प्रसन्नता है। वर्ण्य विषय के प्रति सहानुभूति, आशा, विश्वास तथा तादात्म्य के भाव के बिना कला का जन्म नहीं हो सकता। साहित्य जीवन से ऊँचा नहीं किन्तु, प्रचार से बहुत ऊँचा है। किसी भी देश अथवा काल में प्रचार की हथेली पर साहित्य के असली पौधे न तो उगे हैं और न आगे उगेंगे। हाँ, उन रचनाओं की बात अलग है, जो एकमात्र प्रचार के ही उद्देश्य से लिखी जाती हैं और जिनका महत्त्व भी साहित्यिक न होकर केवल प्रचारात्मक ही होता है।

आज रूपर्ट ब्रुक और जूलियन ग्रे के देश में ही इस बात को लेकर चिन्ता की जा रही है कि जिस राष्ट्र के लाखों-लाख नौजवान युद्ध-क्षेत्रों में हँसते-हँसते अपने प्राण दे रहे हैं, उस देश में युद्ध-भावना को प्रेरित करनेवाली ओजस्विनी कविताएँ क्यों नहीं लिखी जा रही हैं। क्या कारण है कि जहाँ पहले विश्वयुद्ध के अवसर पर अंग्रेजी साहित्य में वीरता, बलिदान और युद्धान्माद की प्रेरणा पर जन्म लेनेवाली कविताओं की संख्या अनेक थी, वहाँ वर्तमान युद्ध के लिए वैसी एक भी कविता नहीं लिखी गई? यह प्रश्न काउन्सिल चेम्बर में बैठनेवाले कूटनीति के उन युद्धविशारद सूत्रधारों से करना चाहिए, जिन्होंने पहली लड़ाई में उच्चादर्शों के नाम पर कटनेवाले बहादुर सैनिकों के मनसूबों को युद्ध खत्म होने पर झूठा साबित कर दिया तथा इस प्रकार, साहित्य के पैरों के नीचे से उस विश्वास को खींच लिया, जिस पर चढ़कर वह युद्धोन्माद को प्रेरणा देता था। आज साहित्य को अपना भ्रम स्पष्ट दिखाई पड़ रहा है। वह स्पष्ट देख रहा है कि इस लंकाकांड के पीछे जिन कूटनीतिज्ञों का हाथ है, वे कहने को चाहे जो कुछ भी कहें, लेकिन कार्य उनके वे ही होंगे जो पिछली लड़ाई के बाद देखने को मिले थे। थोड़े लोगों का इसलिए बलिदान नहीं होना चाहिए कि अधिक लोग एक ऐसी समाज-शृंखला को कायम रखने में सहायता पाएँ जो आदि से अन्त तक अन्यायपूर्ण और दु:शील है। अगर युद्धोन्मादी देश युद्ध के भीतर से उसी पाप के साथ निकलने की कोशिश में हैं, जिसके साथ उन्होंने उसमें प्रवेश किया था तो स्पष्ट ही युवकों का लहू व्यर्थ बहाया जा रहा है। ऐसी परिस्थिति में तो शहीद होनेवाले वीरों की मृत्यु उन लोगों पर प्रश्न का चिद्‌द बनकर रह जाती है जो किसी प्रकार मृत्यु से बचे हुए हैं। लेकिन, परिस्थिति ऐसी है कि कवि अपने-आप को देश के वातावरण से तोड़कर अलग नहीं कर सकता। शरीर पर उसका अधिकार है, इसलिए वह अपना लहू युद्ध-देवता को अर्पित कर रहा है; किन्तु प्राणप्रेरक गीतों की रचना के लिए हृदय में प्रसन्नता और विश्वास चाहिए, जिसका उसमें सर्वथा अभाव है। कला की निरंकुश श्रेष्ठता का यह एक ज्वलन्त उदाहरण है कि इंग्लैंड का कवि जब शरीर से रणारूढ़ होकर हँसते-हँसते मरने जा रहा है, तब भी उसकी सरस्वती मूक और मौन है, क्योंकि न तो वह कवि को कलम छोड़कर तलवार उठाने से रोक सकती है और न तलवार के समर्थन में उसे गाने ही दे सकती है।

काव्य या साहित्य किसी भी रूप में प्रचार को उद्‌देश्य बनाकर नहीं चल

सकता। कविता का जन्म विस्मय और कुतूहल से हुआ था, धर्म और श्रद्धा की गोद में पलकर वह बड़ी हुई; बुद्धि के युग ने उसे प्रौढ़ता दी। अब अगर प्रचार-प्रसार उसका एकमात्र उद्देश्य बना दिया जाता है तो कविता की मृत्यु में किसी प्रकार सन्देह नहीं होना चाहिए।

लेकिन, आश्वासन का विषय है कि साहित्य के स्वभाविक प्रवाह को कोई भी बाह्य शक्ति स्वेच्छानुसार मोड़ या झुका नहीं सकती और प्रचार से साहित्य को मुक्त रखने के लिए इसकी आवश्यकता नहीं है कि हम लेखकों और कवियों को समकालीन भावों तथा विद्याओं के सम्पर्क में आने से रोकें, प्रत्युत् इस बात की कि वे-जो कुछ लिखें, उसमें उनका अपना विश्वास, अपनी प्रेरणा और अपनी अनुभूति बोलती हो। साहित्य स्वयं जागरूक और चैतन्य है तथा उसे जगाने की चेष्टा करना उसे चिढ़ाने के समान है। राजनीति की आँखें इतनी पैनी नहीं कि वह उससे आगे तक देख सके जहाँ तक साहित्य की सहज दृष्टि जाती है और साहित्य का हाथ भी इतना खाली नहीं कि वह राजनीति से काम माँगे। दरअसल, साहित्य, राजनीति, दर्शन और विज्ञान सबके सब, एक ही जीवन के भिन्न-भिन्न पूरक अंश हैं और मूलत: उनमें से कोई भी किसी का विरोधी नहीं है। शरत बाबू की राजलक्ष्मी, फ्रायड के उपचेतन-लोक की परी तथा डॉक्टर इकबाल की इस्लामपरस्ती ही मिस्टर जिन्ना का पाकिस्तान है। विद्याएँ और शास्त्र जितने भी हों, जीवन ही सभी का एक मात्र ध्येय है। जीवन की एक ही अवस्था की भिन्न-भिन्न लोगों की भिन्न-भिन्न अनुभूतियाँ पद्धतियों की भिन्नता के क्रम से कविता, राजनीति और विज्ञान बन जाती हैं।

बहुत दिनों से हम साहित्य को जीवन का सीधा अथवा वक्र प्रतिबिम्ब कहते आए हैं, क्योंकि समकालीन जीवन का रूप साहित्य में प्रतिफलित हुआ करता है। तब भी ऐसे लोग हैं जो साहित्य में समकालीनता के विरोधी हैं। उन्हें गम्भीरता से विचार करना चाहिए कि क्या कोई ऐसा भी साहित्यकार है जो अपने विषय अथवा अपनी शैली को समकालीन वास्तविकता से अत्यन्त दूर रखता हुआ भी यह दावा पेश कर सके कि समकालीन आर्थिक या राजनैतिक अवस्थाओं अथवा आन्दोलनों का, समकालीन ज्ञान और विद्याओं का, अपने वर्ग की प्रवृत्तियों का अथवा जिन लोगों से वह बचकर रहना चाहता है, उनके विरुद्ध घृणा या विरोध के आवेगों का उसकी रचना पर कोई प्रभाव नहीं पड़ा है? जीवन की कठोरताओं से भागकर स्वप्न में छिप जाना जितना सरल

दीखता है, दरअसल, वह उतना सरल नहीं है। कल्पित अनुभूतियों के जाल में छिपकर अपने को सुरक्षित समझनेवाला साहित्यकार इस बात से इनकार नहीं कर सकता कि उसकी बारीक-से-बारीक अनुभूतियों में, उसके सूक्ष्म-से-सूक्ष्म स्वप्नों में उस मिट्टी की गन्ध भरी हुई है, जिसमें वह उत्पन्न और विकसित हुआ है। अपने आपको पहचानने में असमर्थ साहित्यकार शुद्धकला की उपासना का स्वाँग भरता हुआ यह भले ही समझ ले कि वह जीवन के सभी प्रभावों से ऊपर उठकर लिख रहा है, किन्तु, यह सच है कि वह अपने विगत और वर्तमान संस्कारों के बिना, अपनी शिक्षा-दीक्षा, अध्ययन और सामाजिक अनुभूतियों के बिना साहित्य का एक टुकड़ा भी नहीं गढ़ सकता है। साहित्य की जननी कल्पना नहीं, बल्कि, स्मृति है और समृति की रचना और विकास कल्पित वेदनाओं तथा नकली अनुभूतियों से नहीं, प्रत्युत, पद्धतिबद्ध शिक्षाओं, मनुष्य तथा प्रकृति के संसर्ग एवं ऐतिहासिक तथा समकालीन ज्ञान के अर्जन से होता है। कला के सामाजिक उद्देश्य ही उसे चिरायु तथा लोकप्रिय बनाते हैं। इन उद्देश्यों को चरितार्थ करने के लिए यह आवश्यक है कि कलाकार अपने समय की धूप और गर्मी को समझे तथा उन सभी आन्दोलनों और विद्याओं का परिचय प्राप्त करे जिनका प्रभाव मनुष्य-जाति पर व्यापक रूप से पड़ता है।

समय और समाज के साथ अगर कला का प्रकृति-सिद्ध सम्बन्ध नहीं होता, तो कवि सदैव या तो आदिम जीवन की सरलता के गीत गाते अथवा श्रोताओं का कोई भी विचार रखे बिना अपने आनन्द और शोक के भावों को लिखने के बदले घर में उछल-कूदकर या सूने में बैठकर आँसू बहाकर व्यक्त करते—अखबारों, सभाओं, पुस्तकों और प्रचारों की उन्हें आवश्यकता ही नहीं होती। लेकिन, व्यवहार में ऐसा नहीं है। सभी युगों के कवि एक ही विषय पर कविताएँ नहीं लिखते और न कोई कवि अपनी रचना को जनता से छिपाता ही है।

सच पूछिए तो समाज में साहित्य का आदर ही विशेष प्रकार के साहित्यकारों के कारण होता है, जो अपने ही युग में अन्य लोगों की अपेक्षा अधिक जीवित और चैतन्य होते हैं। प्रत्येक युग अपने कवि तथा कलाकार की प्रतीक्षा करता है, क्योंकि उसके आगमन के साथ यह भेद खुलने लगता है कि उस युग की चेतना किस दिशा में तथा किस स्तर तक विकसित हुई है। प्रत्येक युग में समय के अन्तराल में गूँजने वाले अस्पष्ट नाद कुछ ही चैतन्य

लोगों को सुनाई देते हैं और साहित्यकार का स्थान इन्हीं कुछ लोगों में हुआ करता है। युग-निर्माण में साहित्यकार का हाथ नहीं रहता हो, यह बात नहीं है। साहित्यकला का सबसे बड़ा सामाजिक महत्त्व यह है कि इससे समाज बदलती हुई समकालीन प्रवृत्तियों से रागात्मक सामंजस्य स्थापित करने की योग्यता प्राप्त करता है। कवि अपनी कल्पना-धारा से वास्तविकता के रूप पर प्रभाव डालता है, उसमें समयानरूप परिवर्तन लाने की चेष्टा करता है और कविता के द्वारा मनुष्य को सत्य के इस बदलते हुए रूप की ओर उन्मुख करता है। कला भी एक माध्यम है जिसके द्वारा मनुष्य वास्तविकता से उलझने का सुयोग पाता है और उसे पचाकर आत्मसात् करने की कोशिश करता है। कवि अपनी चेतना की आग में वास्तविकता को तपाकर उसे मनोनुकूल रूप देता है। सर्जन के समस्त समारोह तथा कवि की सारी वेदनाओं का आधार वास्तविकता के इसी संघर्ष पर अवलम्बित है। सभी श्रेष्ठ कलाकारों को वास्तविकता के साथ इस प्रकार का क्रान्तिकारी संघर्ष सदैव करना पड़ता है—क्रान्तिकारी इसलिए, क्योंकि इस संघर्ष का लक्ष्य ही वास्तविकता के रूप को परिवर्तित करना तथा उसे कवि की इच्छित दिशाओं की ओर मोड़ देना है। कलाकार का अन्तर्जीवन एक ऐसा समर-क्षेत्र है, जिसमें हमेशा स्वर्ग तथा नरक एवं डूबते तथा उगते सूर्य के बीच संघर्ष चला करता है। इस प्रकार, बदलती हुई सामाजिक चेतनाओं के प्रति मनुष्यों की प्रवृत्तियों को बदलने के प्रयास से नई कला का जन्म होता है। नए प्रश्न और नई समस्याएँ कला को नया रूप देने में समर्थ होती हैं।

यह सच है कि मनुष्य की जन्मजात प्रवृत्तियों में से कोई भी उसे किसी काल में एकदम नहीं छोड़ देती, किन्तु, सामयिक चेतनाओं के अनुसार उनमें नए विकार उत्पन्न होते ही रहते हैं। यही कारण है कि उच्च-से-उच्च प्राचीन साहित्य के उपभोक्ता होते हुए भी हम केवल उसी तक सन्तोष नहीं कर लेते, अपने समय के लिए नया साहित्य चाहते हैं जो प्राचीन साहित्य की अपेक्षा हमारा अधिक अपना होता है। ज्यों-ज्यों मनुष्य की चेतना, उसके ज्ञान तथा दृष्टिकोण में नए परिवर्तन आते-जाते हैं, उसे अपना आदरणीय प्राचीन साहित्य उसके समकालीन जीवन से कुछ-कुछ बेमेल-सा लगने लगता है और वह नए-पुराने, सभी भावों की ऐसी अभिव्यक्ति सुनना चाहता है, जिससे उन भावों के सम्बन्ध की सामयिक अनुभूतियाँ व्यंजित हों। वाल्मीकीय रामायण के रहते हुए रामचरितमानस की तथा रामचरितमानस के रहते हुए साकेत की प्रतीक्षा

और आवश्यकता बहुत ही स्वाभाविक और उचित है। अकबर के समय में रामचरितमानस के पात्रों के सम्बन्ध में पाठकों की जो अनुभूति थी आज के पाठकों की ठीक वही अनुभूति नहीं है। ऐसा भी होता है कि एक ही भाव की दो भिन्न युगों के कवि दो भिन्न रूपों में व्यक्त करते हैं। सतरहवीं सदी का कवि जिस भाव को—

कहा कहौं छवि आज की, भले बने हो नाथ,
तुलसी मस्तक तब नवै, धनुष बान लो हाथ।

कहकर व्यक्त करता है, बीसवीं सदी का कवि उसी भाव को—

उठा दो वे चारों करकंज, देश को लो छिगुनी पर तान,
और मैं करने को चल पड़ू, तुम्हारी युगल मूर्ति का ध्यान।

कहकर व्यक्त करता है।

कहा जा सकता है कि यह वैयक्तिक अनुभूति की भिन्नता है जो एक ही भाव को दो भिन्न कवियों के मुख से, दो भिन्न रूपों में व्यक्त कराती है। यह एक प्रकार से सच है क्योंकि एक ही युग के दो भिन्न व्यक्ति अथवा कई युगों के कई भिन्न व्यक्ति आपस में भिन्न होते हैं; उनकी अनुभूतियाँ भिन्न-भिन्न और उनके कहने के ढंग भी अलग-अलग होते हैं। लेकिन, यहाँ संस्कार एवं चेतना के सामाजिक तथा कालिक आधार भी विचारणीय हैं, जिनके कारण एक युग का समाज दूसरे युग के समाज से पृथक पहचाना जाता है। प्रत्येक युग का अपना व्यक्तित्व होता है जो उसे अन्य युगों से बिलकुल विभक्त कर देता है। यही कारण है कि एक युग के कवि दूसरे युग के किसी समानधर्मा की अपेक्षा अपने ही युग के किसी विरोधी कवि के अधिक समीप होते हैं। बीसवीं सदी की मीरा राणा की मीरा की अपेक्षा आज की सुभद्रा के अधिक समीप है तथा रीतिकालीन श्रृंगारिक कवि अपने समस्त वैयक्तिक प्रभेदों के रहते हुए आज के श्रृंगारिक कवियों की अपेक्षा अपने ही युग के सन्त कवियों के अधिक समीप पड़ेंगे। प्रत्येक युग की अपनी विशेषताएँ, अपनी चेतनाएँ, अपनी समस्याएँ तथा अपना झुकाव होता है। इसलिए, एक युग का साहित्य किसी दूसरे युग का हृदय ठीक उसी तरह से नहीं छू सकता, जिस तरह उसका अपना साहित्य छू सकता है। गम्भीर हो या छिछला, सुन्दर हो या असुन्दर, प्रत्येक युग

में उसका समकालीन साहित्य ही प्रधान होता है, क्योंकि इसी साहित्य में उसका अपना ताप, उसकी अपनी व्यथा तथा उसके अपने आवेग ध्वनित होते हैं।

गलत या सही तौर पर प्रगतिकामी कहकर हम अर्वाचीन साहित्य के जिस अंश को कलाविहीन तथा स्थूल कहते हैं, वह समकालीन जीवन की ही व्याख्या का प्रयास है। प्रगतिवाद की दृष्टि केवल सौन्दर्य-बोध पर नहीं है, वह जीवन को उन तमाम विद्याओं के माध्यम से देखने की कोशिश कर रहा है जो जीवन की समकालीन समस्याओं की व्याख्या के रूप में उत्पन्न हुई हैं और जो अपने व्यापक प्रसार के कारण उन सभी लोगों के लिए आवश्यक हो रही हैं, जो समाज की वर्तमान दुस्वस्थाओं को ईमानदारी से समझना चाहते हैं। प्रगतिवादी साहित्य की अभी जो अवस्था है उसमें हम सौन्दर्यबोध की प्रेरणा से अधिक इस भावना का प्राधान्य पाते हैं कि कवि और लेखक जीवन को, समीप से समीपतर होकर, समझने की चेष्टा करें। लेकिन, ठीक या गलत दिशा में जीवन बहुत दूर निकल चुका है, किन्तु, साहित्य अपनी परम्परागत रुचि-शिष्टता तथा स्वाभाविक आभिजात्य के कारण जीवन के बहुत से समकालीन उपादानों को गोद में लेते हुए शरमाता है। वह नहीं चाहता कि ईथर ;म्जीमतद्ध से उतरकर वह कारखानों के धुओं से सेवित मिट्टी पर पैर रखे। उसे बराबर इस बात का ध्यान है कि कहीं उसके उज्ज्वल परिधान में धुओं के धब्बे न लग जाएँ। जीवन में अब तक जिन लोगों की प्रधानता थी, यह उन्हीं का संस्कार साहित्य में बोल रहा है। लेकिन, अब 'नूरेवशीरत आम' हो रहा है और वे लोग भी जीवन के मुख्य स्तर पर आ रहे हैं जो दलित, उपेक्षित तथा समाज के मान्य वर्ग की दृष्टि में असभ्य थे। इन ऊपर आनेवाले लोगों के साथ एक नई संस्कृति भी ऊपर आ रही है जो साहित्य में अपनी अभिव्यक्ति चाहती है। इन दो संस्कारों के संघर्ष के बीच साहित्य को यह चुनाव करना है कि वह किसका साथ देगा। अब तक जो कुछ लिखा गया है, उससे स्पष्ट सिद्ध होता है कि साहित्य का ईमान दलितों और उपेक्षितों के साथ है, किन्तु परम्परागत मोह के कारण वह उन संस्कारों से अब भी लिपटा हुआ है, जिनके विरुद्ध खड़ी होनेवाली क्रान्ति के प्रति उसका रुख सहानुभूतिपूर्ण है। जब-तब वह इस आलोचना को सुनकर भी सिर झुका लेता है कि प्रगतिवादी साहित्य में कला के निखार, रस और माधुरी के उद्रेक तथा साहित्य के स्वाभाविक वातावरण का स्पष्ट अभाव है। साहित्य में प्रगतिवाद का आविर्भाव किसी कलात्मक अथवा

सौन्दर्य-बोध-विषयक जागरण का सूचक नहीं है, क्योंकि अभी तक उसके प्रति जनता के आकर्षण का कारण उसकी कलात्मक शोभा नहीं, प्रत्युत्, समकालीन जीवन के प्रति अत्यंन्त श्रद्धा और आस्था के भाव हैं। इस दृष्टि से प्रगतिवाद ने अब तक साहित्य की शैली नहीं, वरन्, उसके द्रव्य में उत्क्रान्ति की है। किन्तु, साहित्य के रसास्वादन के क्रम में उसकी शैली का रस उसके द्रव्य के रस से अलग करके नहीं चखा जा सकता। किसी भी साहित्य के चमत्कार की उत्पत्ति में उसके प्रतिपाद्य द्रव्य (विषय) का बहुत बड़ा हाथ रहता है। द्रव्य ही स्वानुरूप शैली को भी जन्म देता है, किन्तु, जन्म लेने के बाद शैली द्रव्य के साथ मिलकर एकाकार हो जाती है तथा उससे अलग तोड़कर देखी नहीं जा सकती। फिर, द्रव्य पर अनुरूप शैली का भी प्रभाव पड़ता है और दोनों मिलकर रचना में चमत्कार उत्पन्न करते हैं। लेकिन, साहित्यिक क्रान्तियों में वास्तविकता की जाँच करनेवाली नई कसौटी, मूल्यांकन के नए ढंग, जीवन-सम्बन्धी नवीन दृष्टिकोण तथा रचना के नए द्रव्य सदैव पहले आते हैं। और आने के बाद वे अपने अनुरूप नई शैली को जन्म देकर अपने को पूर्ण रूप से अभिव्यक्त करते हैं। प्रगतिवाद ने द्रव्य मात्र से जनता का प्रेम प्राप्त कर लिया है। द्रव्यानुरूप शैली के मिलते ही वह उन लोगों की भी श्रद्धा का अधिकारी हो जाएगा जो आज उसे सन्देह की दृष्टि से देख रहे हैं।

साहित्य की स्वाभाविक प्रक्रिया अनुभूतियों का ग्रहण और उनकी कलात्मक अभिव्यक्ति है। लेकिन, ऐसा दीखता है कि सारा विवाद इस अनुभूति को लेकर ही उपस्थित होता है। कुछ आलोचकों की राय में अनुभूति का अर्थ चिकने-घने केशों, प्रेमी की आँखों, नदियों के प्रवाह और पर्वतों की शोभा तक ही सीमित मालूम होता है। वे शायद, हठपूर्वक यह मानते हैं कि अनुभूति सिर्फ प्राकृतिक शोभा, प्रेम, विरह तथा ईश्वर-परक भावों की होती है, क्योंकि ये भाव सार्वभौम तथा सर्वकालीन हैं। पेट की पीड़ा अथवा शीत से ठिठुरनेवाले की वेदना की अनुभूति, अनुभूति नहीं, प्रचार है। प्रगतिवाद की राजनीति-प्रियता के कारण वे उसे सन्दिग्ध दृष्टि से देखते हैं और भ्रमपूर्वक यह समझते हैं कि समकालीन विषयों को साहित्य में उतारनेवाले लोग साहित्य नहीं, बल्कि, राजनीति का काम बना रहे हैं। ऊपर कहा जा चुका है कि साहित्य राजनीति का सेवक नहीं और न उसका विरोधी ही है। दोनों का एकमात्र लक्ष्य जीवन है और दोनों की प्रेरणाएँ भी जीवन से ही आती हैं। राजनीति, साहित्य, दर्शन

और विज्ञान भिन्न-भिन्न किसानों के समान हैं, जो एक ही खेत में भिन्न-भिन्न बीज बोकर भिन्न-भिन्न फसलें काटते हैं। लेकिन, यदि ये बीज एक ही मौसम में बोये जाएँ, तो यह स्वाभाविक ही है कि उपजे हुए दानों में जल-वायु तथा सर्दी-गर्मी के विचार से एक प्रकार की समानता होगी, किन्तु, इस समानता के रहते हुए भी गेहूँ गेहूँ और चना चना ही रहता है।

राजनीति से इस प्रकार घबराना साहित्य में आत्मविश्वास के अभाव का सूचक है; और यह साहित्य पर राजनीति के आक्रमण का दृष्टान्त भी नहीं है। यह तो प्रबुद्ध जीवन के आवेगमय अभियान का दृश्य है जिसके जुए में साहित्य और राजनीति दोनों को अपनी गरदनें लगानी पड़ती हैं। यह तो साहित्य और राजनीति की होड़ का दृष्टान्त है कि जीवन के समर में दोनों में से किसकी तलवार अधिक कारगर साबित होती है। मनुष्य जन्मना कवि होता है तथा जो बातें कवि को राजनीतिज्ञों से विभक्त करती हैं उन्हें किसी मनुष्य में भर देने की सामर्थ्य न तो किसी व्यक्ति-विशेष में है और न किसी दल-विशेष में। पार्टी के प्रस्ताव अथवा हुकूमत के फरमानों से कला का जन्म नहीं हो सकता। तब यह क्यों समझा जाता है कि सुन्दर स्त्री, सुन्दर फूल तथा सुन्दर पक्षी के सम्बन्ध की ही अनुभूतियाँ सच तथा बाकी सब की सब केवल प्रचार हैं? अगर मुलायम केशों के स्पर्श-सुख की याद में तड़पने के लिए किसी निर्देश की आवश्यकता प्रतीत नहीं होती, तो विशाल दलित-समुदाय की दुरवस्थाओं की अनुभूति के पीछे किसी राजनैतिक दल के संकेत की अनिवार्यता की कल्पना क्यों की जाती है? अपने आस-पास के लोगों के दुख-दर्द को समझने के लिए, पराधीनता के पाश में छटपटाते हुए देश की आकुलता का अनुभव करने के लिए, संसार को हिलानेवाले शक्तियों की वन्दना करने के लिए अथवा अन्याय के विरुद्ध उत्तेजना देने के लिए न तो आनन्द-भवन में रहना आवश्यक है, न क्रेमलिन में। जिस कलाकार की आँखें खुली हुई हैं, जिसमें मनुष्यता का कोई भी अंश शेष है, जिसके कान संसार के आर्त्तनाद को सुन रहे हैं, जो अपने युग में अच्छी तरह जी रहा है तथा जो सदैव जागरूक और चैतन्य है, वह चाहे जहाँ भी रहे, उसका हृदय उभरेगा ही, उसकी भुजाएँ फड़केंगी ही और मार्क्स का साहित्य वह न पढ़े, किन्तु, अपनी अनुभूतियाँ वह उसी वेग से लिखेगा जिस वेग से जीवन अपने अभियान की तैयारी करता है। कवि को किसी राजनैतिक दल के सिद्धान्तों की विवेचना नहीं पत्युत, उन अवस्थाओं की काव्यात्मक अनुभूति

व्यक्त करना है जिनके भीतर से राजनैतिक सिद्धान्त भी पैदा होते हैं। पन्तजी की 'युगवाणी' मार्क्स के 'कैपिटल' का अनुवाद नहीं प्रत्युत्, उन्हीं सामाजिक अवस्थाओं की कविकृत अनुभूति है जिनकी राजनैतिक अनुभूति 'कैपिटल' या 'कम्युनिस्ट मेनिफेस्टो' कहलाती है। और अगर कला को हम पल-पल विकसित होनेवाले ज्ञान-कोष से भिन्न कर दें, वैज्ञानिक-विश्लेषण-पद्धति के संसर्ग से अलग रख दें, संसार को हिलानेवाली सामाजिक तथा राजनैतिक शक्तियों के संक्रमण से दूर कर दें, संक्षेप में, समकालीन जीवन के संघर्षों से एकदम अलग हटा लें, तो इसका सम्बन्ध किन तत्त्वों से रह जाएगा? स्पष्ट ही, तब कला वासना और प्रेम की वन्दिनी, वैयक्तिक चेतना और सनसनाहट की दासी तथा अस्पष्ट एवं अनुपयोगी स्तरों पर भटकनेवाली उन्मादिनी होकर रह जाएगी और उसके उपासक, शायद, उसके इस शून्य रूप को देखकर स्वयं भी प्रसन्न हुआ करें, किन्तु, समाज उन्हें अधपगला ही कहेगा।

क्रान्ति जन-समूह को जगाकर उसे नई संस्कृति पर तरंगित होनेवाले जीवन की ओर प्रेरित करती है। क्रान्ति-प्रेरित जाति साहित्य में सबसे पहले अपनी ही जाग्रत भावनाओं को प्रतिष्ठित देखना चाहती है। राजनीति अपना काम अच्छी तरह कर रही है। जीवन का आदेश है कि साहित्य भी नई आग में अपने सोने को अच्छी तरह तपाए, नए इतिहास के निर्माण में अपना योग दे और राजनीति ने जिस सत्य की सृष्टि कर दी है उसके मुँह में जीभ धर दे। यह काम केवल कला को पूजनेवाले साहित्य से नहीं हो सकता। अकेली कला इस तूफान को अपनी साँसों से बाँधने में असमर्थ है। साहित्यकार की दिलचस्पी आज जीवन के एक अंग से नहीं, बल्कि, पूरी सामाजिक वास्तविकता से होनी होगी। उसे आज संसार को केवल कवि ही नहीं, राजनीतिज्ञ, वैज्ञानिक और दर्शनवेत्ता की दृष्टि से भी देखना पड़ेगा। आज की दुनिया में कला की सुन्दर कृतियों के निर्माणमात्र से कलाकार के कर्तव्य की इति-श्री नहीं हो सकती, प्रत्युत्, उसे सामाजिक सिद्धान्तों को भी स्थापित करना पड़ेगा। और इसके लिए उसे विचारों का कवि, विचारों का उपन्यासकार तथा, संक्षेप में, अभिनव संस्कृति का सन्देशवाहक बनना पड़ेगा। कला में शुद्ध आत्माभिव्यंजन का स्थान कभी नहीं था और आज तो उसकी बात भी चलाई नहीं जा सकती। संक्रान्ति-काल का यह निश्चित और व्यापक परिणाम है कि कोई कलाकार जीवन से भागकर शुद्ध-कला के देश में नहीं छिप सकता। शुद्ध कला नाम की कोई चीज अभी

नहीं है; उसका समय, शायद खत्म हो चुका या आगे आनेवाला है।

जब दुनिया में चारों ओर आग लग गई हो, मनुष्य हिस्टीरिया में मुब्तिला हो और कौमें पगले कुत्तों की तरह आपस में लड़ रही हों, जब पराधीन जातियाँ अपनी तौकें उतार फेंकने के लिए बड़े-बड़े आन्दोलन चला रही हों और साम्राज्यवाद उन्हें कसकर बाँधने के लिए नई-नई कड़ियाँ गढ़ रहा हो, जब युद्ध के अन्त नए युद्ध के बीज बो रहे हों और मिनट-मिनट पर हृदय को हिला देनेवाले संवाद कान में पड़ रहे हों, तब कौन ऐसा कलाकार है जो अपनी वैयक्तिक भावनाओं को उचित से अधिक महत्त्व देने की धृष्टता करेगा? क्रान्ति, विप्लव और संघर्ष के समय में नैतिकता के साधारण नियम अप्रमुख हो जाते हैं। आज साहित्य को वैयक्तिक अनुभूतियों की अपेक्षा स्वभावतः ही, उन सार्वजननी अनुभूतियों को अधिक महत्त्व देना है जिनके कारण पृथ्वी अशान्त एवं मनुष्य के लहू से लाल है तथा पहाड़ उखड़कर समुद्र में डूब जाना चाहते हैं। यह काम तो वही लेखक या कवि कर सकता है जो साधना-चटुष्टय के वृत्त से निकल चुका है; जिसने केवल पुस्तकों का अमृत ही नहीं, जीवन का दूध भी पिया है; धूप में जिसके रंग सूखते नहीं, आँधी में जिसकी घटाएँ फटती नहीं तथा जिसकी आँखें राजनीति के महानद तक ही नहीं, उसके पार भी देख सकती हैं। जीवन अपनी गौरव-पताका को उठाए आगे जा रहा है। अब साहित्य सोच ले कि उसे क्या करना है। क्या वह मानव-मन के अप्रमुख स्तरों पर अनुसन्धान करने में अपनी शक्तियों का अपव्यय करेगा, 'क्लासिक' और 'अकेडमिक' होकर रह जाएगा या उन लोगों के साथ चलेगा जो भविष्यत् के कोट पर कब्जा करने जा रहे हैं?*

---

* बिहार-प्रान्तीय प्रगतिशील लेखक-संघ के प्रथम अधिवेशन (जनवरी, 1944) में स्वागताध्यक्ष के पद से पढ़े गए अभिभाषण से।

काव्य-समीक्षा का दिशा-निर्देश

“जिस जाति ने अच्छी कविताएँ नहीं की हैं, उसमें अच्छे समालोचक भी उत्पन्न नहीं हो सकते”—इस कथन में कुछ तथ्य-सा मालूम पड़ता है; क्योंकि समालोचना केवल नीर-क्षीर-विवेक नहीं है, बल्कि, यह उन समस्त कलाकौशलों के विश्लेषण का नाम है जिनके द्वारा कलाकार अपनी कृति में सौन्दर्य तथा अलौकिकता उत्पन्न करता है। साहित्य जब बुद्धि के सामने स्पष्ट और कल्पना के सामने उद्दीप्त हो उठता है, कला के अलौकिक वातावरण में जब हम अपनी क्षुद्रताओं से ऊपर उठते हैं तब हमारे मन में एक जिज्ञासा उठती है कि इस काव्य में इतनी सुन्दरता क्यों है? यह इतना प्रभावशाली कैसे बन पड़ा? क्या कारण है कि इसके पढ़ने से हमारे मन की अवस्था वैसी नहीं, ऐसी होती है? जहाँ यह जिज्ञासा उठती है, वहीं समालोचना का प्रथम प्रयास प्रारम्भ हो जाता है। इसलिए, जब कोई रसिक व्यक्ति, आत्मा में निर्भीकता और हृदय में विनम्रता लेकर, अपनी सारी कलात्मक प्रवृत्तियों को जाग्रत रखते हुए, दृष्टि को गम्भीर तथा रस-ग्राहिता को व्यापक बनाकर किसी कलापूर्ण कृति का रहस्योद्घाटन करने बैठता है तब हम उसे समालोचक के नाम से पुकारते हैं। समालोचना का उद्देश्य साहित्य के गाम्भीर्य की थाह लेना है। सच्चा समालोचक दूसरों की कृति पर सम्मति प्रकट करने की कला का प्रचार नहीं करता, बल्कि, वह यह बतलाता है कि किसी कृति के निर्माण में किन प्रवृत्तियों तथा किस कौशल से काम लिया गया है।

साहित्य को हम जीवन की व्याख्या मानते आए हैं। किन्तु, जीवन और उसकी इस व्याख्या के बीच एक माध्यम है जो व्याख्याता, कवि या कलाकार का निजी व्यक्तित्व है। प्रकृति के अंग-अंग में हमारे लिए जो एक अर्थपूर्ण सन्देश सन्देश निहित है, उसे हम स्वयं ग्रहण नहीं कर सकते। हमारे लिए उसे कवि ही ग्रहण करता है और कवि जब इन सन्देशों का रागोत्तेजक चित्र हमारे सामने रखता है तब उसके चारों और, उसके निजी व्यक्तित्व का, पारदर्शी शीशे जैसा आवरण लगा रहता है। कलाकार की मानसिक अवस्था-विशेष में जीवन अपने जिस अर्थ में प्रकट होता है, उसी के भावमय चित्रण को हम साहित्य कहते हैं। जीवन अथवा प्रकृति का जो प्रतिबिम्ब हम साहित्य में देखते हैं, वह पहले कलाकार के हृदय पर पड़ा था। उस प्रतिबिम्ब ने कलाकार के हृदय का रस पिया है उसकी कल्पना के रंग में भींगकर सत्य की अपेक्षा अधिक सुन्दरता प्राप्त की है, कवि की निजी भावनाएँ उसमें समा गई हैं और तब कहीं जाकर उसे साहित्य बनने का सुयोग प्राप्त हुआ है। कवि, चाहे वह कितना भी निर्लिप्त क्यों न हो जीवन की व्याख्या करते हुए, अपने दृष्टिकोण को नहीं भूल सकता क्योंकि अपनी दृष्टि उसके लिए स्वाभाविक है और, स्वाभावत: वह जो कुछ कहेगा, अपनी ही दृष्टि से कहेगा। उस कथन में उसका व्यक्तित्व समाविष्ट हो जाता है। इसलिए, कलाकार के व्यक्तित्व का ज्ञान उस हद तक, जिस हद तक वह उसकी कृतियों में प्रतिबिम्बित होता है, हमारे लिए आवश्यक है। समालोचना यद्यपि काव्य के पीछे-पीछे चलती है, तथापि चूँकि वह इस व्यक्तित्व का विश्लेषण करती है, इसलिए उसका भी अपना महत्त्व है। साहित्य का अनुसरण करते हुए वह भी स्वयं स्वतन्त्र साहित्य बन जाती है—स्वतन्त्र इस अर्थ में कि कलाकार के व्यक्तित्व का विश्लेषण करते हुए वह भी एक प्रकार से जीवन की ही व्याख्या करती है।

सैकड़ों-हजारों परिभाषाओं के होते हुए भी मनुष्य की इस जिज्ञासा का शाब्दिक समाधान नहीं हो पाया है कि काव्य है क्या? तात्त्विक समाधान, शायद, उसी दिन हो चुका जब यह प्रश्न उठा था, जब मनुष्य ने काव्य की विचित्रता तथा उसकी अनिर्वचनीय शक्ति से मुग्ध होकर उसके विश्लेषण का श्रीगणेश किया था। व्यापक मतभेदों के होते हुए भी अधिक लोग यह मानते हैं कि कविता का उद्देश्य आनन्द का सर्जन है। इस आनन्द-भावना को जाग्रत करने के लिए कवि हमारे हृदय से बातें करता है, मस्तिष्क से नहीं। जो वस्तु

आनन्द-सर्जन पर अपने को समाप्त नहीं करती, जिसका मुख्य सम्बन्ध हमारे स्थूल व्यापारों से है, उसमें सबसे पहले विज्ञान की भाँति तर्कसिद्ध स्पष्टता का होना अनिवार्य है। किन्तु, कविता का असल तत्त्व ही ऐसा है जो तर्क की भाँति बुद्धि के सामने स्पष्ट नहीं हो सकता, जिसे वाणी विज्ञान की सफाई के साथ अभिव्यक्त नहीं कर सकती। विश्व की सुन्दर-से-सुन्दर कविता भी उन अनावृत रूप में शब्दों में नहीं उतर सकी जिसमें वह प्रथम-प्रथम कवि के स्वप्न में खिली थी। कविता एक अस्पष्ट स्वप्न है जो साकार होते-होते अपनी आदि छवि की झलक खो बैठता है। जो लोग कविता को आनन्द की अस्पष्ट अनुभूति बतलाते हैं, वे भी एक सत्य की ही अभिव्यक्ति कर रहे हैं; क्योंकि बहुधा कवि द्रष्टा होकर बोलता है और उस समय उसकी वाणी पर एक रहस्यमय अन्धकार-सा छाया रहता है।

समालोचक जब सौन्दर्य के इस धूमिल विश्व में प्रवेश करता है तब उसे मालूम होने लगता है कि उसका कर्म कितना कठिन है; क्योंकि यह वह संसार है जहाँ मस्तिष्क जब तक जाँच-परख की तैयारी करे, तब तक हृदय हाथ से निकल भागता है। इस धुँधले वन में पथ दिखाने के लिए उस ज्योति के सिवा दूसरा आलोक नहीं है, जो समालोच्य कवि की कल्पना से फैलती है। आप जब एक बार इस कूचे में आ गए तब फिर अपने विचारों के प्रदीप को बुझा दीजिए और उसी प्रकाश में आगे बढ़िए जो स्वयं कवि की प्रतिभा से निःसृत हो रहा है। जिन लोगों ने अपनी मशालों के सहारे इस दुर्गन्ध पथ पर पैर रखा, उन्होंने गलती की। इस जादू के देश में समालोचकों ने जितनी गलतियाँ की हैं, साहित्य के अन्य विभाग में, शायद, उतनी नहीं हुई होंगी। किसी ने कविता को जीवन की व्याख्या कहलर शेली का तिरस्कार किया, किसी ने उत्तेजक कल्पना को काव्य की आत्मा मानकर वडर्‌सवर्थ का अनादर किया, किसी ने राग और कल्पना की भाषा को काव्य समझा, किसी ने संगीतमय चिन्तन को, किसी ने 'वर्तमान और हस्तगत के प्रति असन्तोष' को इसका प्रधान लक्षण माना, किसी ने इसे उमड़ती हुई भावनाओं की अभिव्यक्ति कहा और प्रत्येक ने उन कवियों को अपूर्ण अथवा अकवि समझा जो उसकी बुद्धि के वृत्त में, उसकी परिभाषा के दायरे में, अपने पंख समेटने पर भी नहीं समा सकते थे। जिसे एक ने कवि कहा, दूसरे ने उसी को अकवि समझा। यह गलती हुई और तब तक होती जाएगी जब तक हम अपनी बुद्धि और रुचि के मापदंड से

साहित्य की मर्यादा मापते चलेंगे। साहित्य का विराट आकार किसी भी सीमा के अन्दर बँध नहीं सकता। काव्य क्या है और क्या नहीं है, इस पर अपनी मति स्थिर करके समालोचना करने से हम किसी भी कवि के साथ न्याय नहीं कर सकते। काव्य क्या है, इस प्रश्न पर अगर आप नपा-तुला सिद्धान्त बनाने चलेंगे, तो आपके सामने इससे भी विशाल प्रश्न उठेगा कि प्रकृति के अन्दर क्या है जो काव्य नहीं है। अगर आप इस दूसरे प्रश्न को पहले उठाएँगे तो आपके सामने यह समस्या खड़ी होगी कि प्रकृति के अन्दर ऐसा क्या है जो स्वयं काव्य है। कवि-प्रतिभा साहित्य के अन्दर सबसे विलक्षण शक्ति है। वह किसे काव्य बना देगी, इसका अनुमान करना कठिन है। कवि आनन्द का सर्जन करता है और जहाँ उसे इसका अवसर मिलेगा, वहीं वह कविता का रूप खड़ा कर लेगा। विश्व में ऐसा कोई भी तृण नहीं जो कवि के लिए नगण्य हो। बाह्य विश्व की वस्तुएँ कविता का प्रतीक नहीं होतीं। कविता तो कवि की आत्मा का आलोक है, उसके हृदय का रस है जो बाहर की वस्तु का अवलम्ब लेकर फूट पड़ती है। जब कवि के जीवन में कविता की ऋतु आती है तब वह अन्तरतम में एक बेचैनी का अनुभव करने लगता है। उस समय उसे यह तो पता चल जाता है कि दिल का यह दर्द कुछ कहना चाहता है, किन्तु, क्या कहना चाहता है, इसका ज्ञान उसे तब तक नहीं हो पाता जब तक किसी वस्तु या विषय-विशेष का अवलम्बन लेकर वह कहना शुरू नहीं कर दे! कविता भाव-समूह का आन्दोलन है। कवि की आत्मा जब उभार पर आती है, जब काव्यात्मक भावों का सतरंगा समुद्र लहरा उठता है, तब उसके रंग से पर्वत भी रंगा जा सकता है और मरु भी; पर्वत और मरु न तो स्वयं काव्य हैं, न काव्य को जगानेवाले उपकरण। कवि के अन्तर में जब तक रस का स्रोत बह रहा है, जब तक हृदय की कोंपल जीवन अथवा प्रकृति से रस ग्रहण करने की ओर चैतन्य है तब तक बहाना मात्र से उसकी प्रतिभा चमत्कार दिखलाती रहेगी। किन्तु, जिस दिन कवि की भावना अन्धी हो जाएगी, उस दिन हिमालय से लेकर थार तक, सागर से लेकर पुष्प तक उसकी प्रेरणा को कोई भी जगा नहीं सकेगा। कविता भी कवि की सृष्टि है और जिस प्रकार यह विचित्रतापूर्ण सृष्टि महत्त्व के अन्तराल से फूटकर निकल पड़ी, बाहर से नहीं आई, उसी प्रकार काव्य भी कवि के हृदय से ही आता है, बाहर से नहीं।

कवि-कला के रहस्योद्गम को अधिक समीप से देखने के लिए इस प्रश्न

पर सोचने की आवश्यकता है कि तर्क को अन्धा बना देनेवाले काव्य के इस चमत्कार का कारण क्या है? जो बातें हम कविता में कहते हैं, उन्हें हम गद्य में कह सकते हैं या नहीं? वस्तुतः कल्पना, कोमल चिन्तन, रागपूर्ण और ओजस्विनी अभिव्यंजना, जो काव्य के तत्त्व हैं, गद्य में भी हो सकते हैं और होते भी हैं; किन्तु उन्हें हम कविता नहीं कहते, बल्कि एक उपसर्ग जोड़कर गद्य-काव्य कहते हैं, जिसका अभिप्राय यह है कि काव्यात्मक अभिव्यंजना से जिस गद्य की शक्ति और सुन्दरता बढ़ जाती है, वह औसत गद्य से ऊपर उठ जाता है, पर वह काव्य का पद नहीं पाता। रवि बाबू की बँगला गीतांजलि और अंग्रेजी अनुवाद में भाव, कथानक, अलंकार और शैली में तनिक भी भेद नहीं है। फिर क्या कारण है कि अनुवाद में हम वह आनन्द नहीं पाते जो मौलिक गीतों में मिलता है? क्या कारण है कि कविता का अन्वय करने पर उसका सौन्दर्य छिन्न-भिन्न हो जाता है, मानो पत्तियों पर के ओसकण हथेली पर आकर टूट-फूटकर पानी बन गए हों और उनकी पहली चमक, ताजगी और आकर्षण-शक्ति नष्ट हो गई हो? 'गिरा-अर्थ जल-बीचि सम, कहियत भिन्न न भिन्न' की तरह काव्य और अन्वय तो एक ही हैं, फिर सौन्दर्य में भिन्नता क्योंकर हुई?

प्रधान न कहकर भी मैं कहूँगा कि इसका एक कारण है छन्द। आज की हवा काव्य को छन्द के बन्धन से मुक्त कर देना चाहती है। लोग कहते सुने जाते हैं कि काव्य-निर्माण में छन्द एक साधारण सहायक-सा है जिसके न रहने से भी काव्य काव्य ही रहेगा। अगर छन्द का महत्त्व इतना ही भर मानें, तो भी मानना पड़ेगा कि गद्य की अपेक्षा छन्दोबद्ध वाणी रागात्मक आनन्द को उत्तेजित करने में अधिक समर्थ है। यह बात भी ध्यान देने योग्य है कि तमसा के पुलिन पर जो प्रथम काव्य-धारा फूटी थी, वह गद्य के रूप में नहीं थी। जिस दिन आदि कवि के मुँह से श्लोक निकला था उसी दिन इस बात का प्रमाण मिल गया था कि जब मनुष्य का हृदय किसी असाधारण आवेश में बाहर निकलना चाहता है, तब उसकी भावना गेय हो उठती है। मेरे जानते, छन्द काव्य-कला का सहायक नहीं, बल्कि, उसका स्वाभाविक मार्ग है। कविता हमें रुक्ष और स्थूल से उठाकर अलौकिक तथा मधुर आनन्द के देश में पहुँचाती है और इस प्रकार हम गद्य अथवा जीवन की नियमित शुष्कता से जितना अधिक ऊपर उठ सकें, कवि-कला की सफलता उतनी अधिक मानी

जानी चाहिए। गद्य हमें स्थूल अथवा जीवन की एक-रसता की तरफ खींचता है; इसके प्रतिकूल छन्द, संगीत की तरह, हमारी कोमल एवं सूक्ष्म प्रवृत्तियों को जाग्रत करता है। यही कारण है कि कवि-भावना साधारणत: छन्दों में अपनी राह बनाती आई है। कविता के पार्श्व में काव्य कहकर हम जो गद्य को बिठा रहे हैं, उसका भी न्यूनाधिक श्रेय छन्द को ही है। ऊपर कहा जा चुका है कि आवेश की वाणी गेय बनकर निकलना चाहती है और उसे जब हम गद्य में व्यक्त करते हैं तब भी वह छन्द की लय को नहीं भूलती, गद्य में भी अपने लिए छन्द का एक क्षीण प्रवाह बनाती चलती है। विश्लेषण के उपरान्त, यह जानना कठिन नहीं कि गद्य भी काव्य बनने के लिए छन्दों के प्रवाह की सहायता लेता है। मेरे विचार से ऐसे साहित्य को गद्य-काव्य न कहकर कवि या गायक का गद्य कहना अधिक उपयुक्त होगा।

किन्तु, जहाँ काव्य की बारीकियों की छान-बीन करनी होगी वहाँ हम छन्द को अधिक महत्त्व नहीं दे सकते, क्योंकि पद्य-बद्ध होने से ही कोई वाणी कविता नहीं हो जाती। कवि कब और किस चातुरी का प्रयोग करके कविता में सौन्दर्य और आकर्षण उत्पन्न कर देगा, इसकी सीमा नहीं बाँधी जा सकती। विश्व-साहित्य में अगणित समीक्षा-पुस्तकों के रहते हुए भी कला में अविश्लिष्ट नूतनता का सिलसिला नहीं टूट सका है, और इसका श्रेय कवि-प्रतिभा को ही है जो अपरिमेय और अजेय है। समीक्षा-शास्त्र का बड़ा-से-बड़ा पंडित भी, कभी-कभी ऐसी कविताओं के सामने आ जाता है, जिनके सौन्दर्य से वह अभिभूत तो हो जाता है, किन्तु उस कला का पता नहीं लगा सकता जिसके द्वारा वह सौन्दर्य उत्पन्न किया गया है। मनुष्य की तर्कमयी चेष्टा जिस तत्त्व के रहस्योद्घाटन में असफल हो जाती है, उसे वह अनिर्वचनीय अथवा ईश्वरीय कहकर चुप हो जाता है। कवि-प्रतिभा एक ऐसा ही विलक्षण तत्त्व है, जिसका सन्तोषप्रद विश्लेषण अब तक नहीं हो सका और जिसे मनुष्य की पराजित बुद्धि ने ईश्वरीय देन कहकर सन्तोष कर लिया है। तर्क ने इस रहस्य के मूल तक जाने की चेष्टा न की हो, यह बात नहीं है। काव्य-शास्त्र का निर्माण करके तर्क ने कवि-कला के अनेक रूपों का अलंकारों में नामकरण किया, उसके बारीक-से-बारीक तत्त्वों के मूल में प्रविष्ट होकर यह देखने की कोशिश की कि कवि अपनी कृति में अलौकिक आकर्षण किस प्रकार लाता है; फिर भी ऐसी कविताएँ बनती ही गईं जिनके सौन्दर्य का भेद काव्य-शास्त्र के लिए ज्ञानातीत

रहा। सम्पूर्ण अलंकार-शास्त्र का पांडित्य रखते हुए भी जब हम तुलसी के काव्य-जगत् में प्रवेश करते हैं, तब चौपाइयों के बाद ऐसी चौपाइयाँ मिलने लगती हैं, जिनके प्रभाव में रस अथवा अलंकारों का महत्त्व, कारणरूप से, नगण्य-सा लगता है, किन्तु जिनके पढ़ते ही हमारी आँखें छलछला पड़ती हैं और ऐसा मालूम होने लगता है, मानो स्वयं हमारे ही अन्दर कोई आनन्दमयी वेदना जग पड़ी हो और हृदय के तन्तु पर—मर्म के तार पर—आघात कर रही हो। जब तक काव्य अपनी पूर्णता को नहीं पहुँच पाता तब तक हम अलंकार और काव्य-शास्त्र के नियमों से उसे थाह सकते हैं। पर, ज्यों ही कवि अपने सच्चे संसार में पहुँचकर आवेश की अवस्था में बोलने लगता है, उसी समय उसकी वाणी अपरिमेय हो जाती है और जो विश्लेषण-पद्धति उसे थाहने को चलती है वह स्वयं उसकी गम्भीरता में डूब जाती है। तब कहीं थाहनेवाले को यह भान होने लगता है कि अलंकार अथवा शास्त्रीय नियमों की सीमा के बाद भी काव्य की एक बड़ी अलौकिकता अविश्लिष्ट रह जाती है। रवि बाबू की 'आवार आह्वान' और 'निझरिर स्वप्नभंग' को मैं इसी श्रेणी की कृति मानता हूँ, जिसकी थाह काव्य-शास्त्र के लिए असम्भव है। समालोचना शायद वहीं पूर्ण हो सकती है जहाँ कविता अपूर्ण हो। जब कविता अपनी निखिल पूर्णता में प्रकट होती है, तब समालोचना पंगु, अतः अपूर्ण रह जाती है।

काव्य की इस गोतीत माया के कारण को शास्त्रीय नियमों से बाँधा नहीं जा सकता। इसमें सन्देह नहीं कि रस और अलंकार के सिद्धान्तों ने कवि-कला की बहुत-सी बारीकियों का पता लगा लिया है। अलंकारों के प्रयोग से काव्य में विस्मयकारी सौन्दर्य उत्पन्न हुआ है। जिन कवियों ने उनका उपयोग पूरी शक्ति से किया वे सफल भी हुए हैं। साथ ही, एक ही अलंकार भिन्न-भिन्न कवियों द्वारा प्रयुक्त होकर भिन्न-भिन्न परिमाणों की सुन्दरता दिखलाता रहा है, जिससे यह ज्ञात होता है कि जिस कवि को प्रतिभा जितनी बड़ी होती है, अलंकारों का वह जितना अधिक सुन्दर प्रयोग कर सकता है, उसकी कविता में उतना ही अधिक प्रभावशाली चमत्कार उत्पन्न होता है। अतएव, मैं अलंकारों के महत्त्व को नहीं भूल सकता, किसी प्रकार भी उनका अनादर नहीं कर सकता, क्योंकि अलंकारों ने काव्य-कौशल के बहुत-से ऐसे भेद खोले हैं, जो अन्यथा अविश्लिष्ट रह जाते। उनके द्वारा मनुष्य के ज्ञान की वृद्धि हुई है। अलंकार-शास्त्रों के द्वारा पाठकों ने काव्य में वह आनन्द पाया है जो साधारणतया उन्हें

नहीं मिल सकता था। किन्तु मेरा कथन केवल इतना ही है कि काव्य में, कभी-कभी, ऐसा चमत्कार भी दीख पड़ता है जिसे काव्य-शास्त्र समझा नहीं सकता। किसी कौशल का नामकरण कर देने से ही उसका विश्लेषण नहीं हो जाता है। विश्लेषण के लिए हमें अधिक गहराई में उतरना पड़ता है। काव्य में यह गहराई अन्तर्दृष्टि की है जिसकी थाह तर्क पा ही नहीं सकता। कला की सर्वोच्च कृतियाँ कवि की जन्मजात रहस्यमयी सहज प्रवृत्तियों के बल पर उत्पन्न होती है और जहाँ काव्य में चमत्कारपूर्ण प्रभाव उत्पन्न करने के लिए कवि अपनी इस प्रवृत्ति से अधिकाधिक काम लेता है वहीं कला अपनी चरम विजय से आह्लादित हो उठती है।

जनसाधारण में एक धारणा-सी फैली हुई है कि कवि की दृष्टि बड़ी सूक्ष्म होती है। यह भी कहते सुना गया है कि कवि के चार आँखें होती हैं—दो भीतर और दो बाहर। जिसे सर्वसाधारण अपने चर्मचक्षु से नहीं देख पाता, कवि अपनी अन्तर्दृष्टि से उसे भी देख लेता है। कहावत चल पड़ी है, "जहाँ न जाए रवि, तहाँ जाए कवि।" हँसी-हँसी में कवि-प्रतिभा की विलक्षणता का समर्थन करने के लिए, अथवा कवि की उस शक्ति की प्रशंसा करने के लिए जो अनिर्वचनीय है, हम 'अन्तर्दृष्टि' आदि के प्रयोग का औचित्य भले ही स्वीकार कर लें, किन्तु वस्तुतः कवि के भी दो ही आँखें होती हैं और जहाँ तक देखने का सम्बन्ध है, उसकी दृष्टि भी उसी प्रकार सीमित है जैसे किसी साधारण मनुष्य की। भिन्नता द्रव्य-समूह में से सार चुन लेने तथा प्रभावोत्पादक ढंग से उसे कह देने में है। अपने ही साहित्य से एक उदाहरण लीजिए। दशमी की चाँदनी छिटकी हुई है। नदी के किनारे एक राजमहल खड़ा है, जिसका प्रतिबिम्ब जल में पड़ रहा है। दिशा शान्त तथा चाँदनी का रूप गम्भीर हो रहा है। कहीं हलचल या कम्पन का नाम नहीं है। सारा दृश्य एक अलौकिक, गम्भीर सौन्दर्य से आवृत दीखता है। आप, हम और पन्तजी, सभी इसे देखते हैं—और जहाँ तक केवल देखने का सम्बन्ध है, सभी एक-सा देखते हैं। परन्तु, हम नहीं जानते कि इस दृश्य के किस तत्त्व को किन शब्दों में कह दें कि सारी तसवीर खिंच जाए। पन्तजी यह कला जानते हैं और कहते हैं—

कालाकाँकर का राजभवन, सोया जल में निश्चिन्त, प्रमन।

रेखांकित शब्दों के प्रयोग पर ध्यान दीजिए। आपको मानना पड़ेगा कि

ये शब्द अपने में पूर्ण हैं। दृश्य को शान्ति और गम्भीरता इन शब्दों में साकार हो रही है। कवि ने यह बतला दिया है कि 'सोया' और 'निश्चिन्त' शब्द, जिनका हम रोज ही प्रयोग करते हैं, अभिव्यक्ति के लिए कितने शक्तिशाली हैं, उनमें चित्र और अर्थपूर्णता किस मात्र में छिपी हुई है। ऐसा मालूम होता है कि महावाणी का सारा चमत्कार प्रवाहित होकर इन दो शब्दों में पुंजीभूत हो गया हो।

फिर भी, इसमें कवि की बड़ाई इसलिए नहीं है कि उसने सूक्ष्म निरीक्षण किया है अथवा उसका शब्द-कोष विशाल है। यह तो उसकी उस महाशक्ति का चमत्कार है, जिससे वह सम्पूर्ण दृश्य में से मूल तत्त्व को विभक्त कर सकता है; यह उसकी उस जन्मजात प्रवृत्ति का फल है जिसके द्वारा वह समूचे शब्द-कोष में से केवल उन्हीं शब्दों को चुन सकता है जिन्हें देखकर हम कह उठते हैं, मानो ये शब्द केवल इसी स्थल के लिए बने हों। शब्द-चयन की कसौटी पर कवि-कला की जैसी परीक्षा होती है वैसी, शायद, अन्यत्र नहीं हो सकती। विशेषणों के प्रयोग के समय शब्द चुनने के क्रम में ही कवि भाषा के स्रष्टा का गौरवपूर्ण पद प्राप्त करता है। शब्दों का स्वभाव है कि प्राचीन होते-होते वे अपनी ताजगी, शक्ति और सुन्दरता खो बैठते हैं। अधिक प्रयोग से उनमें एकरसता आ जाती है और उनका अर्थवृत्त संकुचित हो जाता है। कवि नवीन प्रयोगों के द्वारा उनके सौन्दर्य और शक्ति को पुनरुज्जीवित करता है। भाषा पर शब्द के अभाव का लांछन लगाकर जो कवि निरंकुशता का दावा करता है वह शक्तिशाली नहीं हो सकता। उसकी प्रतिभा सीमित है। अतएव उसे दुर्बल कहना चाहिए। सच्चे कवि नए शब्द भी गढ़ते हैं और प्राचीन शब्दों की पूरी शक्ति को भी नवीन तथा प्रतिभापूर्ण प्रयोगों के द्वारा जाग्रत और प्रत्यक्ष करके भाषा का बल बढ़ाते हैं। शब्दों के रूप, गुण और ध्वनि से जितना सम्बन्ध कवि को है, उतना किसी अन्य साहित्यकार को नहीं। अतएव भाषा की अभिव्यंजना-शक्ति की वृद्धि कवि को करनी ही चाहिए; जिसमें यह शक्ति नहीं है उसे कवि कहकर हम कवि-प्रतिभा का अनादर करते हैं।

काव्य-रचना के सिलसिले में कवि-मानस की सबसे बड़ी द्विधापूर्ण स्थिति उस समय उत्पन्न होती है, जब वह अपनी कल्पना की अभिव्यक्ति के लिए अनुकूल तथा शक्तिशाली शब्दों के चुनने की चिन्ता करता है। और इसी कार्य की सफलता से उस महान् आश्चर्य का जन्म होता है जिसके सामने

समालोचना पराजित हो जाती है। जो लोग कविता को उन्माद की अवस्था में किया गया पागल का प्रलाप समझते हैं वे गलती करते हैं। कविता ऐसी आसान चीज नहीं है। जगी हुई हलकी भावुकता चाहे झटपट कुछ गा ले, परन्तु गम्भीर काव्य का दर्शन समाधियों के बाद होता है। इसके अपवाद वे भी नहीं हो सकते जो कवियों में सम्राट् माने जाते हैं। प्रतिभा की वह परिभाषा बिलकुल ठीक है जिसमें उसे एक प्रतिशत प्रेरणा तथा निन्यानबे प्रतिशत परिश्रय का योग कहा गया है। शब्द-चयन ही कविता की वास्तविक कला है और इसके बिना कविता में कलात्मकता आ ही नहीं सकती।

अल्प वय में मरनेवाला कवि कीट्स, जिसे अपना पूर्ण सन्देश देने का अवसर मिला ही नहीं, आज शेक्सपियर का समकक्ष समझा जा रहा है। जीवन के अन्तर्द्वन्द्वों के ज्ञान और अनुभूति की गम्भीरता के विचार से कीट्स इस विराट कलाकार के सामने बौना से भी छोटा है। और इस दृष्टि से एक ही साँस में दोनों का नाम ले लेना कीट्स को अत्यधिक गौरव देना है। किन्तु, कला का सम्बन्ध 'क्या' की अपेक्षा 'कैसे' से अधिक है। 'हम क्या कहते हैं' यह एक बड़ी बात अवश्य है, परन्तु कला में इसका महत्त्व 'हम कैसे कहते हैं' से अधिक नहीं है और जहाँ कवि-शक्ति की व्याख्या कला के शब्दों में होती है वहाँ कीट्स को आप शेक्सपियर के पास से दर नहीं कर सकते; क्योंकि अपनी पंक्ति-पंक्ति में उसने यह परिचय दिया है कि उसकी अन्त:प्रेक्षिणी शक्ति बड़ी ही प्रबल थी। महाकवि वह है जो अपने शब्दों के मुँह में जीभ दे दे। इस दृष्टि से कीट्स महाकवि है, क्योंकि उसके शब्द बोलते हैं और उसके विशेषणों में चित्रों को सजीव कर देने की शक्ति है।

काव्य-कला की इस सूक्ष्मता को देखते हुए, यह सोचते हुए कि सर्वोच्च कविताओं में शास्त्रीय ज्ञान की अपेक्षा कला का अनिर्वचनीय चमत्कार अधिक रहता है, यह प्रश्न उठना स्वाभाविक है कि "तब समालोचक की योग्यता क्या होनी चाहिए?" अर्थात् "काव्य समीक्षा का अधिकारी कौन है?"

लेख के प्रारम्भ में ही कहा गया है कि समालोचना काव्य को अन्तर्धाराओं का विश्लेषण है, जिसमें सफलता पाने के लिए समालोचक को काव्य की गहराई में उतरकर उस बिन्दु पर जाना पड़ता है जहाँ से कविता या कला जन्म लेती है। अतएव, समालोचक में यह योग्यता होनी चाहिए कि वह उन समस्त मानसिक दशाओं का अनुभव कर सके जिनमें से होकर कवि अपनी कृति

के अन्तिम बिन्दु पर पहुँच सका है। दिल से दिल को राहत है, हृदय हृदय को जान लेता है; मनुष्य से लेकर पशु तक में यह गुण परिव्याप्त है; इसलिए अगर समालोचक संवेदनशील होकर कवि की कल्पना के साथ, जहाँ वह द्रुतगामिनी हो वहाँ क्षिप्र गति से चलकर, जहाँ वह विलास करने को रुक जाए वहाँ धैर्यपूर्वक ठहरकर, जब वह आगे बढ़े तब आगे बढ़कर, जब वह पीछे मुड़े तब पीछे मुड़कर कवि के भावों का अनुसरण करे तो वह कभी-न-कभी उसके हृदय के उस उत्स को अवश्य पा लेना जहाँ से कविता फूटती है। सच्चे आलोचक की रस-ग्राहिणी वृत्ति को उदार होना चाहिए तथा उसमें यह योग्यता होनी चाहिए कि वह प्रत्येक प्रकार की कविताओं को सहानुभूतिपूर्वक समझ सके। अगर ऐसा नहीं हुआ, तो बहुत सम्भव है कि वह कई कवियों के साथ न्याय नहीं कर सकेगा। उसकी दृष्टि इतनी व्यापक होनी चाहिए जो समालोच्य कृति के समग्र वातावरण को एक झाँकी में देख सके, क्योंकि जिस प्रकार चित्रकला में हम पूरी तसवीर को एक निगाह से देखकर अपनी सम्मति, अंशों को छोड़कर, सम्पूर्ण चित्र पर ही स्थिर करते हैं, उसी प्रकार काव्य की भी वास्तविक समीक्षा तभी हो सकती है जब उसके अंशों पर जोर न देकर पूरी कृति पर ध्यान दिया जाए।

गुण और दोष का विभाजन समालोचक का आंशिक कर्म अवश्य है, परन्तु उसका प्रधान काम कवि की चातुरी का भेद खोलना है, क्योंकि इसी प्रकार के विश्लेषणों से वह पाठकों के काव्यानन्द की मात्र में वृद्धि करता है। पाठक समालोचक का इसलिए कृतज्ञ है क्योंकि पाठक स्वयं जो कुछ पा सकता है समालोचक उसे उससे अधिक पाने के योग्य बनाता है।

कवि की विशेषताओं का निर्देश समालोचना का दूसरा प्रधान उद्देश्य होना चाहिए। ऐसा करने में बहुधा उसे समानधर्मा कवियों से समालोच्य कवि की तुलना करनी पड़ती है और समीक्षा का यह तुलनात्मक प्रसंग, स्वभावतः ही, कटु होता है। अपने कर्म की इस स्वाभाविक कटुता के कारण आलोचक कवि की निन्दा करने को भी बाध्य हो सकता है, किन्तु यह उसके कर्तव्य का कोई आवश्यक अंग नहीं है। काव्यगत चमत्कार से गद्गद होकर वह कवि की प्रशंसा भी कर सकता है, किन्तु प्रशंसा ही उसका एकमात्र उद्देश्य नहीं हो सकता। समालोचना निन्दा और स्तुति दोनों में से कुछ न होकर भी दोनों है। सच तो यह है कि समालोचक कलम लेकर अपने समालोच्य कवि को बुरा

या भला कहने न बैठकर सिर्फ इसलिए बैठता है कि वह उस पद का निर्धारण कर सके जिसका समालोच्य कवि पूर्ण रूप से अधिकारी है।

समालोचक में सबसे बड़ी आवश्यकता उस शक्ति की है जिसके द्वारा वह कवि की मनोदशाओं का अनुभव करता है। कविता रचने और उसका आनन्दोपभोग करने की शक्तियाँ भिन्न वस्तुएँ हैं, किन्तु ऐसा दीखता है, मानो दोनों का जन्म किसी समय एक ही बिन्दु से हुआ होगा। जहाँ तक कल्पना के अनुसरण का सम्बन्ध है, रसिक भी कविवत् भावुक होता है; वह स्वयं तो कविताएँ नहीं रच सकता, परन्तु दूसरे लोग जो कुछ रचते हैं उसका आनन्द वह बे-खुदी के साथ उठा सकता है। नीर-क्षीर विवेकवाली समालोचना का गुण एक बिलकुल भिन्न चीज है, काव्यानन्दोपभोग से उसका कोई नैसर्गिक सम्बन्ध नहीं हो सकता। यह गुण प्राप्त किया जाता है, अत: यह आधिभौतिक और स्थूल है। कोई गुरु अपने शिष्य को—अगर उसमें रसिकता की जन्मजात प्रवृत्ति न हो—यह नहीं सिखा सकता कि काव्य का उन्मत्तकारी आनन्द कैसे उठाया जाता है। परन्तु, वह उसे यह पाठ तो पढ़ा ही सकता है कि दूसरों की कृति पर सम्मति कैसे प्रकट करनी चाहिए। कहा जा चुका है कि यह बाह्य विवेचन समीक्षा का निकृष्ट अंग है, किन्तु गम्भीर और ऊँची तथा सच्ची आलोचना तब तक नहीं लिखी जा सकती जब तक समालोचक में कविता की वह सहज प्रवृत्ति न हो जो रचना या उसके आनन्दोपभोग का मूल कारण होती है। जो लोग यह समझते हैं कि समालोचना सीखने की चीज है वे गलती करते हैं। यह भी उसी प्रकार जन्मजात है जैसे कवित्व। अगर समालोचना साहित्य के गाम्भीर्य की थाह अथवा उसके अपरिमेय तत्त्वों का विवेचन है तो समालोचक में कविवत् भावुकता, चिन्तन की कोमलता, भावों की प्रवीणता और रसग्राहित होनी ही चाहिए; अन्यथा वह उन मनोदशाओं के धूमिल विश्व में पहुँच ही नहीं सकता जिनमें कविता की सृष्टि की जाती है। संक्षेप में, सच्चे समालोचक की आत्मा सुन्दर कवि की आत्मा होती है और वह, बहुधा, कवि ही हुआ करता है।

साहित्य और राजनीति

वर्तमान हिन्दी कविता की भूमि में आज एक कोलाहल-सा छा रहा है। लोग कहते हैं कि प्रगतिवाद के माध्यम से राजनीति साहित्य पर चढ़ी आ रही है और जिस कला-कक्ष में फूल और पत्तों की सजावट होनी चाहिए थी उसमें मजदूरों के गन्दे चिथड़े, चिमनियों का धुआँ और खेतों की धूल भरती जा रही है। शुद्ध कला के उपासकों को यह जानकर चिन्ता हो रही है कि साहित्य राजनीति के हाथ का रण-वाद्य बनता जा रहा है और उसके प्राणों की कलामयी दीप्ति दिनोंदिन क्षीण होती जा रही है।

दूसरी ओर प्रगतिवाद के उन्नायकों का वह दल है जो शुद्ध कला की कृतियों को आनन्द एवं पलायन का प्रयास कहकर उसकी हँसी उड़ाता है तथा सच्चे मन से विश्वास करता है कि जब जीवन में संघर्ष की आँधी चल रही हो, दुनिया की कौमें हिस्टीरिया में मुब्तिला होकर आपस में पगले कुत्तों की तरह झगड़ रही हों तथा पराधीन राष्ट्र अपने गले की तौकें उतार फेंकने के लिए बड़े-बड़े आन्दोलन चला रहे हों, ऐसे समय में कवि का अपनी वैयक्तिक अनुभूति के माया-बन्ध में बँधा रह जाना जीवन के प्रति साहित्य की दायित्वहीनता का प्रमाण है। प्रगतिवादियों का यह दल चाहता है कि समाज की इस संकटपूर्ण घड़ी में साहित्य अपने कल्पना के माया-लोक से उतरकर पृथ्वी पर आए और मनुष्य को उन समस्याओं पर विजय प्राप्त करने में सहयोग दे जो आज समग्र विश्व को आपादमस्तक हिला रही हैं। प्रगतिवाद का आग्रह है कि लेखक

और कवि अपनी अनुभूति के वृत्त को अधिक विस्तृत बनाएँ तथा उस विशाल जनसमुदाय की ओर भी देखें जो बहुत दिनों से उपेक्षित और विषण्ण रहा है। संसार की संस्कृति पर कब्जा करने के लिए सर्वहारा का जो विशाल समुदाय निम्न स्तर से उठता हुआ ऊपर की ओर आ रहा है, प्रगतिवाद उसे आगे बढ़कर गले लगाना चाहता है तथा साहित्य को निष्क्रियता से खींचकर उस मार्ग पर आरूढ़ करना चाहता है जिसका सीधा प्रसार भविष्य की ओर है।

प्रगतिवाद को मैं हिन्दी-कविता का कोई नया जागरण नहीं मानता। खड़ी बोली की कविता में जागरण की एक ही लहर आई थी जिसे हम छायावाद के नाम से जानते हैं; और 1920 ई. से लेकर आज तक कविता के क्षेत्र में जो भी रूपान्तर देखने को मिले हैं वे इसी जागर्ति के परिपाक की प्रक्रिया के परिणाम हैं। काव्य का जागरण-काल वह होता है जब जनता कविता की विलक्षणताओं के प्रति आकृष्ट होती है। प्रगतिवाद के प्रति जनता की वर्तमान अनुरक्ति का कारण प्रगतिशील रचनाओं की कलात्मक विलक्षणताएँ नहीं, प्रत्युत् उनके भीतर से दमकनेवाले सामयिक जीवन का तेंज है। जनता की अनुरक्ति अथवा कौतूहल के आधार पर किसी आन्दोलन को काव्य की जागर्ति का प्रमाण मानने के पूर्व हमें जनता को यह भी समझा देना चाहिए कि जो बातें कविता में कही जाती हैं वे ही बातें, कला के चमत्कार के विनाश के बिना, वाद्य में नहीं कही जा सकतीं।

प्रगतिवाद साहित्य का नूतन जागरण नहीं, प्रत्युत् उसी क्रान्ति के परिपाक का फल है जिसका आरम्भ छायावाद के साथ हुआ था। यह सच है कि छायावाद की कुछ आरम्भिक रचनाएँ अशक्त और निस्सार थीं तथा जीवन के वास्तविक रूपों से उनका सम्बन्ध नहीं के बराबर था, किन्तु यह दोष छायावाद से निकली हुई शैली का नहीं, प्रत्युत उन कलाकारों का था जो स्वयं ही जीवन के वास्तविक रूपों से पूर्ण रूप से परिचित नहीं थे। प्रत्येक देश के साहित्य में छायावाद अथवा रोमांसवाद का आगमन प्राय: उस समय हुआ है जिस समय उस देश में जीवन की रूढ़ियों एवं जड़ताओं के प्रति असन्तोष के भाव उमड़ रहे थे। हिन्दी-साहित्य में भी अपनी समस्त असमर्थता एवं अशक्तताओं के रहते हुए भी छायावाद ने अपनी विद्रोहात्मक प्रवृत्ति को कभी भी गुम होने नहीं दिया तथा जो राजनीतिक आन्दोलन आज प्रगतिवाद का बीज बो रहे हैं उनके प्रति छायावाद का रुख आरम्भ से ही सहानुभूतिपूर्ण था।

छायावाद में अनेक प्रकार की सम्भावनाएँ छिपी हुई थीं तथा ज्यों-ज्यों समय बीतता जाता था, त्यों-त्यों उसके कितने ही जौहर प्रकट होते जाते थे। 1920 से लेकर 1930-35 तक छायावाद ने कई प्रकार की प्रतिभाओं की संगति में रहकर अपनी अनेक प्रकार की क्षमताओं की परीक्षा दी थी। पन्तजी ने उससे ओस और ऊषा को चित्रित करने का काम लिया था तथा निरालाजी ने उसके माध्यम से पौरुष और जागरण के महागान गाए थे। प्रसादजी की गम्भीर एवं रस-स्निग्ध दार्शनिकता का भार उसने सफलतापूर्वक वहन किया था तथा 'अन्तर्जगत्' और 'अनुभूति' के कवियों की वैयक्तिक भावनाओं की अभिव्यक्ति में उसने पूरी सहायता पहुँचायी थी। इतना ही नहीं, वरन् महादेवीजी के समान जो कवि कुहेलिका के भीतर छिपकर चलना चाहते थे, छायावाद उन पर भी अपना झिलमिल आवरण डाल सकता था तथा सुभद्राकुमारी की तरह जो लोग प्रकाश में कुछ खुलकर चलना चाहते थे उन्हें भी वह आलोक दे सकता था। पुष्ट एवं प्रगाढ़ भावनाओं के समर्थ कवि श्री मैथिलीशरणजी की कल्पना में अपनी मयाविनी किरणें डालकर छायावाद ने उनसे 'झंकार' के गीतों की रचना करवाई थी तथा हिन्दी की इतिवृत्तात्मक कही जानेवाली राष्ट्रीय कविताओं को उसने स्पर्शमात्र से कलापूर्ण एवं दिव्य बना दिया था।

ज्यों-ज्यों बाढ़ का पानी निकलता गया, छायावाद की धारा स्वच्छ एवं स्वाथ्यपूर्ण होती गई। आज छायावाद की आदि कुहेलिका का कहीं पता नहीं है। अब हमारे साहित्य में प्राय: सर्वत्र ही प्रतिभा की पुष्टि एवं सुस्पष्ट किरणें विकीर्ण हो रही हैं। जो कल्पना पहले भ्रूण की तरह अस्थि-विहीन दीखती थी, उसके भीतर आज विचारों की रीढ़ पैदा हो गई है तथा वह यथेष्ट रूप से मांसल और बलिष्ठ है। 'अन्तर्जगत्', 'अनुभूति' और 'नीहार' के सोपान बहुत पीछे छूट चुके हैं। आज हिन्दी-कविता जहाँ आकर खड़ी है वह 'कामायनी', 'तुलसीदास' और 'ग्राम्या' का देश है। स्वयं महादेवी जी की आध्यात्मिक अनुभूतियाँ अब अधिक सुबोध एवं सुस्पष्ट हो गई हैं तथा निराशा के जो अश्रु छायावाद को अशक्त बनाए हुए थे, उनकी जगह अब 'सतरंगिनी' के रंग उगते जा रहे हैं।

यह छायावाद के सुधार की प्रक्रिया का परिणाम है और इसे ही मैं काव्य की सच्ची प्रगति मानता हूँ। हमारा साहित्य आकाश से उतरकर मिट्टी की ओर आ रहा है तथा वस्तु एवं आदर्श के इस सन्तुलित योग से वह महान् क्रान्ति

चरितार्थ होने जा रही है, साहित्य में जिसकी घोषणा आज से 25 वर्ष पूर्व की जा चुकी थी। आज हिन्दी के अधिकांश कवि जीवन के उतने समीप आ गए हैं जहाँ से वे उसके कोलाहल को स्पष्टतापूर्वक सुन सकें। 'मिट्टी और फूल' से लेकर 'तारसप्तक' तक यही सत्य ध्वनित होता है। साहित्य में जीवन के इस प्रतिनाद को जो लोग प्रगतिवाद कहकर एक भिन्न नाम से पुकारना चाहते हैं उनसे मेरा कोई बड़ा मतभेद नहीं हो सकता। सिर्फ निजी दृष्टिकोण से मैं इसे छायावाद का जीवनोन्मुख विकास मानता हूँ। यह कथन इसलिए भी युक्तियुक्त माना जाना चाहिए क्योंकि प्रगतिवाद के अन्दर गिने जानेवाले अधिकांश कवि वे ही हैं जो छायावाद का नयन अथवा अनुगमन करते हुए यहाँ तक आए हैं। यही नहीं, प्रत्यत् प्रगतिवाद का अग्रणी होने का श्रेय आज जिस कवि को दिया जा रहा है उसी के सिर पर छायावाद का उन्नायक होने का मुकुट भी रखा गया था। इसके सिवा, समासोक्ति, अन्योक्ति, विशेषण-विपर्यय अथवा मानवीकरण, शैलीपक्ष की कितनी ही विशेषताएँ आज भी वे ही हैं जिनका नूतन उत्थान और विकास छायावाद-युग में ही हुआ था। हमें हर्षित होना चाहिए कि छायावाद की विलक्षणताओं से युक्त हिन्दी-कविता आज जीवन के विकराल प्रश्नों से उलझना सीख रही है। कवि केवल कोमल भावनाओं का ही उपासक नहीं होता, प्रत्युत् उसे कठोरताओं से भी जूझने का पूरा अधिकार है। अगर कोई कलाकार यह समझता है कि वह काँटों की तस्वीर सुन्दरता के साथ खींच सकता है तो कला का कोई ऐसा कानून नहीं जो उसकी इस क्रिया का वर्जन करे। अगर किसी कवि को ऐसा ज्ञात होता है कि वह अपने गीतों के बल से संसार में भूडोल ला सकता है तो उचित है कि सबसे पहले वह यही काम करे। सार्वजनिक विपत्ति के दिनों में ऐसा कौन अभागा मनुष्य होगा जो अपनी वैयक्तिक भावनाओं को उचित से अधिक महत्त्व दे सके? इतना ही नहीं, बल्कि साहित्य की बल-वृद्धि के लिए यह भी आवश्यक है कि कवि कला के भीतर से जीवन के उन तमाम क्षेत्रों को देखे जिनकी आँधियों और उलझनों का प्रभाव मनुष्य की संस्कृति पर व्यापक रूप से पड़ता है। अगर वह प्रचारक न होकर शुद्ध कलाकार है तो जीवन को वह दर्शन, राजनीति अथवा विज्ञान, चाहे जिस किसी भी दृष्टि से देखे, उसकी अनुभूति कवि की अनुभूति तथा उसके उद्गार कलाकार के उद्गार होंगे एवं साहित्य का उसके हाथों कोई अपमान नहीं हो सकता।

कवि का प्रधान कर्म अनुभूतियों का ग्रहण एवं उसकी सम्यक् अभिव्यक्ति है तथा जिस प्रकार उसकी आध्यात्मिक भावना एवं प्रेम-परक अनुभूतियाँ सुन्दर और सत्य होती हैं, उसी प्रकार राजनीतिक अवस्थाओं की भी उसकी स्वानुभूति राजनीति से भिन्न एवं शुद्ध साहित्य की वस्तु होती है। जो लोग यह समझते हैं कि केवल प्रेम, विरह, नदी और फूलों की ही अनुभूतियाँ सच्ची और बाकी सबकी सब प्रचार होती हैं, वे कोमलता की रुचि से ग्रस्त होने के कारण सत्य के पूरे रूप को देख सकने में असमर्थ हैं। रेशमी बालों, पत्थरों और फूलों की सुन्दरता की अनुभूति तो सच्ची, किन्तु पेट की पीड़ा की अनुभूति प्रचार समझी जाए, यह ईश्वर के देखने योग्य दृश्य है।

कला के क्षेत्र में हमारा दृष्टिकोण सच्चे अनिषेध का होना चाहिए। कवि के लिए जो प्रथम तथा अन्तिम बन्धन हो सकता है वह केवल इतना ही है कि कवि अपने आप के प्रति पूर्ण रूप से ईमानदार रहे। समन्वय कला की सुन्दरता का मूल है। जिस प्रकार आकाश में विचरण करनेवाले कलाक़ार को पैरों की नीचेवाली मिट्टी का ध्यान बना रहना आवश्यक है, उसी प्रकार मिट्टी को सर्वस्थ समझ लेनेवाले कलाकार को यह याद रखना जरूरी है कि उसका विहार-स्थल आकाश भी है। कवि जिस प्रकार फूलों और नदियों के पास केवल रसानुभूति के उद्देश्य से जाता है, उसी प्रकार जीवन के अन्य अंगों से भी वह रस ही प्राप्त करता है। हम पूरे दायित्व के साथ कहना चाहते हैं कि पेट की पीड़ा की अनुभूति लिखनेवाला कवि किसी प्रकार भी प्रेम की पीड़ा की अनुभूति लिखनेवाले से हीन नहीं है।

साहित्य राजनीति का अनुचर नहीं, वरन् उसने भिन्न एक स्वतन्त्र देवता है और उसे पूरा अधिकार है कि जीवन के विशाल क्षेत्र में से वह अपने काम के योग्य वे सभी द्रव्य उठा ले जिन्हें राजनीति अपने काम में लाता है। अगर कार्ल मार्क्स और गांधीजी को यह अधिकार प्राप्त है कि जीवन के अवस्था-विशेष की अनुभूति से वे राजनीति के सिद्धान्त निकाल लें तो एक कवि को भी यह अधिकार सुलभ होना चाहिए कि वह ठीक उसी अवस्था की कलात्मक अनुभूति से ज्वलन्त काव्य की सृष्टि करे। अगर राजनीति अपनी शक्ति से सत्य की प्रतिभा गढ़कर तैयार कर सकती है, तो साहित्य में भी इतनी सामर्थ्य है कि वह उसके मुख में जीभ धर दे।

साहित्य के क्षेत्र में हम न तो गोयबेल्स की सत्ता मानने को तैयार हैं, जो

हमसे नाजीवाद का समर्थन लिखवाता है और न किसी स्टालिन की ही, जो हमारे शरीर और मन के किसी भी विकास की दिशा का निर्धारण हमें करने नहीं दे सकता। हमारे लिए फरमान न तो क्रेमलिन से आ सकता है और न आनन्दभवन से ही। अपने क्षेत्र में तो हम सिर्फ उन्हीं नियन्त्रणों को स्वीकार करेंगे जिन्हें साहित्य की कला अनन्त काल से मानती चली आ रही है। साहित्य की विलक्षणता की जाँच आर्थिक सिद्धान्तों से करनेवाले लोग ठीक उसी प्रकार भ्रान्त हैं जैसे वे लोग जो समग्र साहित्य की परीक्षा केवल कोमलता के रूढ़ संस्कारों की पृष्ठभूमि पर करना चाहते हैं।

साहित्य राजनीति से महान् न भी हो, पर वह उससे सर्वथा भिन्न और स्वतन्त्र है। अगर वह कभी राजनीति के क्षेत्र में अपनी किरणें फेंकता है तो इसका कारण यह नहीं है कि साहित्य राजनीति के अधीन है, प्रत्युत् यह कि राजनीति उस जीवन का एक प्रमुख अंग है, जो अपनी पूरी विविधता के साथ साहित्य की व्याख्या का विषय होता है। जिस प्रकार साहित्य जीवन के अन्य अंगों से रसानुभूति प्राप्त करता है उसी प्रकार राजनीति से भी वह रस ही ग्रहण करता है। साहित्य जहाँ तक अपनी मर्यादा के भीतर रहकर जीवन के विशाल क्षेत्र में अपना स्वर ऊँचा करता है, वहाँ तक वह पूज्य और चिरायु है, किन्तु जभी वह राजनीति का अनुचरता स्वींकार करके उसका प्रचार करने लगेगा तभी उसकी अपनी दीप्ति छिन जाएगी और वह कला के उच्च पद से पतित हो जाएगा। साहित्य स्वयं जागरूक और चैतन्य है। विशेषत:, कविता की प्रतिष्ठा ही विशिष्ट प्रकार के कवियों के कारण होती है जो अपने ही युग में अन्य लोगों की अपेक्षा अधिक जीवित और चैतन्य होते हैं। प्रत्येक युग अपने कवि की प्रतीक्षा करता है; क्योंकि उसके आगमन के साथ यह रहस्य खुलने लगता है कि उस युग की चेतना किस्र दिशा में अथवा किस स्तर तक विकसित हुई है। संघ रचकर साहित्य को किसी दिशा-विशेष की ओर प्रेरित करने का प्रयास यह बतलाता है कि आन्दोलनकारियों का साहित्य की निसर्ग-सिद्ध जागरूकता में विश्वास नहीं है। किन्तु, ऐसे लोगों को यह भी याद रखना चाहिए कि जिस अनुभूति को साहित्य स्वत: ग्रहण करने को तैयार नहीं है, उसकी ओर उसे जबरन ले जाने का प्रयास अप्राकृतिक और तिरस्कार्य है, क्योंकि किसी दल या संघ में यह शक्ति नहीं है कि वह विश्वास के विपरीत अथवा उसके बिना किसी भी कवि या लेखक से सत्साहित्य का एक टुकड़ा भी लिखवा ले।

किसी भी कृति को मार्क्सवादी सिद्धान्तों की कसौटी पर कसकर उसे क्रान्तिकारी अथवा श्रेष्ठ सिद्ध करने की चेष्टा अयुक्तियुक्त एवं अन्यायपूर्ण है, क्योंकि अर्थशास्त्र के सिद्धान्त वे ही नहीं है जिनसे कला की जाँच की जाती है। मनुष्य को भूख इसलिए नहीं लगती कि उसके पास रोटी खरीदने के लिए पैसे मौजूद हैं और न पैसों के अभाव में उसकी क्षुधा रुकी ही रहती है। उसी प्रकार कला भी आत्मा की प्रेरणा से तथा उसकी आवश्यकताओं के अनुसार जन्म ग्रहण करती है। मार्क्सवाद यह भले ही बतला दे कि किसी कला के रूप-विशेष का विकास किसी युग-विशेष में ही क्यों हुआ, किन्तु उसका यह धर्म नहीं है कि वह आन्दोलनों के द्वारा अपनी राजनीतिक आवश्यकताओं के अनुसार साहित्य की रूप-रेखा को पलटने का प्रयास करे।

हिन्दी-कविता स्वयं सँभलकर, अपनी ही चेतना से प्रेरित होकर, जीवन के समीप आ गई है। अब उसे प्रचार के हल में जोतना उसके साथ अन्याय करना है। फिर मार्क्सवाद जिस समाज की कल्पना का लोभ दिखाकर साहित्य को अनुकरण की ओर प्रेरित कर रहा है, वह भी कला के स्वाभाविक विकास के लिए घातक हो सकता है। यह आवश्यक नहीं कि सभी देशों में समाज के नवनिर्माण की रूप-रेखा ठीक वही हो, जिसकी प्रेरणा रूस से आ रही है। प्रत्येक देश की अपनी समस्याएँ, अपनी परिस्थितियाँ और अपने प्रश्न हैं। उन्हीं के अनुरूप वहाँ समाज और कला का स्वाभाविक विकास होना चाहिए। जहाँ अन्तर्राष्ट्रीयता के एक ढाँचे को आदर्श कहकर उसे सभी देशों पर लादने की कोशिश की जाती है, वहाँ समाज और साहित्य, दोनों ही के रूप अप्राकृतिक एवं अनुकरणशील हो जा सकते हैं। हमारे यहाँ की कला की कृतियों की जाँच हमारी ही आवश्यकताओं की पृष्ठ-भूमि पर की जानी चाहिए। अन्तर्राष्ट्रीयता के नारों के बीच राष्ट्रीयता को दबा देने का प्रयास हमारे लिए मंगलकारी नहीं हो सकता।

हम पराधीन जाति के सदस्य हैं। अन्तर्राष्ट्रीयता की अनुचित उपासना से हमारी राष्ट्रीय शक्ति का ह्रास होगा। राष्ट्रीयता हमारा सबसे महान् धर्म और पराधीनता हमारी सबसे बड़ी समस्या है। जो लोग हमें अन्तर्राष्ट्रीयता के भुलावे में डालकर हमारी आँखों को दिल्ली से हटाकर अन्यत्र ले जाना चाहते हैं, वे अवश्य ही हमें धोखा दे रहे हैं।

मास्को का हम आदर करते हैं, किन्तु हमारे रक्त का एक-एक बिन्दु

दिल्ली के लिए अर्पित है। जब तक दिल्ली दूर है, मास्को के निकट या दूर होने से हमारा कुछ बनता बिगड़ता नहीं। पराधीन देश का मनुष्य, सबसे पहले, अपने ही देश का मनुष्य होता है। विश्व-मानव वह किस बल पर बने? और विश्व-मानव की पंक्ति में गुलामों को बैठने ही कौन देता है? हमारे समस्य अभियानों का एकमात्र स्पष्ट लक्ष्य दिल्ली है। जब तक दिल्ली की जंजीरें नहीं टूटतीं, हमारे अन्तर्राष्ट्रीयता के नारे निष्फल और निस्सार हैं। मास्को के उत्थान या पतन से भारत के गौरव या ग्लानि की वृद्धि नहीं होती। हमारे अपमान की आग तो दिल्ली में जल रही है—

मरे हुओं की ग्लानि, जीवितों को रण की ललकार;
दिल्ली वीर-विहीन देश की गिरी हुई तलवार!
प्रश्न-चिद्द भारत का, भारत के बल की पहचान!
दिल्ली, राजपुरी भारत की, भारत का अपमान।[1]

1. अखिल भारतीय हिन्दी-साहित्य सम्मेलन के 33वें अधिवेशन, उदयपुर (मेवाड़) के कवि-सम्मेलन में अध्यक्ष-पद से दिया गया अभिभाषण। 19 अक्तूबर, 1945।

खड़ी बोली का प्रतिनिधि कवि

भारतेन्दु के बाद से अब तक के हिन्दी-कवियों में श्री मैथिलीशरण गुप्त जी निर्विवाद रूप से सर्वश्रेष्ठ हैं। यद्यपि उनके प्रधान मनोवेगों का युग आज से लगभग दो दशक पहले ही समाप्त हो गया, तो भी कई कारणों से अब भी इस पद के अधिकारी वे ही हैं। शंका और सन्देह के युग में उन्होंने आस्तिकता की भारतीय परम्परा की वाणी को सुदृढ़ बनाया, साहित्य में वैष्णव धर्म को पुनरुज्जीवित किया, इतिहास को काव्य में रूपान्तरित करके उसमें जीवन डाला, पराधीन देश को अपनी शक्ति की याद दिलाई और शुद्ध आर्य-संस्कृति की जागर्ति को अधिक-से-अधिक व्यापक बनाने की चेष्टा की। इस प्रकार उन्होंने हिन्दू-जाति के सभी प्रिय भावों का व्यापक प्रतिनिधित्व किया है। कोई आश्चर्य नहीं कि आज हिन्दू-जनता के हृदय पर उनका ऐसा साम्राज्य है जैसा बहुत दिनों से किसी अन्य कवि को प्राप्त नहीं हुआ था। 1920 से बाद की धारा के सम्राट पन्तजी हैं, किन्तु इस सत्य को उद्घोषित करना निरापद नहीं है; क्योंकि उनकी प्रतिद्वन्द्विता 'निराला' जी से है और जब 'प्रसाद' जी जीवित थे तब विवाद की कटुता से बचने के लिए लोग इन दोनों कवियों के ऊपर उन्हीं का नाम लिख देते थे। पन्त और निराला हिन्दी के 'ज्योतिर्नयन प्रियदर्शी' कवि हैं और वर्तमान हिन्दी-कविता पर दोनों ही का व्यापक प्रभाव है। हिन्दी-कविता के वर्तमान इतिहास को अभी यह सुविधा प्राप्त नहीं कि वह इन दोनों कवियों की सेवाओं को तुला

के दो आधारों पर तौलकर उन पर अलग-अलग मत दे सके। फिर जहाँ केवल एक प्रतिनिधि चुनने की बात हो वहाँ केवल कला की विलक्षणता ही विचारणीय नहीं होती, यह भी देखना पड़ता है कि जनता ने अपना प्रेम और विश्वास किसे समर्पित किया है। जाति का प्रतिनिधि कवि केवल समकालीन साहित्य की विशिष्टताओं का ही प्रतीक नहीं होता, वह उसकी पूरी मनोदशा, आकांक्षा, आशा और उल्लास एवं उसके समस्त संस्कार का भी प्रतिनिधित्व करता है। इस दृष्टि से विचार करने पर सन्देह की तनिक भी गुंजाइश नहीं रह जाती कि श्री मैथिलीशरणजी अट्ठारह करोड़ हिन्दी-जनता के सबसे बड़े प्रतिनिधि कवि और हमारे गौरव हैं। इस पूजनीय पद पर गुप्तजी के आसीन होने से सभी समकालीन कवियों एवं हिन्दी-जनता के विशाल समुदाय को हार्दिक प्रसन्नता होती है। जनता और कवि, सभी चाहते हैं कि गुप्तजी हमारे शिरोमणि बनकर रहें। संसार के साहित्य में आज कितने कवि हैं जिनके प्रति अट्ठारह करोड़ लोगों के ये मनोभाव हों?

खड़ी बोली की कविता का बहुत बड़ा इतिहास गुप्तजी की कृतियों का इतिहास है। उन्होंने खड़ी बोली को उँगली पकड़कर चलना सिखाया, उसकी चिह्वा को शुद्ध किया तथा उसके हृदय में प्रेम एवं मस्तिष्क में अभिनय विचारों का संचार किया। उनका उत्थान द्विवेदी-मंडल के सबसे बड़े प्रकाश स्तम्भ के रूप में हुआ जिसके दूरगामी प्रकाश में खड़ी बोली ने अपनी गन्तव्य दिशा का ध्यान एवं अपने आदर्श का अवलोकन किया।

भारतेन्दु के समय से ही हिन्दी-कविता में सामयिक प्रश्नों से उलझने की प्रवृत्ति का जन्म हो रहा था, लेकिन इस दिशा में भी उसके स्वर को अधिक स्पष्ट एवं सुदृढ़ बनाकर सुनाने का सारा श्रेय गुप्तजी को है, इतना ही नहीं, वरन् निद्रा की जड़ता से राष्ट्र को जगाने के लिए जब साहित्य ने शंख फूँकना आरम्भ किया तब भी पाँचजन्य की 'भारती' श्री मैथिलीशरणजी के ही कंठ से फूटी। आज हिन्दी-साहित्य में प्रगतिवाद का जयघोष गूँज रहा है, किन्तु स्मरण रहे कि हिन्दी-कविता को अपने सामाजिक लक्ष्य का ध्यान बहुतों से पहले गुप्तजी ने ही दिलाया था।

गुप्तजी प्राचीनता के सन्देशवाहक नवीन कवि हैं। वर्तमान कविता के इतिहास में उनका स्थान एक महासेतु की तरह है, जिसका आदि स्तम्भ 'भारत-भारती' है तथा अन्तिम स्तम्भ अभी लगने को बाकी है, यद्यपि उसमें

'झंकार', 'पंचवटी', 'साकेत' और 'यशोधरा' के सुदृढ़ खम्भे यथास्थान लगते ही आए हैं। इतने दिनों के भीतर उन्होंने बैठकर कभी विश्राम नहीं किया। ऐसा लगता है कि गुप्तजी के भीतर रूढ़ियाँ बन ही नहीं सकतीं। उनकी अभ्यन्तर श्रुति-चेतना प्रगतिमयी है। समय की प्रत्येक आवाज उन्हें स्पष्ट सुनाई पड़ती है और वह उसे बड़ी ही प्रसन्नता से छन्दों में बाँधते हैं। आरम्भ में उन्होंने जिस शैली को अपने अनुकूल पाकर अपनाया था वह ढाँचे में अब भी उनके साथ है, किन्तु समय के साथ घिसने की जगह उसमें और नए पंख ही निकल आए हैं। 'पंचवटी' की शैली वही है जो 'शकुन्तला' में प्रयुक्त् हुई थी, किन्तु अब वह पूर्व की अपेक्षा अधिक चैतन्य, अधिक विलक्षण एवं विस्मयपूर्ण है। कौन जानता था कि 'मंगलघट' की शैली का ऐसा विकास होगा जिसमें 'झंकार' के गीतों की रचना की जा सकेगी? ईलियट ने एक जगह लिखा है कि जो मनुष्य पच्चीस वर्ष की उम्र के बाद भी कवि बना रहना चाहता है उसे चाहिए कि रह-रहकर अपनी टेकनिक को बदलता रहे। गुप्तजी ने किसी भी समय अपनी शैली को एकदम बदल तो नहीं दिया, किन्तु अनुभूतियों के विकास-क्रम में, नई-नई भूमियों में पदार्पण करते हुए, उन्होंने अपनी शैली में कई बार ऐसे परिवर्तन किए जो प्राय: आमूल क्रान्ति के समान थे। ऐसी क्रान्ति के उदाहरण 'मंगल-घट' और 'झंकार' की तुलना से अनायास ही मिल जाएँगे। 'द्वापर' की यह पंक्ति—'झुक वह वाम कपोल चूम ले यह दक्षिण अवतंस हरे' 'जयद्रथ-वध', 'शकुन्तला' अथवा पूर्वरचित द्वापर-सम्बन्धी अन्य किसी भी कविता की पंक्ति से भिन्न तथा अधिक विलक्षण शैली की परिचायक है। 'साकेत' तो ऐसा महाग्रन्थ है जिसमें कवि की शैली की अनेक रेखाएँ एक ही स्थल पर जगमगा रही हैं। महाकवि की एक बहुत बड़ी विशेषता यह भी है कि स्वयं काव्य रचने के साथ-साथ वह अपनी रचना के प्रभाव से अन्य समकालीन कवियों को भी नई भावनाओं की ओर प्रेरित करे। छायावाद-युग के समारम्भ तक कविता के क्षेत्र में गुप्तजी का यह प्रभाव प्रत्यक्ष रूप से काम करता रहा। उसके बाद यद्यपि नई धारा के कवियों ने गुप्तजी से प्रभाव ग्रहण नहीं किया तथा स्वयं गुप्तजी ही उस धारा को आशीर्वाद देने के लिए उसके समीप चले आए, किन्तु कौन कह सकता है कि 'झंकार' की कविताओं से रहस्यवाद का रीढ़ मजबूत हुई? "स्वर न ताल, केवल झंकार, किसी शून्य में कर विहार", इस मोटो से ही यह बात ध्वनित होती है कि रचना के समय गुप्तजी की मनोदशा बहुत कुछ

रोमांटिक कवि की मनोदशा के समान थी तथा वे इस बात से अवगत थे कि उनके हाथ में जो वीणा आई है उसके तार वर्णन नहीं, प्रत्युत् व्यंजना की कला में पटु हैं। गुप्तजी की गोद में जाकर नई वीणा ने कुछ खोया नहीं, वरन् उसने यही प्रमाणित किया कि वह भाव, शैली तथा छन्द, सभी पर प्रचंड स्वामित्व रखनेवाले महाप्रौढ़ कवि की भावनाओं की भी सुन्दर तथा समर्थ व्यंजना कर सकती है। 'भारत-भारती' से 'झंकार' तक की दूरी बहुत बड़ी है, किन्तु गुप्तजी ने इसे बड़ी ही सफलता से तय किया और जगह-जगह अपने चरण-चिद्न भी छोड़ने आए। गुप्तजी की अधिकांश रचनाओं के भीतर एक भक्तिविह्वल हृदय का पवित्र आवेग है, जो इस युग में एकमात्र उन्हीं की विशेषता है। वह, प्रधानतः, वैष्णव-धर्म की रामाश्रयी शाखा के नवीन प्रतीक हैं तथा उनमें हमें महात्मा तुलसीदास की आत्मा की झलक मिलती है। उनकी भक्ति-भावना का आधार अचल विश्वास एवं सम्पूर्ण समर्पण के भाव हैं। सच्चा रहस्यवाद परम सत्ता की सम्पूर्ण अनुभूति की स्पष्ट व्यंजना है, क्योंकि अनुभूति जब पूर्णता को प्राप्त होती है तब इन्द्रियाँ सहज-समाधि की अवस्था में रम जाती हैं और जीभ को कुछ बोलना अच्छा नहीं लगता। कदाचित् यह सच है कि रहस्यवादी होना कवि नहीं, प्रत्युत मनुष्य का गुण है। हाँ, यह सम्भव हो सकता है कि एक ही मनुष्य कवि और रहस्यवादी दोनों हो। 'झंकार' की कविताओं में रहस्यवाद की दूसरी विशेषताएँ भले ही न हों, परन्तु उनमें सर्वत्र सच्चाई का आभास मिलता है। इसीलिए गुप्तजी की रहस्यवाद-सम्बन्धी रचनाएँ उन कविताओं की अपेक्षा अधिक चिरायु और प्रेरक हैं जो सिर्फ टेकनिक के अनुकरण के बल पर ईश्वरानुभूति की छाया होने का स्वाँग भरती हैं।

मैथिलीशरणजी की तुलसीदास से समता केवल ऊपरी सतह की ही समता नहीं है, प्रत्युत् उन्होंने भक्ति की भाव-भूमि में भी सगुणोपासना के उसी रूप की विरासत पाई है जो तुलसीदास को अपनी गुरु-परम्परा से मिली थी। इस सम्बन्ध में वे भी सूरदास से उतने ही भिन्न हैं जितने तुलसीदास। समानधर्मा होते हुए भी सूर और तुलसी में यह भेद है कि जहाँ सूरदास ने सगुणोपासना के अतिरेक में आकार गोपियों के द्वारा भगवान् के निर्गुण रूप की खिल्ली उड़वा दी, वहाँ तुलसीदास ने अधिक संयम से काम लिया तथा सगुण की प्रतिष्ठा करते हुए ऐसी कोई बात नहीं कही जिससे निर्गुण का अनादर होता हो; प्रत्युत्—

नाम रूप दोउ ईस उपाधी,
अकथ, अनादि, सुसामुझि साधी।
एक दारुगत देखिय एकू,
पावक युग सम ब्रह्म बिबेकू।
उभय अगम युग सुगम नाम ते,
कहउँ नाम बड़ ब्रह्म राम ते।

आदि अनेक पंक्तियों में निर्गुण का आदर ही किया है। इसी प्रकार उन्होंने

ब्रह्म पयोनिधि मन्दर, ज्ञान सन्त सुर आहि,
कथा सुधा मथि काढ़े, भगति मधुरता जाहि।

अथवा

भगतसिंह ज्ञानहिं नहिं कछु सेवा
उभय हरहिं भव-सम्भव खेदा।

कहकर यह सिद्ध किया है कि ज्ञान और भक्ति परस्पर विरोधी नहीं हैं, प्रत्युत् उनमें से एक का दूसरे के साथ अन्योन्याश्रयी सम्बन्ध है।

"देखिय रूप नाम आधीना,
रूप ज्ञान नहिं नाम बिहीना।"

ज्ञान से भक्ति का जन्म होता है और भक्ति से ज्ञान में दृढ़ता आती है। एक के बिना दूसरे की स्थिति सम्भव नहीं है। ज्ञान आत्मा के जागरण का सूचक है, किन्तु भगवान् की ओर बढ़ने की प्रेरणा उसे भक्ति से ही मिलती है। इतना ही नहीं, प्रत्युत् बड़ा-से-बड़ा ज्ञानी भी केवल ज्ञान के बल पर भगवान् को नहीं पा सकता। भगवान् तो उसे मिलते हैं जिसके सम्बन्ध में स्वयं उन्होंने ही कहा है—"जेहि गति मोरि न दूसरि आसा।" ज्ञान और भक्ति-सम्बन्धी इसी भाव की व्यंजना मैथिलीशरणजी की निम्नलिखित पंक्तियों में मिलती है जो पूर्ण रूप से महात्मा तुलसीदास की भावना के अन्तर्गत तथा उसके अनुकूल है—

मैं यों ही भटकी हे आली!
उन्हें स्वप्न में देख रात को प्रात:काल चली मैं,
और खोजती हुई उन्हीं को घूमी गली-गली मैं।

साहस करके चली गई मैं, किन्तु कहाँ तक जाती।
पैर थके, सूझा न पन्थ भी, धड़क उठी यह छाती।
आँख मूँदकर चिल्लाई तब, 'कहाँ छिपे हो? बोलो।'
कर-स्पर्शयुत सुना उसी क्षण, तुम आँखें भी खोलो।
ओ मेरी मतवाली!
मैं यों ही भटकी हे आला!

ज्ञान के संकेत पर शाखा-शाखा भटकनेवाला साधक केवल शुद्धि का कष्ट झेलता है। लेकिन, ज्ञान के कृपाण-पन्थ पर चलते-चलते जहाँ वह थककर बैठ जाता है तथा आर्त स्वर से भक्तिपूर्वक भगवान् को पुकारने लगता है, वहीं भगवान् उसे प्राप्त हो जाते हैं।

गुप्तजी की, इसी भाव से मिलती-जुलती, एक और कविता है जिसमें ज्ञान और भक्ति के समन्वय की बड़ी ही अद्‌भुत व्यंजना हुई है। निराकार ब्रह्म का अन्वेषण करता हुआ एक ज्ञानी साधना के मार्ग में अग्रसर होता है। कई प्रकार की जटिलताओं को पार करके वह उस अवस्था में पहुँचता है जहाँ आत्म-ज्ञान की जिज्ञासा प्रबल हो उठती है। पास ही खड़ी हुई भक्ति इस जिज्ञासा का समाधान यह कहकर करना चाहती है कि 'तू दास है', किन्तु जब तक वह अपनी बात कहे-कहे तब तक प्रेय की अनुभूति अत्यन्त तीव्र हो उठती है और उसी आवेश में ज्ञान का भक्ति में एवं भक्ति का ज्ञान में लय हो जाता है तथा साधक को वह अवस्था प्राप्त हो जाती है जो ज्ञान और भक्ति दोनों से परे एवं दोनों का लक्ष्य है।

वह बाल-बोध था मेरा।
निराकार, निर्लेप भाव में भान हुआ जब तेरा।
पहले एक अजन्मा जाना,
फिर बहु रूपों में पहचाना,
ये अवतार चरित तब नाना;
चित हुआ चिर चेरा।
निर्गुण, तू तो निखिल गुणों का निकला बास-बसेरा।

× × ×

अब भी एक प्रश्न था कोऽहम्,
कहूँ-कहूँ जब तक दासोऽहम्,
तन्मयता कह उठी कि सोऽहम्;
बस हो गया सवेरा।
वह बाल-बोध था मेरा।

गुप्तजी के आदर्श महात्मा तुलसीदास ने भक्ति का ग्रहण केवल भक्ति के लिए ही किया था। सबसे बड़ा लक्ष्य प्रेम है। तुलसीदास प्रेम का अस्तित्व माँगते हैं—वह अवस्था नहीं जिसमें उसका लय हो जाए। जो प्रेम का मधु चख चुका है, उसे मुक्ति का फल नहीं चाहिए। प्रेमी प्रेमी होते हैं, कुछ मजदूर नहीं कि मुक्ति के रूप में प्रेम की मजदूरी वसूल करें।

अस बिचारि हरि भगत सयाने,
मुक्ति निरादरि भगति लोभाने।

अथवा

देवा, तेरी भक्ति न छाड़ौं, मुक्ति न माँगौं, तब यश सुनौं, सुनावौं।

गुप्तजी की भक्ति-भावना भी इसी प्रकार अपने में ही पूर्ण है। मुक्ति पर भक्ति की श्रेष्ठता व्यंजित करते हुए वे बड़ी ही मस्ती से कहते हैं—

सखे, मेरे बन्धन मत खोल।
आप बन्ध्य हूँ, आप खुलूँ मैं,
तू न बीच में बोल।
सिद्धि का साधन ही है मोल।
सखे, मेरे बन्धन मत खोल।

खोले, मूँदे प्रकृति पलक निज,
फिर दिन हो, फिर रात,
परम पुरुष, तू परख हमारे
घात और प्रतिघात।
उन्हें निज दृष्टि-तुला पर तोल।
सखे, मेरे बन्धन मत खोल।

प्रेम का घाव बड़ी ही दुर्लभ वस्तु है। जिसने इसे पा लिया उसे और कुछ पाने की इच्छा नहीं रह जाती। हृदय में बिंधा हुआ काँटा जब कसक उत्पन्न करता है, तब उस सुख के सामने स्वर्ग और मुक्ति, सभी कुछ नीरस हो जाते हैं। प्रेम का जीवन विरह में है। मिलन की राह देखते हुए आराध्य के ध्यान में समय बिताना, प्रेमी के लिए इससे अधिक प्यारा और कोई कार्य नहीं।

रवि बाबू का एक पद है,
प्रभु, तोमा लागि आखि जागे,
देखा नाइ पाइ, शुधू पथ चाइ,
सेओ मने भालो लागे।

और मैथिलीशरणजी कहते हैं,

तेरी स्मृति के अघातों से
छाती छिलती रहे सदा,
चाहे तू न मिले, पर तेरी
आहट मिलती रहे सदा।

भगवान् से प्रार्थना है कि अपने जिस भक्त के हृदय में उन्होंने विरह के लिए ऐसी मधुर प्रीति दी है, उसे इस प्रीति का स्वाद भोगने के लिए इस हीरक-जयन्ती के बाद कम-से-कम साठ वर्ष हमारे बीच और रहने दें। हमारी प्रार्थना कुछ अस्वाभाविक भी नहीं है, क्योंकि श्री मैथिलीशरणजी के आदर्श महात्मा तुलसीदासजी को प्रभु ने इस प्रीति का स्वाद चखने को 120 वर्षों तक पृथ्वी पर छोड़ दिया था।*

* कवि की हीरक-जयन्ती के अवसर पर 7 अगस्त, 1945 ई. को लिखित।

बलिशाला ही हो मधुशाला

पंडित माखनलालजी चतुर्वेदी शरीर से योद्धा, हृदय से प्रेमी, आत्मा से विह्वल भक्त और विचारों से क्रान्तिकारी हैं। किन्तु, साहित्य में इनके व्यक्तित्व के ये चार गुण अलग-अलग प्रतिबिम्बित नहीं होते; साधना की आग में पिघलकर सभी एकाकार हो जाते हैं। उनकी कविताएँ उनके इन चार रूपों की मिश्रित व्यंजना हैं। भक्त और प्रेमी, साधारणत:, योद्धा और क्रान्तिकारी से कुछ भिन्न होते हैं; किन्तु जब हृदय और आत्मा ने माखनलालजी को कवि बनने पर मजबूर कर दिया, तब शरीर और विचार ने भी कवि के सामने अपने मत्थे टेक दिए और चारों धाराएँ मिलकर एक ही प्रवाह में बहने लगीं।

कभी-कभी यह कहा जाता है कि कविता माखनलालजी के जीवन का कोई प्रमुख अंग नहीं, वरन् उनकी अलस-लीला-भूमि है। इस कथन से यह व्यंजित होना चाहिए कि कविताएँ वे मनोविनोद के लिए रचते हैं, दरअसल जीवन का लक्ष्य उनका कुछ और है। लेकिन, उनकी कविताओं में से जो सत्य ध्वनित होता है वह इस कथन के सर्वथा विपरीत है। उनके व्यक्तित्व के सभी अंग परस्पर मिले हुए और एकाकार हैं तथा उनमें से एक की समस्या सभी की समस्या और एक का निदान सभी का निदान है। उनके भीतर के योद्धा, विचारक, प्रेमी और भक्त, सबके सब एक ही लक्ष्य की ओर चलते हैं और कविता के द्वारा चतुर्वेदीजी ने आत्म-विकास की जो सीढ़ियाँ बनाई हैं, उनमें से प्रत्येक पर इन सभी यात्रियों के पद-चिद्न हैं। उनके जीवन में साधना और सिद्धि, ज्ञान और कर्म तथा शरीर और आत्मा में भिन्नता नहीं है। ऐसा

नहीं है कि आत्मा उन्होंने भगवान् को और शरीर स्वदेश को दिया हो। देश-भक्ति उनके लिए परोपकार का प्रतिमान नहीं, आत्मविकास का ही माध्यम है। इसी प्रकार उपासना उनके लिए केवल आत्मा का ही धन नहीं, शरीर की भी सम्पत्ति है। शरीर और मन एवं अस्तित्व के सारे उपकरणों को उन्होंने एक ही आराध्य के चरणों पर न्योछावर कर दिया है। वही आराध्य उनके मन की दुनिया में वृन्दावन का गोपेश एवं चर्मचक्षु के सामने 'हिमकिरीटिनी' का मानचित्र बन जाता है। गीतों में विनय और मनुहार से वह जिसे रिझाना चाहते हैं, कारावास और शूली की तपस्या से भी उसे ही प्रसन्न करना उनका ध्येय है। माखनलालजी की कविताओं में शासन के प्रति आक्रोश के भाव नहीं हैं। इसका प्रधान कारण यह नहीं है कि अहिंसा उनकी कलम को रोक देती है, प्रत्युत् यह कि दमनजनित कष्टों को उन्होंने प्रियतम के मार्ग की कठिनाइयाँ समझकर बड़े ही प्रेम से अंगीकर कर लिया है। कर्म का जो क्षेत्र युग के हाथों उन्हें उपलब्ध हुआ, उसी में तपस्या करके वे आराध्य की ओर बढ़ना चाहते हैं। दमनजनित कष्टों को वे अपने लिए हेय नहीं समझते। उनकी दृष्टि में शूली में एक अनिर्वचनीय स्वाद तथा मरण-ज्वार में मोहकता और लाड़लापना है। स्वयं मरण भी एक त्यौहार है, क्योंकि इससे बलिदान की पूर्णता व्यंजित होती है और बलि के पूर्ण होने से आराध्य प्रसन्न होता है। माखनलालजी की कविताओं में दमनजनित यातनाएँ विकास की सीढ़ियाँ, आत्मा की दीप्ति और धर्म का उपकरण बनकर उपस्थित हुई हैं। राष्ट्र-सेवा और आराध्योपासना एक ही लक्ष्य की ओर जानेवाली ज्योति की दो पगडंडियाँ हैं; प्रत्युत् यह कहना अधिक युक्तियुक्त होगा कि कवि के शब्द-कोष में ये एक ही साधना-मार्ग के दो विभिन्न नाम हैं। देश के लिए शूली पर चढ़नेवाला उनकी कल्पना का तपस्वी अपने प्राण विसर्जित करते हुए, शायद, यह कहेगा कि "देवता! यह लो मेरी पूर्णाहुति और मुझे स्वीकार करो।" इसी प्रकार उनकी कल्पना का योगी ध्यानस्थ होने पर, शायद, यह कहेगा कि "प्रभो, मेरी वैयक्तिक मुक्ति किस काम की यदि मेरा प्यारा देश मुक्त नहीं हुआ?"

उनकी कल्पना की एक कली (जो कवि के राष्ट्र-सेवा-निरत व्यक्तित्व की ही प्रति मूर्त्ति है) कहती है—

मैं बलि का गान सुनाती हूँ
प्रभु के पथ का बनकर फकीर,
माँ पर हँस-हँस बलि होने में
खिंच, हरी रहे मेरी लकीर।

यह मातृ-भूमि के लिए मस्तक चढ़ानेवाले एक योद्धा का उद्‌गार है जो देश के लिए बलिदान होने को ही प्रभु की आराधना का सच्चा मार्ग मानता है। जन्मदात्री के ऋण से मुक्त होने के लिए समय की माँग पर अपना अस्तित्व मिटा देने में ही तपस्या की पूर्णता तथा आराध्य की राह की सच्ची फकीरी है।

यह योद्धा माखनलाल का बलिदान है, जिससे भक्त माखनलाल की फकीरी पनपती है। लेकिन, कभी ऐसा भी होता है जब भक्त माखनलाल ही योद्धा माखनलाल पर न्योछावर हो जाते हैं।

उठा दो वे चारों कर-कंज
देश को लो छिगुनी पर तान,
और मैं करने को चल पड़ूँ
तुम्हारी युगल-मूर्ति का ध्यान।

महात्मा तुलसीदासजी को राम का वह रूप प्रिय था जिसमें वह धनुष और बाण धारण किए हुए हों। माखनलालजी श्याम के उस रूप के उपासक हैं जिसमें वह कवि के प्यारे देश को हाथों-हाथ लिए हुए हों। एक ओर तो वह बलि-पन्थी को "ही-तल में हरि को बन्द करके" केहरी को ललकारने का आदेश देते हैं, दूसरी ओर वे स्वयं हरि से बलि-पन्थियों के देश को छिगुनी पर तान लेने का आग्रह करते हैं। उनके भीतर का योद्धा भक्त और भक्त योद्धा है। वे बलिदान का पुष्प आराध्य के चरणों पर बिखेरते हैं और साथ ही, बलिदान में भाग लेने के लिए उसे निमन्त्रण भी देते हैं।

माखनलालजी का हृदय सूफी कवियों के समान प्रेम-विह्वल और कातर है। उनमें सूफियों की ही आकुलता, तड़प और विदग्धता का अतिरेक है। भेद इतना ही है कि जहाँ सूफियों की वेदना का आधार परमात्मा से काल्पनिक विरह की अनुभूति थी, वहाँ माखनलाल जी की वेदना जीवन की वास्तविकता से उत्पन्न हुई है। सूफियों का दर्द खयाली था, सच्चाई उसे मनुष्य की विह्वलता से मिली थी। माखनलालजी का दर्द सच्चा है, विह्वलता उसे सिर्फ सुन्दर बनाती

है। सूफियों की वेदना शून्य में जनमी थी और मिट्टी पर आकर सत्य हुई। माखनलालजी की वेदना मिट्टी से जनमी है, आकाश उसे केवल अलौकिकता प्रदान करता है। सूफियों की वेदना निराकार से साकार हुई। माखनलालजी का दर्द साकार से उत्पन्न होकर निराकार में जाकर दिव्य हो गया। सच्चाई कल्पना की अपेक्षा अधिक प्रभविष्णु होती है; यही कारण है कि माखनलालजी की चीख सूफियों की चीख की अपेक्षा अधिक वेधक एवं करुण है। किसी अज्ञात सत्ता से वियोग की कल्पना के कारण जो अश्रु निकलते हैं उनमें उन आँसुओं की अपेक्षा तड़प और अकुलाहट की मात्र अवश्य ही न्यून होगी जो नंगी पीठ पर बेतों के प्रहारों के कारण बहते हैं। खयाली आग में जलकर चीखनेवाले हृदय की आह उस आह की बराबरी नहीं कर सकती जो दमन की प्रत्यक्ष ज्वाला में पड़कर तड़पनेवाले हृदय से निकलती है। दमनजनित यातनाओं को माखनलालजी ने आराध्य के वरदान के रूप में अंगीकार किया और उन्हें अपनी शुद्धि का मार्ग भी मान लिया। इसी यातना में उनका विरह बजता है, उनकी आध्यात्मिक वेदना बोलती है तथा भक्ति-विह्वल हृदय पुण्य-स्नान करता है।

ये यातनाएँ उनकी कविताओं में अत्यन्त लुभावनी और सरस होकर व्यंजित हुई हैं। उनका रस काव्य से अधिक मधुर, रमणी से अधिक मोहक, सुधा से अधिक सरस तथा यज्ञ से भी अधिक पवित्र है। इस रस में योद्धा का तेज, भक्त की विह्वलता, प्रेमी के अश्रु और कवि की साधना, सभी मिले हुए हैं। यह रस सभी रसों का सार है। जिसने इसे चक्खा उसने सभी रस चख लिए। जो इससे वंचित रहा उसे किसी भी रस का स्वाद नसीब नहीं हुआ।

मत बोलो बेरस की बातें, रस उसका जिसकी तरुणाई,
रस उसका जिसने सिर सौंपा, आगी लगा, भभूत रमाई।
जिस रस में कीड़े पड़ते हों, उस रस में विष हँस-हँस डालो,
आओ, गले लगो अय साजन, रेतो तीर, कमान सँभालो।

पराधीन राष्ट्र के प्रत्येक प्रश्न का निदान बलिदान में है। जो देश को स्वाधीन देखना चाहता हो वह देश के लिए अपना जीवन न्योछावर करे; जिसे जन्म-बन्ध से मुक्ति की अभिलाषा हो वह देश के लिए यातनाएँ सहे; जिसे सरसता का स्वाद लेना हो वह तरुणाई अर्थात् बलिदान सीखे। यातनाओं को स्वीकार करना इस युग की सबसे बड़ी तपस्या है। रस उसका जिसने सिर सौंपा; जिसने मस्तक उत्सर्ग

करने में आना-कानी की उसे रस की प्राप्ति कहाँ से होगी?

बलिदान के लिए रसमयी उत्तेजना, बलिदानी की मनोभूमि का आध्यात्मिक अन्वेषण, बलिदान की पूर्णता पर विजयोल्लास, बलिदान को कृष्णार्पण की वस्तु समझना और अपरिग्रह तथा त्याग की महिमा की आध्यात्मिक टीका, माखनलालजी की कविता में ये स्वर बार-बार गूँजते हैं। प्रेम हो या अध्यात्म, प्रकृति-दर्शन हो अथवा कल्पना का लीला-विलास, माखनलालजी की प्रत्येक मनोदशा में बलिदान की मधुरता किसी-न-किसी रूप में अवश्य विद्यमान रहती है। केवल विद्यमान ही नहीं रहती, प्रत्युत् वर्ण्य विषय में अलौकिक तेज एवं माधुर्य की सृष्टि कर देती है। देश के लिए यातना-सहन की प्रक्रिया उनकी दृष्टि में धर्म का सबसे उज्ज्वल रूप है। इसे वे कहीं भी नहीं भूल सकते। प्रकृति की सुन्दरताओं के देखते-देखते उन्हें बेड़ियों में बँधे अपने स्वदेश-मन्दिर की याद आती है; बाँसुरी बजाते-बजाते उन्हें रणडंका बजाने की चाह होती है; गान आरम्भ करने के साथ ही उनमें उल्लास जग पड़ता है और वे स्वर से नभो-वितान को कँपा देना चाहते हैं; आराध्य जब उन्हें अपने हृदय का हार बनाना चाहता है तब वे यह कहकर उसकी वर्जना करते हैं कि वे किसी अन्य देवता पर पहले ही चढ़ चुके हैं; प्रेमिका जब उन्हें वरण करने को आती है तब वे मील का पत्थर बन जाते हैं और यह व्यंजित करते हैं कि उनका हृदय कहीं अन्यत्र अर्पित हो चुका है; पूजा के लिए समुद्यत होने पर उनके मुँह से अनायास ही निकल पड़ता है—

जब निस-दिन अलख जगाता हूँ
तब नई प्रार्थना क्या होगी?

और वे पूजा के आडम्बर को छोड़कर उठ जाते हैं। यह सच भी है, क्योंकि जिसका सारा जीवन ही कृष्णार्पण का रूपक हो, वह घड़ी-दो-घड़ी में कोई विशिष्ट प्रकार की पूजा क्यों करे? आँसुओं का उद्गम सोचते हुए वे कहने लगते हैं—

छूटा हुआ बाण हूँ क्या मैं
धार मोथरी-सी जानी,
धन्वा पर चढ़ने से पहले
चढ़ा रही उस पर पानी?

तथा आराध्य की 'खोज' में जब वे अध्यात्म की भूमि में प्रवेश करते हैं तब भी बलिदान और वीरता उन्हें नहीं भूलती—

बलि के कम्पन में जो आती
भटकी हुई मिठास;
यौवन के बाजीगर करता हूँ
उस पर विश्वास।
हिन्दी-महासागर देने को
राजी हुआ न द्वार;
लाता हूँ वे घड़ियाँ होवे
बड़ा काफिला पार।

जिन अवस्थाओं की राजनीतिज्ञ-कृत अनुभूतियों से राजनीति के नीरस सिद्धान्त निकलते हैं, उन्हीं अवस्थाओं की कवि-कृत अनुभूतियों से रसमयी कविता का जन्म होता है, माखनलालजी की रचनाएँ इस कथन का ज्वलन्त प्रमाण हैं। राजनीति साहित्य का द्रोही नहीं, उसके पास ही बहनेवाली एक भिन्न धारा है। जब वह साहित्य की धारा से आकर मिलती है, उसका अपना रूप विलीन हो जाता है। इतना ही नहीं, प्रत्युत् साहित्य की झोली की एक मुट्ठी स्वर्णधूलि राजनीति के सारे वेश को रंग देती है और वह साहित्य की संगति में आकर कुछ-से-कुछ बन जाती है। माखनलालजी को राजनीति से प्रेम है। कहने को तो एक बार उन्होंने यहाँ तक कह डाला था कि,

सखे, बता दे, कैसे गाऊँ अमृत मौत का दाम न हो,
जगे एशिया, हिले विश्व, औ' राजनीति का नाम न हो;

किन्तु, सच पूछिए तो राजनीति के क्षेत्र में उनका प्रवेश साधक के रूप में हुआ—ऐसे साधक के रूप में जिसे आत्मविकास के लिए एक ऐसा क्षेत्र चाहिए था जिसे हृदय श्रद्धापूर्वक सहज ही स्वीकार कर ले; और राजनीति के सिवा कोई दूसरी शक्ति उन्हें यह क्षेत्र नहीं दे सकती थी। कवि के मुख से 'अमृत' विशेषण पाकर भी राजनीति कभी यह दावा नहीं कर सकती कि उसने माखनलालजी से अपना प्रचार करवाया है। राजनीति उनके मस्तक पर नहीं चढ़ी, उनके हृदय में प्रविष्ट होकर कविता की विशाल जलराशि में डूबकर खो गई। समुद्र कवि का है, राजनीति उसमें लवण की भाँति विलीन है, लहराती

कविता है, राजनीति का अस्तित्व अब शेष कहाँ कि वह अपनी अलग तरंग फेंके? जिसकी गन्ध से हम प्रमुदित और प्रमत्त हैं वह, स्पष्ट ही, साहित्य का फूल है, राजनीति तो पौधे की जड़ के नीचे मिट्टी में गलकर कब की ही विलीन हो गई। माखनलालजी जीवन के सभी उपकरणों को लेकर कविता की राह से अध्यात्म की ओर जा रहे हैं; उनके सम्बल के वृत्त में गांधी भी हैं और श्रीकृष्ण भी; देशोद्धार की प्रेरणा भी है और आत्मविकास की कामना भी; शृंगार की सरसता भी है और संयम की क्षमता भी। तन और मन, मिट्टी और आत्मा, सभी उनके साथ हैं। वास्तविकता के प्रत्येक उपकरण का सूक्ष्म तत्त्व एवं सभी तत्त्वों की रसमयी चेतना अपने पर खोलकर साहित्य के लीलाकाश में उन्हें भली-भाँति सँभाले हुए हैं। वर्तमान साहित्य में वास्तविकता के सिन्धु-मन्थन से आदर्श की सृष्टि का उनकी कविताएँ एक ही उदाहरण हैं और हिन्दी को अपना सौभाग्य मानना चाहिए कि उसके अंक में समस्त कवि-मंडली से भिन्न एक ऐसा स्रष्टा भी विद्यमान है।

आज से कोई पच्चीस वर्ष पूर्व जब 'प्रताप' में भारतीय आत्मा को 'तिलक' शीर्षक कविता छपी थी, तब मैं कोई दस-बारह साल का था, किन्तु मुझे भली-भाँति याद है कि वह कविता मुझे अत्यन्त पसन्द आई थी और मैंने उसे कंठस्थ करके बहुत लोगों को सुनाया भी था। आगे चलकर मेरी मनोदशा के निर्माण में उस तथा भारतीय आत्मा की अन्य कविताओं ने बहुत ही प्रभाव डाला। मैं उनकी कविताओं को बड़े ही चाव से पढ़ता तथा अपने सहपाठियों को सुनाता था। किन्तु, जैसे-जैसे समय बीतता गया, मेरे लिए उनकी कविताएँ अधिक आकर्षक और साथ-साथ अधिक कठिन भी होती गईं। ऐसा लगता है कि जैसे-जैसे छायावाद का युग समीप आता गया, वैसे-वैसे माखनलालजी की वाणी अधिक गम्भीर तथा धूमिल होती गई। छायावाद की कुहेलिका का आरम्भ सबसे पहले उन्हीं की रचनाओं में हुआ था और, शायद, उसका सर्वाधिक गहन रूप भी उन्हीं की कुछ रचनाओं में विद्यमान है। बहुत अंशों में वे छायावाद के अग्रदूत थे। द्विवेदी-काल की इतिवृत्तात्मकता को भेदकर सन् 1923 ई. अथवा उसके पूर्व से ही वे हिन्दी के वक्षस्थल पर नई अभिव्यंजना की सुरम्य रेखाएँ खींचने लग गए थे जो इस बात का स्पष्ट संकेत दे रही थीं कि हिन्दी-कविता में अभिव्यंजना की कोई नई एवं बलवती शैली जन्म लेने जा रही है। अधिकाधिक वक्रोक्ति-सृष्टि के प्रयास से जन्म लेनेवाली दुरूहता अगर

छायावाद की कोई विशिष्टता थी, तो इसका चरम विकास माखनलालजी में हुआ। इस दृष्टि से वे चाहे छायावादी धारा के सबसे बड़े प्रतिनिधि कलाकार भले ही मान लिए जाएँ, किन्तु दुरूहता को प्रश्रय देने का दायित्व उनके साथ रहेगा।

कई विद्वान कविता को वक्रोक्ति का पर्याय मानते हैं जो बहुत अंशों में सही और दुरुस्त है। वक्रोक्ति ही कविता का वह प्रमुख गुण है जो उसे गद्य से भिन्न करता है। काव्य में कला का विकास, अन्ततः, वक्रोक्ति का ही विकास है। कला अथवा वक्रोक्ति जब अपने चरम विकास पर पहुँचती है तब काव्य का रहस्य गद्योद्घाटनपटु उँगलियों से नहीं खुलता। माखनलालजी की कितनी ही कविताओं में वक्रोक्ति अपने चरम विकास पर पहुँची हुई मिलती है, जहाँ अप्रतिम सौन्दर्य पर रीझा हुआ रसग्राही हृदय तप करते-करते हार जाता है, किन्तु सौन्दर्य का रहस्य-द्वार नहीं खोल पाता। उनकी कितनी ही रचनाएँ आलोचना को विकल और परास्त कर देती हैं। सामने जगमगाते हुए तारों को तो हम देखते हैं, किन्तु उनके पीछे की कुहेलिका भेद नहीं पाते। भाषा सरल, कहने का ढंग अत्यन्त आकर्षक और चित्रों में तेज का पूरा निखार, सभी गुण एक से एक बढ़कर हैं, किन्तु अक्सर ही पंक्तियाँ अपनी मस्ती में लहराती हुई हमारी ओर मुखातिब हुए बिना आगे बढ़ जाती हैं। कवि हमारे हाथों में भाव का एक छोर थमाकर स्वयं न जाने किस कुंज में अन्तर्धान हो जाता है। उसकी वाणी मधुर तो लगती है, किन्तु यह समझ में नहीं आता कि वह किस आवेग पर चढ़कर नृत्य कर रही है। ऐसे स्थलों पर उनकी कविताएँ नेपथ्य की आवाज बन जाती हैं और उनका इतना ही महत्त्व मानकर पाठकों को सन्तोष कर लेना पड़ता है। कहीं-कहीं पूर्वापर-सम्बन्ध का पता नहीं पाने के कारण पाठक अपनी ही विद्या-बुद्धि पर सन्देह करने लगता है, किन्तु तब भी सौन्दर्य की इस अबूझ पहेली को छोड़ नहीं सकता। जहाँ मूल भाव अविश्लिष्ट रह जाते हैं, वहाँ वह स्फुट चित्रों पर ही सन्तोष कर लेता है, किन्तु हृदय में एक अतृप्ति बनी रह जाती है कि जाने इन चित्रों के पीछे किस मनोरम विषय की पृष्ठभूमि रही होगी। कहीं तो ऐसा मालूम होता है कि धरती की ही कोई चीज बहुत दूर आकाश में उछाल दी गई हो; और कहीं ऐसा भासित होता है कि कल्पना उस लोक में विहार कर रही है जहाँ के हू-बहू चित्र उठा लेने में तूलिका असमर्थ है।

अस्पष्टता और धुँधलेपन का कुछ कारण यह भी है कि माखनलालजी की कल्पना प्राय: रहस्यवाद की सीमाभूमि पर विचरण करती है। एक तो भक्त होने के कारण रहस्यलोक से उनका सहज सम्बन्ध है ही; दूसरे, शैली से वे प्रथम कोटि के व्यक्तिवादी हैं। अपनी वैयक्तिक अनुभूतियों से आत्मकथा की रचना करनेवाले हिन्दी में और भी कई श्रेष्ठ कवि विद्यमान हैं, किन्तु माखनलालजी की यह भी एक प्रचंड विशेषता है कि वे समूह की भावनाओं को भी वैयक्तिक अनुभूति का रूप देकर ही व्यंजित करते हैं। राष्ट्र की वेदना उनके मुख से निजी वेदना के रूप में प्रकट होती है तथा उसमें वही माधुर्य, विदग्धता एवं अस्पष्टता विद्यमान रहती है जो प्रधानत: आत्मकथाओं के गुण हैं। स्थूल जगत् की भी जो तस्वीर वे उठाते हैं; संसार को उसका दर्शन उनके स्वप्नों के आवरण में ही होकर मिलता है। दमन की यातनाओं के बीच जब वे चीखते हैं तब उनकी चीख को हम सीधे नहीं सुन पाते, वरन् हमें तो आराध्य मन्दिर से टकराकर लौटनेवाली उसकी प्रतिध्वनि ही सुनाई पड़ती है।

माखनलालजी की ऐसी रचनाएँ बहुत थोड़ी हैं जिनकी विहारभूमि आदि से लेकर अन्त तक एक ही भाव-लोक में हो। आसक्ति से आरम्भ करके वे बलिदान में अन्त करते हैं और आक्रोश से चलकर वे करुणा में विश्राम लेते हैं। यह भी सम्भव है कि एक ही स्थल पर प्रेम, बलिदान, करुणा और उत्साह के सिवा कितने ही अन्य अप्रत्याशित भाव भी एकत्र मिल जाएँ, किन्तु सबके सब कविता के एक ही आनन्दसूत्र में ग्रथित रहकर काव्य का चमत्कार उत्पन्न करते हैं, जो प्राय: आलोचकों के लिए अनिर्वचनीय रह जाता है। अपने व्यक्तित्व के विभिन्न रूपों के समन्वय से उनकी कविताएँ दुर्बोध भी हुई हैं तथा सुन्दर और समर्थ भी।

'हिमकिरीटिनी' की भूमिका में माखनलालजी ने कहा है—"दृष्टि का काम बाहर को भी देखना है और भीतर को भी" तथा "अपने परम अस्तित्व तक ऊँचे उठकर रह सकना मुक्ति है।" और सत्य ही, मिट्टी के सारे आवेगों को समेटकर वे सदैव अपने परम अस्तित्व की ओर उड़ना चाहते हैं। अध्यात्म तो धरती से दूर है ही, उनकी देश-भक्ति भी स्थूलता को छोड़कर तथा बाह्य जीवन से उठकर मानस जगत् में चली जाती है और वहाँ पहुँचकर अध्यात्म के ही आकाश का एक अंग बन जाती है—

घड़ियाँ जल-जलकर बनतीं

प्रियतम-पथ की फुल-झड़ियाँ,
चढ़ते हैं एकान्त और
उन्माद स्वयं बन लड़ियाँ,
आज पुतलियों ने फिर खोला
चित्रकार का द्वार;
जीवन के कृष्णार्पण की
नींव फिर उठीं पुकार!

कवि श्री सियारामशरण गुप्त

अष्टादश हिन्दी-साहित्य-सम्मेलन, मुजफ्फरपुर (1928) में हिन्दी-कविता के पुराने और नए स्कूलों के प्रतिनिधियों के बीच का संघर्ष बहुत ही मुखर हो उठा। उस साल मंगला प्रसाद-पारितोषिक साहित्य विषय पर दिया जानेवाला था, किन्तु वह पुरस्कार 'पल्लव' पर न दिया जाकर श्री वियोगी हरिजी की 'वीर-सतसई' पर दिया गया। इसके सिवा, सम्मेलन के सभापति पं. पद्मसिंह जी शर्मा ने अपने अभिभाषण में छायावाद की बड़ी ही कटु आलोचना भी की थी और व्यंग्यपूर्वक 'पल्लव' को काँटा कह डाला था। नवयुवक साहित्यकार इस बात से बहुत ही क्षुब्ध थे और इस क्षोभ को अभिव्यक्ति सम्मेलन के अवसर पर होनेवाली सभी साहित्यिक समितियों और बैठकों में होती रही। सम्मेलन के दूसरे दिन, मुजफ्फरपुर साहित्यसंघ (यह संस्था अब जीवित नहीं है) के उत्सव में सभापति के पद से बोलते हुए श्री हरिऔधजी ने आवेश के साथ कहा कि "मुझे तो श्री मैथिलीशरणजी की अपेक्षा श्री सियारामशरण की ही कविताएँ अधिक पसन्द आती हैं।" सभी युवकों ने तुमुल करतलध्वनि के साथ इस घोषणा का स्वागत किया, किन्तु मेरे हाथ नहीं बज सके। मैं विचारता रह गया कि क्या सचमुच ही 'मौर्य-विजय' का रचयिता 'जयद्रथ-वध' के रचयिता से श्रेष्ठ है?

श्री सियारामशरणजी को श्री मैथिलीशरणजी से श्रेष्ठ मैं अब भी नहीं मानता। दोनों भाइयों की मनोदशाएँ एक न होते हुए भी प्रायः मिलती-जुलती-

सी हैं और समधिक दूरी तक दोनों में ही प्राचीन संस्कारों के प्रति एक प्रकार की अनुरक्ति है; किन्तु उम्र में छोटे होने के कारण अथवा अन्य प्रभावों से श्री सियारामशरणजी नवीनता की ओर अधिक उन्मुख हैं। उनकी विषय को ग्रहण करने की प्रणाली मैथिलीशरणजी की अपेक्षा अधिक नवीन है तथा यद्यपि छायावाद की अभिव्यंजक शक्तियों का विकास उनमें भी पूर्ण रूप से नहीं हो सका, तथापि वे अपने अग्रज की अपेक्षा छायावाद के अधिक समीप और उसके अधिक अपने कवि रहे। छायावाद की दुनिया में मैथिलीशरणजी अपनी सामर्थ्य के बल पर आए थे, किन्तु सियारामशरणजी को उस दुनिया को किरणों ने अपनी ओर खींचा। यों भी कह सकते हैं कि छायावाद के बाजार से अपनी पसन्द की तूलिका और रंग खरीदकर मैथिलीशरण अपने देश को लौट गए, किन्तु सियारामशरणजी ने उस बाजार में आकर डेरा ही डाल दिया; यानी स्थायी निवास के उद्‌देश्य से वहाँ अपना घर नहीं बनाया, क्योंकि तब अपने असली घर का मोह उन्हें छोड़ देना पड़ता और 'दूर्वादल', 'पाथेय', 'मृण्मयी' एवं 'आर्द्रा' की रचना बँटी हुई मनोदशाओं से ऊपर उठकर एकमात्र रोमांस की समाधि में करनी पड़ती।

सियारामशरणजी की कविताओं के पीछे हम एक ऐसी मनोदशा को विद्यमान पाते हैं जो प्राचीन और नवीन, दोनों ही दिशाओं की ओर बँटी हुई है। शैली से वे रोमांसप्रिय और विचारों से शास्त्रीय हैं। किन्तु, शैली उनके विचारों को प्रेरित नहीं करती। भाव उनके इतिहास से आते हैं और शैली वे नए युग से लेते हैं। यह भी ठीक है कि उनके सभी भाव उनकी अनुभूतियों में गलकर नवीन बन जाते हैं, किन्तु इस क्रम में उनका एक तिहाई अंश प्राचीन ही रह जाता है। उनके साथ एक और कठिनाई है। प्राचीन भाव और नई शैली जब आपस में मिलने लगती हैं, तब उनमें से प्रत्येक को अपनी मूल शक्ति का कुछ अंश बलिदान करना पड़ता है। इस प्रकार उनके शास्त्रीय भावों की अपनी परम्परागत प्रबलता घट जाती है और नवीन शैली को भी अपनी स्वाभाविक विशिष्टताओं में से कुछ का त्याग करना पड़ता है। 'आर्द्रा' और 'मृण्मयी' की कविताओं में रोमांसवाद की चमत्कारपूर्ण शैली अपने तेज के साथ पूर्ण रूप से विद्यमान है, किन्तु स्पष्ट ही, गम्भीर शास्त्रीय भावों को सफलतापूर्वक वहन करने के लिए उसे अपनी सूक्ष्मता को छोड़ देना पड़ा है और गद्य के उतना समीप आ जाना पड़ा है जितना समीप उसे, साधारणत: नहीं आना चाहिए था।

यह कवि की असमर्थता का परिणाम नहीं हैं, प्रत्युत् जब कभी लिरिक-कविता की शैली, प्रबन्ध अथवा कथा-काव्य या किसी प्रकार की नीति-व्यंजना के लिए प्रत्युक्त की जाएगी, तभी उसे सूक्ष्म की अपेक्षा कुछ अधिक स्थूल हो जाना पड़ेगा।

भद्र, यह विधि का विधान है,
देव हो कि दानव हो,
ऋषि, मुनि और महामानव हो,
सीमित सभी का यहाँ ज्ञान है।
विधि के विधान से ही वर्षण-अवर्षण का,
एक-एक क्षण का
निश्चित है योगायोग,
भोग्य है सभी के लिए भोगाभोग।

(मंजुघोष)

यह टुकड़ा उस शैली का अत्यन्त रोचक उदाहरण है जो श्री सियारामशरणजी में शास्त्रीय भाव और नवीन व्यंजना-प्रणाली के योग से विकसित हुई है। पूरे पद में प्रवाह की गम्भीरता और भावों की टुकड़ियों की समाप्ति पर आनेवाले लय के विराम इसे मैथिलीशरणजी की किसी भी कविता से एकदम विभाजित कर देते हैं। यह कविता आज से दस वर्ष पूर्व की रचना है जब छायावाद हिन्दी में अपना पूरा काम कर चुका था और स्वभावत: ही जब श्री सियारामशरणजी उससे वे सभी प्रभाव ग्रहण कर चुके थे जो उनकी रुचि के अनुकूल पड़ते थे। लेकिन, सब कुछ होते हुए भी इसके भीतर से चमकनेवाला भाव प्राचीन मालूम पड़ता है। यह शास्त्रीय पद्धति के विचार की मनोदशा है जो छायावाद के भीतर से अपनी समस्त ज्ञानगरिमा के साथ चमक रही है। यह उस कवि की वाणी है जो अपने प्राचीन संस्कारों का उज्ज्वल गीत अभिव्यंजना के नवीन सुरों में गा रहा है। मैथिलीशरणजी ने छायावाद से सिर्फ तूलिका और रंग लिए थे; कैनवास और स्वप्न दोनों ही उनके अपने थे। सियारामशरणजी ने स्वप्न छोड़कर और समस्त उपकरण छायावाद से ही लिए हैं। 'मौर्यविजय' के समय उन्होंने जिस कैनवास का उपयोग किया था, वह अब उनके पास नहीं है; छायावाद के भांडार से उन्होंने अपनी पसन्द का एक नया कैनवास उठा लिया है जो अन्य

छायावादी कवियों के चित्रपट की तरह कोमल तो नहीं है, किन्तु चित्र शायद उस पर बुरे नहीं उठते हैं।

सियारामशरणजी में कला की आराधना कम, विचारों का सेवन अधिक है। उनका उद्देश्य सौन्दर्य-सृष्टि नहीं, प्रत्युत् कविता के माध्यम से सत्य का प्रतिपादन है। प्रसन्नता उन्हें इसलिए नहीं होती कि वे सुन्दर सुरों में गाते हैं, प्रत्युत् इसलिए कि उनका गान सारसंयुत है! हिन्दी-संसार में उन्हें जो सुयश मिला है वह भी निरे कला-निर्माण के लिए नहीं, प्रत्युत् विचारों की शुद्धता एवं भावों की पवित्रता के कारण ही। रसिक कवि की सौन्दर्यप्रियता एवं प्रेम तथा आसक्ति के भाव उनमें कहीं भी प्रकट नहीं हुए हैं। उनकी कविताओं में से रंगीनियों की एक पूरी दुनिया ही गायब है। बल्कि इस दृष्टि से श्री मैथिलीशरणजी कहीं अधिक सरस हैं जिन्होंने 'पंचवटी', 'द्वापर' और 'साकेत' में स्थान-स्थान पर श्रृंगार की छोटी-मोटी अनेक धाराएँ बहाई हैं जो पवित्र होने के साथ सुन्दर और सरस भी हैं। किन्तु, इसका अभिप्राय यह नहीं है कि सियारामशरणजी एकरस अथवा संकीर्ण है। एक कवि जीवन भर में एक ही कविता लिखता है, हिन्दी के वर्तमान कवियों में इस सिद्धान्त के वे सबसे बड़े अपवाद हैं। रस का अभाव उनमें भले ही हो, किन्तु विचारों का उनमें एकदम अभाव नहीं है। उनकी कविताओं के भीतर से एक ऐसे चिन्तक का व्यक्तित्व झलकता है जो सदैव नए-नए भावों का शोध कर रहा हो। उनकी प्रत्येक कविता भाव-प्रधान है और उनके भाव भी विविध एवं विशाल हैं। वे अपने समय के अत्यन्त सम कवि भी हैं; उनकी कविताओं का धरातल ऊपर-नीचे नहीं होता। ऐसा नहीं है कि उनकी एक रचना बहुत छिछली और दूसरी अत्यधिक गम्भीर हो। जिस स्तर पर वे काम करते हैं उसके नीचे विचारों के सुदृढ़ खम्भे लगे हुए हैं जो ज्यादा हिलते-डुलते नहीं।

सियारामशरणजी संयमशील कवि भी है। यह सत्य है कि संयम में शक्ति होती है और उससे मनुष्य का रूप गम्भीर हो जाता है। किन्तु, गम्भीर पुरुष से सभी लोग आत्मीयता स्थापित नहीं कर सकते। नेता बहुत-कुछ तिलक और पटेल के समान होना चाहिए, किन्तु कवि और कलाकार के लिए जवाहरलाल का मुक्त स्वभाव ही उपयुक्त है। यह सच है कि संयम से कवि की शक्ति बढ़ जाती है, किन्तु उस संयम से जी घबड़ाता है जो रस को मुक्त होकर चलने नहीं देता। मैं बार-बार अचरज करता हूँ कि सियारामशरणजी में रसोन्माद का

इतना अभाव क्यों है? समधिक भाग में भावों के व्याकुल प्रवाह और संयम के स्नस्त वेग का उदाहरण प्राय: सभी कवियों में मिलता है। फिर सियारामशरणजी में हो यह अनुपस्थित क्यों है?

इसका उत्तर 'दूर्वा-दल', 'आर्द्रा', 'मुण्मयी' और 'पाथेय' की अधिकांश कविताओं में व्याप्त है। कुछ कविताओं को छोड़कर सियारामशरणजी सर्वत्र ही सोद्देश्य हैं जो कलाकार के लिए सदैव अपमान की ही बात नहीं कही जा सकती और सियारामशरणजी की सोद्देश्यता तो बिलकुल ही चिन्तन के आवरण में प्रच्छन्न है, इसलिए उसे हम किसी भी प्रकार प्रचार का पर्याय नहीं मान सकते। वे काव्य की भूमि में विचारक की भाँति गम्भीरता और सहज विनय के साथ उतरते हैं तथा प्रत्येक वस्तु के अस्तित्व का सत्यान्वेषी पुरुषों की भाँति विश्लेषण करते हैं। इस विश्लेषण की प्रक्रिया से यह स्पष्ट हो जाता है कि आनन्द उनका उद्देश्य नहीं है। वे इससे कुछ अधिक ठोस लक्ष्य की तलाश में हैं। जीवन की छोटी-से-छोटी बातों में भी उन्हें किसी महान् सत्य की ध्वनि सुनाई पड़ती है। उनकी घड़ी जब चलते-चलते बन्द हो जाती है तब, अनायास ही, उनमें महान् काल की आकस्मिक स्थिरता की कल्पना जग पड़ती है, मानो यह एक अपूर्व सुयोग आ गया हो। मानो 'अकाल-काल' उन्हें छूने के लिए 'एक क्षण' को रुक गया हो (एक क्षण)। बारात के कोलाहल, हलचल और थकावट के बाद अगर उन्हें बैलगाड़ी में कहीं नींद आ जाती है तो वे सोचने लगते हैं—

भय की नहीं है बात, आज यदि उर में अशान्ति है,
सुन तू अरे मन, तेरी शान्ति-लक्ष्मी शान्ति लायगी,
कोई विघ्न-बाधा रोक उसको न पाएगी।

(शान्ति-लक्ष्मी)

वे प्रधानत: निति-व्यंजक कवि हैं, किन्तु यह नीति उनकी चिन्ता की धारा से सहज रूप से प्रस्फुटित होती है। वृन्द या गिरिधर की तरह उन्हें इसके लिए तैयारी नहीं करनी पड़ती। और जब यह नीति-व्यंजना सुविकसित वक्रोक्ति के माध्यम से होने लगती है तब उसमें काव्यानन्द भी खूब ही उमड़ता है। उनकी चिन्ता की दिशा सहज ही गम्भीर है, अतएव उनके लिए यह कभी भी सम्भव नहीं है कि केवल आनन्द की खोज में वे रंगीनियों के लोक में उड़ने का साहस करें।

संयम, शील और रहस्यान्वेषण की वृत्ति से रहस्यवादियों का संसार बहुत अधिक दूर नहीं है। ऐसी वृत्तिवाला मनुष्य जभी प्रेमविभोर होकर परम सत्ता की ओर उन्मुख होगा, तभी वह उस लोक में जा पहुँचेगा जहाँ की वाणी समर्थ होने पर धुँधली कविता और असमर्थ होने पर दर्शन का सूत्र बन जाती है। सियारामशरणजी उड़कर तो नहीं, हाँ, रास्ता भूलकर कभी-कभी इस लोक में पहुँच जाते हैं, किन्तु प्रेम के उन्माद से अनभ्यस्त रहने के कारण वे वहाँ का पूरा आनन्द नहीं उठा सकते। वे व्यक्तिवादी होने से डरते हैं और इसीलिए रहस्य-लोक में भी आत्म-विस्मृति से बचने के लिए सदैव सतर्क रहते हैं। उनमें प्रेम तो नहीं, हाँ, श्रद्धा का निवास है, किन्तु विचार के प्रहरी श्रद्धा के साथ अन्याय करते हैं, उसे उठकर घूमने-फिरने नहीं देते। इसलिए उनका रहस्यवाद भक्त की आत्म-विस्मृति न होकर, रहस्य के लोक में ज्ञानी का जागरण हो जाता है। उनकी "आहा, यह आलोक उदार" अथवा "धन्य आज का यह खग्रास' या "तेरी क्षणप्रभा में ही मैं पुलक, तुझे पहचान गया" आदि पंक्तियों और कविताओं में यही मनोदशा व्यंजित हुई है। "प्रियतम, कब आएँगे, कब"...जैसी दो-एक कविताओं में श्रद्धा ने अपना स्वर ऊँचा करना अवश्य चाहा है, किन्तु ऐसी कविताएँ बहुत थोड़ी हैं और मिला-जुलाकर यही निष्कर्ष उचित मालूम पड़ता है कि सियारामशरणजी में भक्ति की अपेक्षा ज्ञान का ही अधिक प्राधान्य है और इसी के बल पर वे काव्य से लेकर अध्यात्म की भूमि तक सचेष्ट होकर विचरण करते हैं।

कला में सतर्कता, शून्य में पंख खोलने से डरने की वृत्ति, निरे आनन्द को त्याज्य समझने की भावना, ठोस एवं शास्त्रीय भावों को छायावाद की आनन्दमयी शैली में बाँधने की उत्कट इच्छा, जीवन की नगण्य घटनाओं एवं उपादानों में से किसी सत्य को व्यंजित करने का लोभ, भावुक की शैली में विचारक की मणि को जड़ देने की उमंग इन सारी प्रवृत्तियों का सुन्दर एवं चरम विकास उनकी 'दैनिकी' नामक सबसे नवीन कृति में हुआ है। 'दैनिकी' एक विचारक कवि की शैली और भाव, दोनों ही के सुरम्य परिपाक का सुन्दर उदाहरण है और इसकी तुलना रवि बाबू की 'कणिका' से की जा सकती है। सियारामशरणजी नवीन और प्राचीन, दोनों के बीच से होकर मध्य-मार्ग पर चल रहे थे। इस यात्र में उनका हृदय आगे और मस्तिष्क पीछे की ओर था। अब तक उनकी शैली में प्राचीन की नग्नता और नवीन की कुहेलिका

आँखमिचौनी खेल रही थीं। 'दैनिकी' में आकर इस द्वन्द्व का अन्त हो गया है। अब वे उस बिन्दु पर दृढ़तापूर्वक खड़े हो गए हैं जहाँ नवीन और प्राचीन, दोनों ही प्रेमपूर्वक मिल सकते हैं। इस दृष्टि से भी सियारामशरणजी की कृतियों में 'दैनिकी' का अप्रतिम स्थान होना चाहिए।

'दैनिकी' में कवि सिर्फ दृढ़ ही नहीं है, उसका मानव-क्षेत्र भी बहुत ही विस्तृत हो गया है; और यह विस्तार कोई आकस्मिक घटना नहीं है। अब तक जो सरणि चली आ रही थी उसका ऐसा ही परिपाक होना चाहिए था। सदा की भाँति वह यहाँ भी प्रतिदिन की घटनाओं के भीतर से जीवन के किसी सत्य की खोज करता है, किन्तु सत्य अब उसकी पकड़ में पहले की अपेक्षा अधिक दृढ़ता तथा आसानी से आता है। पहले वह सत्य के प्रतिबिम्ब से भी सन्तुष्ट हो जाता था; अब ऐसी बात नहीं है; उसे बिम्ब नहीं, शुद्ध सत्य चाहिए और शुद्ध सत्य उसे सर्वत्र ही उपलब्ध होता है, यद्यपि इस सत्य को सत्य मानने का विश्वास उसे अपनी ही दृष्टि से मिलता है। किन्तु, यह कोई नई बात नहीं है। साहित्य में सत्य वही है जो पाठकों की सम्भावना-वृत्ति को सन्तुष्ट कर सके। साहित्यकार लोगों के मस्तिष्क में सत्य का खूँटा नहीं ठोंकता, उससे इतनी ही स्वीकृति लेना चाहता है कि हाँ, यह सत्य हो सकता है। इस सम्भावना-वृत्ति का दैनिकी में सर्वत्र ही सम्यक् समाधान है; अतएव न्यायपूर्वक यह मान लेना चाहिए कि कवि के सत्यान्वेषण का कार्य सफल हुआ है और जीवन ने इस छोटे-से क्षेत्र में (दैनिकी कुल साठ-पैंसठ पृष्ठों की पुस्तिका है) उसे अपना रूप खुलकर दिखाया है।

सियारामशरणजी 'दैनिकी' से पहले भी मिट्टी का शोध करने के लिए आया करते थे; किन्तु उस समय लक्ष्य तक पहुँचने के पहले ही उन्हें कोई शक्ति अपनी और खींच लेती थी। वे कुछ लेकर ही लौटते थे, यह ठीक है; किन्तु यह 'कुछ' वह चीज नहीं थी जो मिट्टी की आत्मा उन्हें पुरस्कार के रूप में दे सकती थी। 'दैनिकी' में आकर उन्हें यह पुरस्कार मिला है और वे आनन्द तथा विस्मय के साथ, पहले-पहल, यह अनुभव कर रहे हैं कि मिट्टी की झनझनाहट ही इस युग का सच्चा काव्य है।

इस युद्ध के समय में सियारामशरणजी ने कविता की दो पुस्तकें तैयार की हैं—एक है 'दैनिकी' और दूसरी है 'उन्मुक्त'। 'उन्मुक्त' में काव्य का प्रवाह अपेक्षाकृत शिथिल है। कवि जो कुछ अखबरों में पढ़ रहा था, उसी के बल पर

उसने वर्तमान युद्ध का एक रूपक कविता में लिख दिया। शायद यह पुस्तक युद्ध और गांधीवाद की तुलना के निमित्त लिखी गई है; क्योंकि युद्ध के अन्त में पराजित लोग अहिंसा की दुहाई दे रहे हैं। यह उल्टा न्याय है, क्योंकि अहिंसा तो उन्हें शोभा दे सकती है जो आक्रमणकारी होकर भी जीत गए हैं। स्वत्व और न्याय की बाजी हारनेवाले लोग जब अहिंसा और क्षमा की बातें बोलने लगते हैं, तब ऐसा प्रतीत होने लगता है कि खुफिया पुलिस के डर से वे अपने भीतर के प्रतिशोध को छिपा रहे हों अथवा अपने खोए हुए आत्म-विश्वास को किसी प्रकार जगाने के लिए सांस्कृतिक उद्‌गारों का अवलम्बन ले रहे हों। 'हिंसा का है एक अहिंसा ही प्रत्युत्तर' में से गांधीवाद का सार व्यंजित होता है। किन्तु, यह किसी प्रकार भी समझ में नहीं आता कि जो लोग पराजय के बाद इस सिद्धान्त का महत्त्व समझने लगे हैं वे इसका प्रयोग करके अपना खोया हुआ द्वीप वापस कैसे पाएँगे।

इसके विपरीत 'दैनिकी' के उद्‌गारों में जीवन का अधिक तेजस्वी और सच्चा स्वर प्रकट हुआ है। उनमें शोषितों के लिए अहिंसा और कष्ट-सहन का उपदेश नहीं है, बल्कि जो कवि सर्वहारा की दशा का आँसू बहाकर शोषकों में करुणा उत्पन्न करना चाहते हैं, उन्हें 'दैनिकी' के कवि ने बहुत ऊँचा उठकर ललकारा है—

करता है क्या? अरे मूढ़ कवि, यह क्या करता?
उत्पीड़ित के अश्रु लिये ये कहाँ विचरता?
दिखा-दिखाकर इन्हें न कर अपमानित उसको,
लौटा आ तू इन्हें उसी पाषाण-पुरुष को।

यह पाषाण-पुरुष स्वयं सर्वहारा है और उसके आँसू आँसू नहीं, प्रत्युत् अंगार हैं।

ज्वाला-गिरि के बीज, क्रूर शोषण से जमकर,
फूट पड़े हैं ठौर-ठौर आग्नेय, विकटतर;
काँप उठी है धरा उन्हीं के विस्फोटन में,
फैल गई प्रलयाग्नि-शिखा यह निखिल भुवन में।

सियारामशरणजी में कल्पना का मोह आतिशय्य तक कभी नहीं गया था। 'दैनिकी' में आकर तो उसका रहा-सहा अंश भी समाप्त हो गया है अथवा यह कहना चाहिए कि उसका कोई भी छूँछा रूप अब शेष नहीं है या यों समझना

चाहिए कि ऊपर-नीचे सभी ओर भटकनेवाला तीर्थयात्री अब मिट्टी पर ही अपने आराध्य के मन्दिर को पहचानकर स्थिर हो गया है। मिट्टी के नाद को सुन सकना अवनति नहीं, उन्नति है। अवनति तो वह है जिसके कारण मनुष्य सत्य को तिरस्कृत करके ख्याली दुनिया में डूबने जाता है। 'दैनिकी' की स्वप्नभंग नाम्नी कविता में सियारामशरण जी कहते हैं कि समाधि की अवस्था में एक दिन वे नन्दन-कानन में पहुँच गए और कल्पलता से कहने लगे कि अपना एक फूल मुझे दे दो। उसे मैं चुपके-से अपनी काव्य-वधू के जूड़े में जड़ दूँगा जिससे मेरा आँगन सुरभित हो उठेगा और मेरी काव्य-वधू विस्मय भरी दृष्टि से इधर-उधर देखने लगेगी। इतने में उनका स्वप्न टूट जाता है और देखते हैं कि न तो नन्दन-कानन है और न कल्पलता। है तो एक सूनी कोठरी जिसमें कवि अकेला बैठा हुआ है और सुनाई पड़ता है तो एक पिटती हुई बालिका का स्वर—

पिटी बालिका का कटु क्रन्दन नीचे से आता था,
नहीं रुक रहा था ताड़नरत कर कुपिता माता का।

लेकिन, संसार में आज कितने ही 'ताड़नरत' हाथ हैं जो इस कुपिता माता के हाथ से कहीं अधिक कठोर हैं और पूरे परिवार के साथ भूखों मरनेवाले कितने ही ऐसे लोग हैं जिनका विलाप इस बालिका के क्रन्दन से कहीं हृदयद्रावक और कराल है। तो कवि के नन्दन-कानन का स्वप्न अब भी क्यों नहीं टूटता?

कवि ने इस पुस्तक की छोटी-सी भूमिका में लिखा है—"जनरुचि को आज संग्राम की विकट परिस्थिति ने सस्ती और साधारण वस्तुओं की ओर भी उन्मुख कर दिया है। 'दैनिकी' का रचनाकाल यही है। इसी कारण इसके अपना लिए जाने की आशा रचयिता को है।" तथा "कवि की विशेषता साधारण से असाधारण की उपलब्धि पर लेने में है।" पता नहीं, इसमें सियारामशरणजी की शंका बोलती है अथवा आत्मविश्वास, किन्तु सच तो यह है कि संकट के जिस काल ने लोगों को साधारण वस्तुओं की ओर उन्मुख कर दिया है, उसी ने यह भी सिद्ध कर दिया है कि मनुष्य के प्रसाधन के सारे उपकरण चाहे छीन लिए जाएँ, किन्तु अन्न और वस्त्र तो उसे मिलना ही चाहिए।

तुम घर कब आओगे कवि?

कई वर्षों से भारत का कवि प्रवास में है। जब तक यातायात के साधन सुलभ नहीं थे, बाहर की दुनिया दूर लगती थी, कवि अपने घर में रहना पसन्द करता था। लेकिन, यातायात के साधनों के सुलभ होते ही वह बड़ी दुनिया देखने को बाहर चला गया। बाहर चला गया और अब तक नहीं लौटा है।

गुलाम जाति अपने को हीन समझने लगती है और इसीलिए वह अपने को समृद्ध जातियों का समकक्ष सिद्ध करना चाहती है। दूर देशों की वाणी को अपने आस-पास मँडराते देखकर हमारा कवि भी अपनी वाणी को दूर भेजने की चेष्टा करने लगा। बाहर के कवियों का अपने घर में स्वागत करके वह भी दूसरों के घर मेहमान होने चला। विश्वेतिहास, विश्व-साहित्य और विश्व-मानव की खोज में वह अपना घर छोड़कर बाहर घूम रहा है। पश्चिम से आती हुई वाणी से जब उसकी अपनी वाणी आकाश में टकरा जाती है, तब उसे एक प्रकार की प्रसन्नता, एक विशेष प्रकार के विजयोल्लास का बोध होता है और वह सोचने लगता है कि उसने अपनी जन्म-भूमि का सिर ऊँचा कर दिया। वह उस देश का कवि है जिसकी संस्कृति का लोहा सारा संसार मानता है। इस गए-बीते जमाने में भी बाहर की वायु उसके कानों में आकर कहती है—"भारत के पास एक सन्देश है, जिसे उसे समग्र विश्व को देना है।" लुटे हुए गृहस्थ अथवा नि स्व संन्यासी के पास केवल सन्देश ही तो बच रहा है। इसे रोककर वह कृपण कहलाना नहीं चाहता। पराजित शरीरवाला मनुष्य संसार को अपनी

आत्मा से जीतना चाहता है।

भारत की आत्मा प्रवास में है। वह अपने आलोक से पश्चिम को चमत्कृत करना चाहती है। हमारा कवि सिर्फ वही स्वर फूँकना सीख रहा है जो किसी देश अथवा जाति-विशेष में सीमित न रहकर निखिल ब्रह्मांड का नाद बन सके। जो सर्वनिष्ठ है, जो सबका है, हमारा कवि भी वही होकर रहेगा। प्रशंसा के दो शब्दों के लिए अब वह अपने आस-पास कान नहीं लगाता। उसे वह सुयश चाहिए जो उसके देश की सीमाओं के पार से आता है।

भारत का ग्रामवासी हृदय अपने कवि के इस अभियान को श्रद्धा से देखता है। बाहर से आया हुआ मुकुट उसके मस्तक पर देखकर उसे एक प्रकार का हर्ष होता है; लेकिन, इस हर्ष के पीछे एक टीस है जिसे किसी ने लिखा नहीं। हर्ष आगे है, उसे सब देखते हैं। दर्द पीछे है, उसे कोई देख नहीं पाता। गाँव में रहनेवाले बाप और उसके सिविलियन बेटे की मुलाकात में एक मूक पीड़ा का व्यवधान है। इस हर्ष के चारों ओर चमत्कार है, उल्लास नहीं। बाप बेटे की उन्नति से प्रसन्न तो जरूर है, लेकिन अपने प्यारे पुत्र को गले लगाने की हिम्मत वह नहीं कर सकता।

प्रवासी कवि! तुम बहुत बड़ा काम कर रहे हो, लेकिन प्यारा काम नहीं। तुम दूसरों का घर सजा रहे हो, अपना घर नहीं। तुम्हें अमरता के लोभ ने आ घेरा है; लेकिन मरनेवालों के आशीर्वाद और प्यार से तुम वंचित हो रहे हो। आकाश और पाताल को बाँधनेवाले वीर, तुमने अपनी माँ की झोपड़ी नहीं बाँधी।

"शरत् का मेघ आकाश से विदा हो रहा है। सारी प्रकृति रो रही है, सारा आसमान उदास है, धरती निर्वाक् और दिशाएँ मौन हैं।" तुम सचमुच बहुत ऊँचा लिखते हो कवि! आकाश बहुत बड़ा और बहुत ऊँचा है। उसे सारी दुनिया एक साथ देखती है। तुम्हारे संवाद-गीत से चौंककर दुनिया ने आकाश की ओर देखा। विश्व के यन्त्रकुल प्राणों को यह सुनना बहुत अच्छा लगा कि "शरत् का मेघ आकाश से विदा हो रहा है।" यन्त्रकुल विश्व ने यह समझा कि कारखानों के धुओं से पार एक चीज है, जो कवियों का विषय बन सकती है। शरत् का मेघ आकाश से विदा हो रहा है और प्रकृति रो रही है। इस चित्र में घबराए हुए संसार के हृदय को एक तरलता मिलती है। लेकिन, भारत का ग्रामवासी हृदय प्रकृति के साथ रोता नहीं। शरत् के आने पर मेघों को जाना ही

चाहिए। जाएँ नहीं तो रब्बी की फसल बोई कैसे जाएगी?

भारत की मिट्टी कहती है—"कवि, तुम्हारा जन्म मेरी कोख से हुआ है। चाहिए तो यह था कि तुम पहले मेरा पात्र भरते। मेरे पात्र से उफनकर जो रस बाहर को बह जाता वह दुनिया का होता। लेकिन, हाल ठीक उलटा है। तुम पहले विश्व का पात्र भर रहे हो और उससे छिटककर गिरा हुआ रस मुझे दे रहे हो।"

कालर और टाई बाँधकर चलनेवाले कवि, तुम अपने ही घर में पहचाने नहीं जा रहे हो। संसार के साथ भारत का ग्रामवासी हृदय भी तुम्हारा आदर करता है, लेकिन वह सहज रूप से तुम्हें प्यार करने में डरता है। बाजारों में तुम्हारी कविता की पुस्तकें बिकती हैं, बेल-बूटों के बीच सजाई हुई तुम्हारी कविताएँ नगर का सम्मान पा रही हैं। दूर देशों के आलोचक तुम्हारे पास स्तुति और आशीर्वाद भेजते हैं। संसार तुम्हें पुरस्कृत करके तुम्हारा सम्मान करता है, लेकिन भरतीय जनता की हृदय-शिराओं में प्रवेश करने का द्वार तुम्हारी कविता को नहीं मिल रहा है। वह जिनके हृदय से निकली है, उन्हीं तक पहुँचकर रह जाती है। भारतीय मिट्टी से तुम्हारा जन्म तक का सरोकार है। धूल झाड़कर तुम ज्यों ही उठ खड़े हुए, तुम्हें सभ्य जीवन, विश्व-विजय और आकाश-भ्रमण की कामना ने अपनी गोद में उठा लिया। विश्व-वाटिका के अपरिचित फूलों का रस चूसनेवाले मधुकर! तुम्हें अपनी बाड़ी के फूलों का स्वाद नहीं मिला।

तुम विश्व के साहित्यिक आन्दोलनों में भाग लेकर यह दिखाना चाहते हो कि भावी संस्कृति के निर्माण में भारत का योग भी प्रमुख होगा। तुम सामाजिक और राजनीतिक आन्दोलनों की वाणी बनकर आगामी इतिहास में अपने लिए एक पृष्ठ सुरक्षित कर लेना चाहते हो। लेकिन, क्या तुम्हें याद है कि तुम्हारे अपने इतिहास के पृष्ठ खाली जा रहे हैं?

विश्व के मंच पर तुम जिनका प्रतिनिधित्व करने जा रहे हो, उन्हें साथ ले लेने को लौटो मेरे कवि! गाँवों के बीच की अन्तराल भूमि कुछ कहना चाहती है। बहुत दिनों से एक गाँव दूसरे गाँव की ओर टुकुर-टुकुर देख रहा है। इनके हृदय की व्यवस्थाओं को देखो। बैलों को लेकर खेत से लौटनेवाला किसान धीरे-धीरे क्यों चल रहा है? बागों में सावन के झूले क्यों नहीं पड़ते? बेटियाँ होली के दिन भी पुराने कपड़े क्यों पहने हुई हैं? दीवाली के दिन सुबरन के घर के चिराग शाम ही को क्यों बुझ गए? लगती हुई भैंस को मनोहर दीवाली के

मौके पर भी कौड़ियों की माला क्यों नहीं पिन्हा सका? कुछ सोचते हो कवि?

"अस्सी बरस का इलाही, जिसके अब एक बारह बरस के नाती के सिवा और कोई जीवित नहीं है, आज नाती के साथ कब्रिस्तान में घूम रहा है।" उसके मन की बात जानते हो द्रष्टा?

तीज के दिन जब सभी सुहागिनें अपने सुहाग का उत्सव मनाती हैं तब गाँव के उस टीले की चार विधवा युवतियाँ क्या सोचती हैं? और उसी दिन गाँव के मन्दिर में छिपकर यह सीधी-सादी क्वाँरी नागमती क्या भीख माँग रही थी? और कल नदी-किनारे बबूल के वन में रामधनी को रुपिया के साथ घुल-मिलकर बातें करते कुछ लोगों ने देख लिया। आज गाँव में जगह-जगह उसी कलंकिनी की चर्चा है। कुछ मालूम है कि आज रुपिया और रामधनी अपने-अपने घरों में मुँह छिपाए क्या सोच रहे हैं?

तुलसी-चौरे पर शाम को जो दीप जला करता है, उसमें गृहिणी की कौन-सी कामना बलती है? वह सुनो, मन्दिर के घंटे का नाद और आरती की मंगलध्वनि भारत का शाश्वत अमरता का सन्देश अन्धकार में बिखेर रही है। आरती और अजान, क्या इनसे भी विलक्षण काव्य-द्रव्य कहीं और हैं?

हाय! तुम केवल किताब की बातें समझते हो। पुस्तकीय वेदना तुम्हारे लिए गेय हैं। वृन्दावन के राधाश्याम तुम्हारे लिए प्रेम के देवता हैं। सिंप्सन के लिए राज्य छोड़नेवाले सम्राट् तुम्हारे आराध्य हैं। तुम नहीं जानते कि मिट्टी की मूरतों में भी प्रेम और विरह के दोल चलते हैं। पिछली रात को भैंस चराता हुआ रामदीन अपनी मामूली बाँस की बाँसुरी में न जानें कौन-सी आकुल तान छेड़ता है। उसकी तान की हिलोर में न जानें किस सुन्दरी की तस्वीर डोलती है। न जानें किसने उसके हृदय को तोड़ दिया है। न जाने कौन उससे कहती है—"प्यारे, घर जाकर सो रहो, मेरे लिए अब अधिक वेदना मत सहो।"

आषाढ़ का आकाश नव नीरद के भार से झुक जाता है। गाँव में नई फसल बोने की खुशियाँ मनाई जाती हैं। लेकिन, आषाढ़ के मेघ और किसान के दिल के बीच जो आनन्द की एक बाढ़ आती हे, उसे तुम नहीं देखते। होली, दशहरा, तीज, दीवाली और छठ, इनके चित्र तुम्हारे भव्य चित्रलय में नहीं हैं। रूढ़ियों का बन्धन तोड़कर जो आवेग फूटने को व्याकुल है वह तुम्हारे लिए हीन, अतः अस्पृश्य है। मिट्टी मुखर तो नहीं, मगर दर्दीली जरूर होती है।

प्रवासी कवि! तुम्हारे गीत कालर, टाई और धुले कपड़ों के गीत हैं। उनमें

इत्र और फुलेल की खुशबू है—सोंधी मिट्टी की महक नहीं। उनमें लिपिस्टिक और रासायनिक योगों का रंग है—धान के नए कोमल पत्तों की हरीतिमा नहीं। सभ्य समाज का हँसना और रोना, दोनों ही अर्थपूर्ण होते हैं। उसने तुम्हें रिझा लिया है। जरा उन्हें भी देखो जिनका हँसना और रोना केवल हँसना और रोना ही होता है।

गाँव की मिट्टी तुम्हें बुलाती है कवि! टाई और कालर खोलकर फेंक दो। धुले कपड़ों और रंगीनियों का मोह तुम्हारे बन्धन और व्यवधान हैं। तुम जैसा जन्मे थे वैसा ही बनकर अपने घर आओ। माँ ने जो बोली तुम्हें सिखलाई थी उसी में बोलते हुए तुम घर लौटो। उस बोली को केवल मनुष्य ही नहीं, गाँव के पशु-पक्षी और फूल-पत्ते भी समझेंगे। पहले अपना पात्र भरो। उफनाया हुआ रस बाहर आएगा और संसार तुम्हें खोजता हुआ तुम्हारे घर तक आकर रहेगा।

●●●